KB142004

리더의눈

프리즘

미래를 읽는 5가지 안경

프리즘

미래를 읽는 5가지 안경

페로 미킥 지음 | 오승구 옮김

쌤앤파커스

프리즘

미래를 읽는 5가지 안경

2010년 4월 15일 초판 1쇄 발행
지은이 · 페로 미킥 | 옮긴이 · 오승구

펴낸이 · 박시형
책임편집 · 고아라 | 표지 디자인 · 서혜정 | 본문 디자인 · 백주영

경영총괄 · 이준혁
디자인 · 김애숙, 백주영, 서혜정 | 출판기획 · 고아라, 김이령
편집 · 최세현, 권정희, 이선희, 김은경, 이혜선, 이혜진
마케팅 · 권금숙, 김석원, 김명래
경영지원 · 김상현, 이연정
펴낸곳 · (주)쌤앤파커스 | 출판신고 · 2006년 9월 25일 제313-2006-000210호
주소 · 서울시 마포구 동교동 203-2 신원빌딩 2층
전화 · 02-3140-4600 | 팩스 · 02-3140-4606 | 이메일 · info@smpk.co.kr

ⓒ 페로 미킥 (저작권자와 맺은 특약에 따라 검인을 생략합니다)
ISBN 978-89-92647-88-5 (03320)

쌤앤파커스(Sam&Parkers)는 독자 여러분의 책에 관한 아이디어와 원고 투고를 설레는 마음으로 기다리고 있습니다. 책으로 엮기를 원하는 아이디어가 있으신 분은 이메일 book@smpk.co.kr로 간단한 개요와 취지, 연락처 등을 보내주세요. 머뭇거리지 말고 문을 두드리세요. 길이 열립니다.

"가치가 있는 진정한 것은 새로운 상황을 찾는 것이 아니라
새로운 눈으로 세계를 보는 것이다."

– 마르셀 프루스트(Marcel Proust), 소설가

성공적인 미래경영을 위한
가장 명쾌한 로드맵

그동안 삼성경제연구소와 CJ경영연구소에서 세계경제의 흐름을 연구하면서, 옮긴이는 5년, 10년, 나아가 20년 후의 세계는 어떻게 변화할까의 문제를 항상 고민해왔다. 그리고 이러한 미래의 트렌드 전망을 토대로 우리 기업, 나아가 우리나라가 어떤 방향으로 나아가야 좋을지, 어떤 비전과 미션을 세우고, 어떤 전략을 추진해가야 할지에 대해서도 수없는 고민을 해왔다.

미래학자를 초청해 세미나를 열거나 심포지엄을 개최하기도 했고, 미래학과 연계된 수많은 저술을 탐독하기도 했다. 지금도 미래에 대한 고민과 연구를 토대로, 비전과 미션을 제시하고 전략을 수립하는 업무를 지속하고 있다.

사실 우리 모두는 '현재'보다는 '미래'에 대한 희망을 가지고 살아간다. 하지만 미래가 어떻게 펼쳐질지에 대해서는 좀처럼 확신하지 못한다. 미래의 세상을 항상 궁금해하면서도 예측할 수 없는 미래에 대한 불안감을 떨쳐버리지 못하는 것이 우리의 현실이다. 미래가 나에게 긍정적으로 전개될지, 아니면 부정적으로 전개될지 가늠할 수 없어 혼란스러워 할 때도 많다.

분명한 사실은 우리는 누구나 미래의 변화에 대해 정확히 예측하고, 그 안에서 우리가 찾을 수 있는 기회를 인식하고 활용하고 싶어 한다는 점이다. 즉 미래의 성공을 꿈꾸며 우리의 인생살이를 좀더 윤택하게 만들고 성공을 오래도록 향유하고 싶다는 바람을 갖고 있다. 개인으로서 삶을 영위하건 기업가로서 경영활동을 하건 정치인으로서 정치활동을 하건, 자신이 처한 환경 속에서 미래의 성공을 추구하는 것은 누구나 똑같다.

하지만 아직까지 우리는 미래에 대한 명확한 개념조차 공유하지 못하고 있고, 미래를 전망하는 여러 가지 방안에 대해서도 확신을 가지고 있지 못하다. 이것이 모두가 미래경영을 꿈꾸는데도, 정작 성공적으로 미래를 경영해내는 사람은 드문 이유다.

이 책《프리즘 : 미래를 읽는 5가지 안경》을 처음 접한 순간, 옮긴이는 그간 고민하던 문제에 대해 명쾌한 해답을 얻은 기쁨에 무릎을 치고 말았다. 5가지 미래안경과 엘트빌러 모델(Eltviller Modell)로 이루어진 '프리즘'은 지금껏 수많은 자료와 책, 미래학자들에게서도 구하지 못했던 강력한 미래분석 도구였다.

수많은 미래전문가들이 다양한 미래전망 기법을 제시했지만, 그 실용성에 있어 부족함이 많았던 것이 사실이다. 이론적으로는 흠잡을 수 없었던 기법들이 막상 실전에 적용하려고 하면 현실과의 괴리라는 한계를 보이며, 무용지물로 전락한 일이 얼마나 많았던가!

그런데 이 책에서 제시하는 5가지 미래안경은 달랐다. 개념적이고 관념적이면서도 동시에 실천적인 측면을 모두 갖추고 있었다.

우리가 미래를 예측하는 상황은 동일하지 않다. 기회로서의 미래를 분석하기도 하고, 위기로서의 미래를 예측해 그 대안을 찾기도 한다. 이처럼 다양한 목적과 관점에서 어떻게 미래를 전망하고 준비해야 하는지에 대한 확실한 로드맵이 바로 5가지 미래안경이었다. 각 안경의 특색을 간단히 정리해보자.

'푸른 안경'은 미래의 변화를 가정하고 분석하는 툴로서, 개연성이 높은 주변 환경의 미래를 인식하는 데 유용하다.

'초록 안경'은 미래의 가능성과 기회를 판단하는 데 매우 유용한 척도를 제공한다.

'노란 안경'은 희망하는 미래, 달성하고자 하는 미래, 즉 비전을 보는 도구다.

'붉은 안경'은 돌발사태 같은 당신을 놀라게 할 미래를 분석하고, 그에 대해 어떤 준비를 해야 하는지에 대한 그림을 제시한다.

마지막으로 '보라 안경'은 기획하고 창출하고자 하는 미래를 어떻게 수립할 것인가에 대해 구체적인 방안을 제시한다. 다시 말해 전략적 비전을 달성하기 위해 어떻게 전략을 수립해야 하는지에 대한 답을 제시하는 것이다.

이처럼 5가지 미래안경은 미래의 목표를 명확하게 수립하고 이를 달성하는 길을 제시한다. 독자들의 미래경쟁력을 크게 향상시킬 도구임에 확실하다.

특히 미래경영을 중시하는 기업가들에게 이 책은 매우 유용하다. 현재 자신의 기업과 시장을 넓고 깊게 들여다보고, 좀더 체계적으로 미래시장을 개발하며, 예측 불허의 변화에도 안정적으로 기업을 이끌고자 하는 이들에게는 금과옥조처럼 꼭 필요한 책이다.

성공적인 기업경영의 핵심이 무엇보다 미래경영을 얼마나 잘하느냐에 달려 있음은 부연의 여지가 없다. 단적인 예로, 미국에서 시작된 전 세계적인 금융위기는 단기적 성과 위주의 경영이 얼마나 위험한지, 장기적인 미래를 읽고 기업을 이끌어나는 것이 얼마나 중요한지 명확히 입증하지 않았는가!

미래경영은 전략, 상품, 과정의 개발이나 실행 측면에서 경쟁상대에 비해 빠르게 준비할 수 있다는 시간적 이점을 제공한다. 뿐만 아니라 발생할 수 있는 위기를 조기에 인지해, 그 위협에 적절히 대응할 수 있는 전략을 수립할 수 있도록 지원한다. 더 나아가 잠재적인 수익을 확대하고 창출해내는 활동반경이나 활동영역도 넓혀주는 것이 미래경영이다.

여기서 끝이 아니다. 기업이 추구하는 전략적 비전을 공유함으로써, 조직원들에게 동기를 부여하고 기업의 미래에 대한 신뢰도 제고한다. 미래를 체계적으로 준비하고 실행에 옮기니, 실행의 오류나 실수를 줄여 비용절감의 효과도 획득할 수 있다.

어느 기업이든 어떤 조직이든 의사결정권자는 미래의 비전을 제시하고, 목표와 전략을 실천하기 위한 가장 좋은 방법을 제시하는 의무를 수행해야만 한다. 이를 위한 답을 바로 이 책 《프리즘 : 미래를 읽는 5가지 안경》이 제시할 것이다. 이 책은 성공적인 미래경영을 위한 명쾌한 로드맵이 되어줄 것이 분명하다. 당신이 예측하고 고려해야 하는 모든 미래를 5가지 미래안경을 통해 보다 명확하게 볼 수 있을 것이다.

옮긴이 **오승구**(CJ경영연구소 상무)

PRISM

PART 2 미래를 읽는 5가지 안경

PRISM

기회를 읽는
초록 안경

CONTENTS

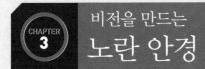

CHAPTER 3

비전을 만드는
노란 안경

PRISM

리스크와 돌발상황에 대처하는
붉은 안경

CHAPTER 4

전략과 실행으로 비전을 실현하는
보라 안경

PRISM

PART 3 더 나은 미래를 확신하라

1... 통합적 사고의 도구로 이용하라

이 책은 미래를 보는 방식, 미래경영의 의미 및 사고대상에 대해 명확한 척도를 제시한다. 5가지 미래안경과 그에 근거한 엘트빌러 모델을 활용해, 당신은 미래경영에 대한 로드맵을 획득하게 될 것이다. 당신은 미래에 대한 분석도구를 갖게 되고, 이를 활용해 향후 당신의 사고(思考)나 일의 흐름에 정확성을 갖게 될 것이다.

2... 명확한 의사소통의 도구로 이용하라

이 책은 미래를 표현하고 설명하는 데 정확한 언어를 사용할 수 있도록 도울 뿐 아니라 미래에 대한 작업이나 대화방식에 대한 모델을 제공한다. 만약 사람들이 어떤 안경을 사용해 미래를 보고 있는지 안다면, 그들이 미래에 대해 무엇을 어떻게 고민하고 있는지 쉽게 이해할 수 있게 된다. 이에 따라 상호 간의 갈등과 오해가 감소되어 좀더 나은 의사소통 결과를 도출할 수 있다. 시간을 절약한다는 의미에서도 효율적이다.

3... 현재와 미래의 연결고리로 이용하라

이 책은 트렌드 연구자나 미래연구자를 좀더 명확히 이해하는 데 도움을 준다. 또한 현재에서 미래로 넘어가는 연결고리를 구축해주는 것은 물론, 미래에서 현재로 되돌아오는 일도 지원해준다. 이를 통해 당신은 트렌드 연구자 및 미래연구자들의 이론적이고 집약된 작업성과를 쉽게 이해할 수 있을 것이다. 이는 일상적인 삶을 영위하거나 일을 하는 데 있어 방향을 설정하고 영감을 얻는 자원으로 활용할 수 있다.

4... 미래에 대한 기대를 현실로 만드는 데 이용하라

이 책은 방법론에 그칠 수 있는 미래경영에서 무엇을 기대할 수 있고 무엇을 기대할 수 없는가에 대해서 명확성을 제시한다. 그 결과, 미래에 대한 기대가 현실적으로 이루어지도록 할 것이다.

5... 미래경영을 위한 작업도구함으로 이용하라

5가지 미래안경과 엘트빌러 모델에 대한 탄탄한 이해를 바탕으로, 당신은 수많은 방법과 수단을 익히고 활용하여 미래경영의 여러 단계와 목표를 좀더 쉽게 판단할 수 있다. 아울러 그 방법과 수단을 미래경영을 위한 당신의 작업도구함에 일목요연하게 정리하여 필요할 때마다 사용할 수 있을 것이다.

6... 미래에 대한 이해의 틀로 이용하라

이 책은 당신이 미래의 경쟁력을 강화하고, 점점 더 치열해지고 있는 미래예측 경쟁에서 우위를 확보하도록 돕는다. 좋은 로드맵을 갖고 있는 사람은 그렇지 못한 사람에 비해 미래에 대해 더 많은 것을 알 수 있고, 월등히 앞서나갈 수 있다.

7... 미래 프로젝트를 구축하는 본보기로 이용하라

5가지 미래안경은 미래를 고민하는 사람들의 공통점을 묘사하고, 사람들이 늘 생각하는 것들을 정확하게 체계화한다. 미래안경은 사람들이 어떤 단계와 과정을 거쳐 미래를 생각하는지에 대해서는 물론, 미래경영의 핵심적인 질문에 대한 답을 제시할 것이다.

미래를 보여주는 놀라운 '프리즘'

지금껏 우리에게 이토록 강력하고
구체적인 미래분석 도구가 있었던가!

"아주 명료한 사실조차도 알아채지 못했다는 사실에
 깜짝 놀라는 그런 시간이 올 것이다."
 ─ 루시우스 세네카(Lucius A. Seneca), 철학자

예로부터 우리는 미래의 일을 예언하거나 정확하게 예측하는 이들을
경외해왔다. 그들이 예언가이건 탁월한 전략가이건 간에 말이다. 동
서고금의 모든 전쟁의 성패, 수많은 국가와 기업의 흥망사 역시, 누가
더 미래를 정확하게 예측하고 대처하였느냐의 기록이라 해도 과언이
아니다. 앞날을 꿰뚫어보는 능력이 탁월한 이들은 그 누구보다 무소
불위의 힘을 가질 수 있었다.

우주선을 쏘아 올리고 우주 탄생의 비밀을 밝혀낸 오늘날에도 미래
는 여전히 미지의 성역으로 남아 있다. 지구가 언제 멸망할지, 몇 백
년 뒤의 세상이 어떻게 변할지 우리는 알 수 없다. 먼 미래는 고사하
고 당장 내일의 문제도 예측하기 힘든 것이 우리의 현실이다.

하지만 실망하기엔 이르다. 지구 종말의 시기 같은 황당한 예언이나 점괘를 원하는 게 아니라면, 평범한 우리도 충분히 미래세상을 예측할 수 있다. 조금만 주의를 기울여보라! 1년 후, 2년 후, 그리고 앞으로 10년 혹은 20년 안에 실현될 기술이나 트렌드, 변화된 세상의 모습이 보일 것이다.

내일도 알 수 없는 마당에 도대체 무슨 이야기냐고? 곰곰이 생각해보라. 지금 우리가 누리고 있는 '오늘의 기술들'이 어젯밤 12시까지는 전혀 없다가, 자정에서 1초가 지난 다음 갑자기 '짠' 하고 나타난 것인가? 오늘날 사람들을 지배하고 있는 트렌드나 유행이 과연 어느 날 몇 시부터 '일제히', '불현듯' 시작되었는가? 그 어떤 징후도 없다가? 당연히, 그렇지 않다. 그것들은 이미 과거로부터 서서히 진행되어오다가 어느 시점에 전면적으로 수면 위로 부상한 것뿐이다.

그렇다면 5년 후, 10년 후에 나타날 기술들도 이미 어딘가에서 연구 중이거나 현재 사용 중일 수 있다. 다만 아직은 그 움직임이 미미하여 미처 우리가 간파하지 못하고 있을 뿐이다. 이미 2,000년 전 철학자 세네카는 이렇게 말했다. "아주 명료한 사실조차도 알아채지 못했다는 사실에 깜짝 놀라는 그런 시간이 올 것이다."

물론 그것들을 알아차리려면 약간의 '기술'이 필요하다. 역사상 탁월한 책사나 전략가들이 바로 그 기술의 달인들이다. 그들의 놀라운 능력은 예언력도 점술도 아니었다. 그들은 누구보다 과거와 현재의 데이터를 치밀하고 논리적으로 분석해내어 미래의 전략을 도출해낸 탁월한 '기술자'였다. 과거의 기록과 현재의 형국을 분석하고, 천기(天氣)를 읽고, 인간의 심리와 행동을 예측하고, 미래의 전략을 세운 것이다.

이 책은 바로 그런 미래를 읽는 기술, 즉 '프리즘'에 관한 이야기다.

미래는 이미 우리 곁에 와 있다. 우리가 알아차리지 못할 뿐!

미래에 대한 통찰이 어려운 것은, 모든 미래가 규칙적으로 동시에 나타나는 것은 아니기 때문이다. 그리고 그러한 것들을 분석하거나 의미 있는 언어로 도출해줄 유용한 도구가 없기 때문이기도 하다.

처음 미래경영에 대해 관심을 갖고 보다 유용한 미래분석 모델을 개발하고자 연구에 착수했을 때, 필자는 깜짝 놀랐다. 상황은 정말이지 참담했다. 미래에 관한 문제에서 우리가 무엇을 보고 느끼고 무엇에 대해 생각하는지를 판단할 수 있는, 최소한의 모델조차 존재하지 않았다. 현장이든 학계든 마찬가지였다. 누구나 객관적으로 인정할 수 있는 미래에 대한 사고 분석의 툴, 즉 안정적이고 통합된 모델이 없었던 것이다.

설상가상으로 미래현상을 설명할 때, 누구나 똑같이 받아들일 수 있는 적절하거나 공통된 언어조차 없었다. 심지어 미래연구 전문가라고 자처하는 사람들조차 '미래'라는 용어에 대한 근본적인 개념에서부터 상당한 오류를 범하고 있었다. 극단적으로 말하자면, 우리에게는 미래에 대한 개념 자체가 없었던 것이다.

와인에 대해 잘 모르는 사람들은 와인 맛을 단지 씁쓸하다, 떫다, 또는 달콤하다 등 몇 단어 정도로밖에 표현하지 못한다. 하지만 전문가들은 와인 맛을 표현하는 데 수천 단어를 활용한다. 그들은 여러 가지 상황에 따라 와인 맛을 제각기 다르게 표현하여 사람들에게 보다 정확한 맛을 알려준다. 그들은 최소한 와인에 대해서만큼은 아주 풍성하게, 그리고 또 명확하게 표현할 수 있는 능력을 갖고 있는 것이다.

그런데 미래분석에 대해서는 어떤가? 이런 전문가도 없고, 미래를 정확하게 설명할 수 있는 단어조차 없다.

사실 미래경영에서 발생하는 수많은 문제들은, 미래를 보고 설명하는 방식이 제각기 다르기 때문에 생겨나는 것이다. 많은 사람들이 자신이 '보는' 미래를 자신이 '아는' 단어로 표현한다. 그러면서 다른 사람들도 자신과 같은 도구와 방식으로 미래를 본다고 여긴다. 미래를 보는 목적과 관점, 그리고 바라본 미래를 표현하는 단어가 각기 다른데, 그 배경을 간과하는 것이다.

하지만 이보다 더 큰 문제는 따로 있다. 미래를 보는 도구와 방식이 다른 것은 그렇다 하더라도, 그들이 각자 사용하는 미래분석의 도구들 자체가 전혀 체계화되어 있지 않다는 사실이다. 그 결과, 이들이 예측한 미래는 중구난방으로 매번 달라진다. 수많은 좌절과 몰이해, 또는 실패가 양산되는 이유가 바로 여기에 있다.

만약 미래를 읽고 경영하는 데 있어 미래를 예측하는 체계적인 툴이 있다면, 이러한 문제들은 확연히 줄어들 것이다. 그리고 그것이 모두가 활용하고 공유할 수 있는 통합적인 모델이라면, 미래경영의 성공화률은 보다 높아질 것이다.

이제 이 책이 그 모델을 제시할 것이다. 프리즘, 즉 미래를 읽는 5가지 안경이 그것이다.

이 책 《프리즘 : 미래를 읽는 5가지 안경》은 250여 회가 넘는 지도층 인사들과의 인터뷰, 여러 분야에서 크고 작은 기관을 이끌어가는 리더들과의 무려 800회에 이르는 워크숍 및 세미나를 통해 도출해낸 결과물이다. 우리는 미래경영에 있어 리스크를 줄이고, 가장 효율적으로 미래를 분석할 수 있는 모델을 창출해내고자 힘썼다. 이 책에 수록된 5가지 미래안경과 엘트빌러 모델은 이러한 노력의 결과로서 탄생한 것이다.

미래를 정확히 예측하고, 그에 맞는 효과적인 대책을 마련하기 위해서는 단계적인 분석이 필요하다. 따라서 앞으로 이 책에서는 미래에 대해 우리가 생각해야 할 각각의 단계에서 필요한 각각의 도구를 보여줄 것이다. 그것이 바로 5가지 미래안경이다.

당신이 대형범선 선장이라면, 5가지 미래안경을 어떻게 사용할 것인가?

자, 여기서 잠시 상상 속 미지의 세계로 떠나보자.

당신은 지금 망망대해를 항해하고 있는 대형범선의 선장이다. 선원들과 함께 기회의 땅, 미지의 신대륙을 찾아나선 길이다. 가야 할 목적지도 정해지지 않았고, 앞으로 이 망망대해에서 어떤 일들이 벌어질지 아무도 모른다. 갑자기 폭풍우가 몰아닥치지는 않을지, 배가 암초에 부딪치지는 않을지, 해적들을 만나지는 않을지, 식량이 떨어지지는 않을지, 우리가 안착할 풍요로운 땅이 과연 있기는 한 것인지!

모든 이들의 운명이 오로지 당신의 판단과 선택에 달려 있다. 자, 당신은 어떻게 할 것인가?

당신이 현명한 선장이라면 우선 앞으로 어떤 일들이 일어날 것인지 모든 '징후'를 예측하고 파악해볼 것이다. 그중에서도 당신의 의지로 선택할 수 없는 것, 즉 앞으로의 기후와 바다 상태에 대한 예측이 필요할 것이다. 따라서 날씨에 대한 과거 데이터를 모으고, 이 데이터들을 바탕으로 다음 시간, 다음 날의 기후와 바다 상태의 변화를 '가정' 할 수 있는 당신만의 전제조건을 만들 것이다. 영리한 당신은 이 일을 혼자 처리하지 않는다. 풍부한 경험을 가진 베테랑 선원이나 날씨전문가에게 조언을 구할 것이다.

이 단계에서는 오직 경험과 관찰, 논리적 사고를 통한 추론만이 가능하다. 상상은 설 자리가 없다. 앞으로 날씨가 어떻게 될지는 아무리 창조적으로 생각해본들 전혀 도움이 되지 않기 때문이다. 그래서 조언자들의 의견 가운데 일부는 받아들일 수 없을 것이고, 당신의 견해 역시 선원들에게 무조건 받아들여지지는 않을 것이다.

이렇게 여러 가지 의견들을 나누고 나면 점진적으로 향후 날씨가 어떻게 될 것인지에 대해 공동의 견해가 생기게 된다. 그리고 이제 날씨에 따라 어떻게 항해할 것인지에 대한 전략도 세울 수 있게 된다. 설사 바람의 방향 등에서 어느 정도 편차가 발생하더라도 크게 문제가 되지는 않을 것이다.

망망대해에서 항해를 시작하려 할 때, 맨 처음 당신이 파악해보고 그려본 것은 무엇인가? 향후 바다 상태와 날씨처럼, 일어날 가능성이 있는 모든 미래의 모습이었을 것이다. 그것은 예측이 가능한 '개연성 있는 미래'이다. (푸른 안경)

이제 날씨와 바다 상태의 변화에 대해서는 어느 정도 예측과 대처가 가능해졌다. 다음 단계는 항해할 가능성이 있는 '목표'에 대해 심사숙고해야 할 차례다. 어떤 나라, 어떤 땅에 도착해야 큰 수확을 거둘 수 있을까? 당신이 잡을 수 있는 '기회', 즉 풍요로운 땅들에 대한 수많은 가능성과 의견이 대두된다.

물론 그곳까지 가본 사람은 아무도 없으며, 단지 소문으로만 알고 있을 뿐이다. 정말 그런 곳들이 있는지, 몽상가나 예언가의 상상에 지나지는 않는지 의심이 들기도 한다. 어쩌면 당신과 선원들은 판타지에 빠져 스스로 환상적인 목적지를 그려낸 것인지도 모른다. 환상과 현실을 구분하지 못하고, 풍요로운 땅이나 섬이 정말로 존재할 것이라는 확신에 차 있을 수도 있다.

그러한 위험에도 불구하고 이 단계에서는 경험보다는 상상력과 창조성이 더 요구된다. 경험을 토대로 한 논리가 엄청난 기회를 발견하는 데 방해가 되는 일이 적지 않기 때문이다.

풍요로운 섬과 육지, 엄청난 기회의 땅들을 목표로 하면서 당신이 떠올리는 미래는 무엇인가? 아마도 그것은 당신이 '구축할 수 있는 미래'일 것이다. (초록 안경)

이제 당신은 수많은 목적지 중에서 가장 타당한 한 곳을 목적지로 선정해야만 한다. 이때 깊은 고민 없이, 혹은 기분 내키는 대로 목적지를 결정한다면 불상사를 야기할 수 있다. 원하던 목적지를 찾지 못하고 항해를 포기하거나 아니면 또 다른 목적지를 찾으려고 항해를 계속하면서 시간적·경제적 비용을 모두 낭비하게 될 것이다. 그러므로 어디가 정말 존재하는 곳이고, 또 가장 가치가 있는 목적지인지 신중하게 판단한 후, 결정을 내려야만 한다.

어떤 후보지가 앞으로의 바다 상태와 날씨 변화를 가정한 전제조건들과 맞아떨어지는가? 어떤 후보지를 선택해야 적절한 시간과 비용을 들이고 도착할 수 있나? 기회의 열매로 가득 차 있어 선원들을 열광시킬 수 있는 후보지는 과연 어디인가?

그곳이 바로 당신의 목적지, 즉 '비전'이다. 비전은 오로지 '단수(單數)'로만 존재한다. 결정의 과정에서 심사숙고한 다른 목적지들은 단지 비전 후보일 뿐이다.

당신은 선원들과 함께 토론했던 비전 후보군 가운데 한 곳, 특히 '전략적 비전'을 달성할 수 있는 한 곳을 선택해야 한다. 아주 구체적이고 매력적이며 공동으로 추구할 가치가 있고 동시에 실현 가능한 비전을 가져야만, 항해가 순조로워질 것이다.

이때 당신이 보는 미래는 어떤 미래인가? 그것은 수많은 후보군 중에서 당신이 선택한 비전, 즉 '원하는 미래'이다. (노란 안경)

드디어 목적지 선정이 끝났지만, 한숨을 돌릴 여유는 없다. 경험이 풍부한 선장인 당신은 미지의 바다를 항해하는 과정에서 분명 '두렵고 위험한 일'들이 발생할 것임을 확실히 알고 있다. 수많은 일이 충격적으로 나타날 것이다. 30미터가 넘는 거대한 파도나 엄청난 폭풍이 몰아칠 수도 있다. 또 목숨을 위협하는 해적들을 만날 수도 있다. 불확실하긴 해도, 분명 발생할 가능성이 있는 일들이다. 항해의 시작 단계에서 일어날 수 있는 모든 가능성을 예측해보긴 했지만, 위험성이 높은 일들은 다시 한 번 세심한 점검이 필요하다. 한 번의 위험이 항해를 망가뜨릴 수도 있기 때문이다.

당신은 그러한 위협을 잘 알고 있고, 가급적 리스크가 적은 항로를 선택할 것이다. 하지만 부득이하게 해적이 출몰하는 지역을 지나야 한다면 리스크가 적은 차선의 항로, 즉 전략적 비전을 다시 찾아야만 할 것이다. 또 선원들에게는 스스로를 보호할 수 있는 방법을 강구하고, 방어용 무기를 갖추며, 충분한 트레이닝으로 위험에 대비하도록 지시해야 할 것이다.

이처럼 당신은 전략적 비전의 방향을 제시하기 전에, 예기치 못한 사태에 대비하는 임시전략을 준비할 수 있도록 여러 가지 돌발상황을 염두에 둘 것이다. 이때 당신이 보는 미래는 어떤 미래인가? 갖은 위험과 돌발상황이 득시글거리는 '놀라운 미래'이다. (붉은 안경)

지금까지 당신은 바다 상태와 날씨가 어떻게 될지에 대해 미래의 조건들을 평가하고, 가능성이 있는 모든 도착지를 기회로서 비교 평가해보고, 그중에서 원하는 목적지인 비전을 정하고, 일어날 수 있는 돌발상황에 대해 점검하고 그에 대한 대안까지 수립했다. 그렇다면 이제 최종계획을 수립할 단계다.

선원들은 돌발상황까지 염두에 두고 수립한 전략적 비전을 달성하기 위해, 가장 먼저 하위 단계의 목표를 설정하고 그 목표를 달성할 수 있도록 움직일 것이다. 즉 프로젝트, 프로세스, 시스템을 도입하여 전략적 비전을 더욱 구체화하고 실천하는 것이다.

이렇게 구체화된 미래를 그려보는 당신은 어떤 미래를 보고 있는 것인가? 그것은 바로 당신과 당신의 팀이 지금까지의 과정을 통해 수립하고 실행한 '계획된 미래'이다. (보라 안경)

당신은 당신의 함선을 둘러싼 환경이 미래에 어떻게 변화할지 '가정'하고, 실현 가능한 수많은 '기회'들을 탐색하고, 그중 하나의 기회를 바탕으로 '비전'을 수립하고, '리스크'와 '돌발상황'을 충분히 분석한 후 그에 맞는 '전략'을 수립하고 실행하는 5단계를 거쳤다. 이 5단계를 충실히 이행했다면 당신과 당신의 선원들은 좀더 안정적이고 풍요로운 미래를 맞을 수 있을 것이다.

지금까지 당신이 대형범선의 선장으로서 이행한 5단계는 앞으로 이책에서 이야기할 미래를 읽는 안경, 즉 5가지 미래안경의 각각의 역할을 보여주는 것이다. 이 5가지 미래안경은 서로 다른 색으로 표현되어 있는데, 이 색들은 각각의 안경이 지닌 의미와 역할을 상징하고 있다.

첫째로 미래의 환경 변화를 가정하는 안경은 푸른색으로, 분별력 있고 신중하며 논리적인 분석을 상징한다. 둘째, 기회를 찾고 선택하는 안경은 초록색으로, 창조성과 기회, 옵션의 의미가 담겨 있다. 셋째, 비전을 수립하는 안경은 노란색이며 방향성을 나타낸다. 넷째, 리스크와 돌발상황을 인식하는 안경은 붉은색이며 놀라움과 위험을 떠오르게 한다. 다섯째, 전략을 수립하고 실행하는 안경은 보라색으로 건설적인 계획, 실행력을 의미한다.

도표 1 5가지 안경으로 보는 미래들

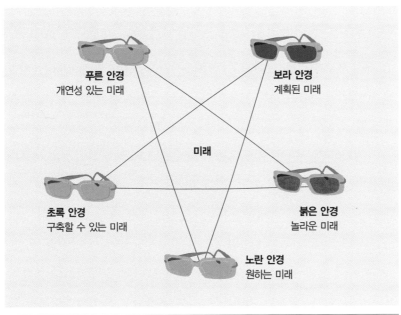

상징 색으로 구분된 5가지 미래안경은 단계에 따라 미래를 사고하는 툴을 제공한다. 이 점에서 얼핏 에드워드 드 보노(Edward de Bono)의 수평적 사고 툴로 유명한 '여섯 색깔 생각 모자'를 떠올리는 사람이 있을지도 모르겠다. 하지만 둘은 근본적으로 다르다.

드 보노의 생각 모자는 한 가지 주제에 대해 6가지 다양한 관점에서 바라보는 방식이지만, 5가지 미래안경은 각각의 단계에서 별도로 여러 대상을 관찰하고 분석하는 방식이다. 또한 각각의 관점에서 끝나는 것이 아니라 궁극적으로 엘트빌러 모델을 통해 서로 다른 견해를 일관성 있고 실현 가능한 결과로 도출해낸다.

즉, '프리즘'은 5가지 미래안경이라는 미래예측 툴과 이를 통합하는 엘트빌러 모델로 이루어진, 미래를 읽는 혁신적인 기술이다. 지금까지 우리가 간절히 갈망했던 강력하고 구체적인 미래분석 도구인 것이다!

5가지 미래안경은 단계별로 구성되지만, 상황에 따라 필요한 안경만 선택해 사용하는 것도 가능하다. 당신이 미래에 어떤 위기가 닥칠지를 알고 싶다면, 다른 안경을 생략하고 바로 붉은 안경을 사용하는 것이 가능하다는 이야기다. 그러니 단계별로 차근차근 안경을 사용해야 한다는 부담감에 사로잡히지는 마시길! 필요에 따라 취사선택할 수 있는 것이 5가지 미래안경이 가지는 또 다른 강점이니 말이다.

어디에서 어떤 역할을 하든 우리는 매순간 미래를 생각하고 결정하며 살아야 한다. 하지만 미래는 갈수록 복잡하고 불연속적이고 불투명해지고 있으며, 그 결과 경영환경뿐만 아니라 정치, 경제, 사회, 문화 전반에 걸쳐 미래예측을 둘러싼 경쟁이 가속화되고 치열해지고 있다. 미래를 제대로 예측하면 리스크를 미연에 방지하고 성공의 기회를 얻을 수 있지만, 그렇지 못하면 성공이 문제가 아니라 생존까지 위협받을 수 있다.

누차 강조하자면 예측 불가능하거나 세상에 없는 것처럼 보이지만, 미래는 이미 존재하고 있다. 10년에서 20년 사이에 나타날 대부분의 트렌드, 신기술은 현재도 예측이 가능하다.

앞으로 전개될 프리즘, 즉 5가지 미래안경과 엘트빌러 모델은 당신이 세상에 이미 존재하는 의미 있고 실현 가능한 미래들을 발견하고, 그 미래들을 명확하게 구분해 구체화하는 데 많은 도움을 줄 것이다. 프리즘이 있는 한, 미래는 당신의 것이 될 수 있다!

지은이 **페로 미킥**

원하는 미래는
실현될 수 있는가

미래는 단수(單數)가 아니라 복수(複數)로 존재한다. 미래는 복잡하고 복합적이지만, 그만큼 열려 있다고 할 수 있다. 원하는 미래를 실현하기 위해서는 이 복잡다단한 미래를 정확히 구분하고, 그에 걸맞은 미래경영의 로드맵을 구축해야 한다. '프리즘'이 이를 도울 것이다.

1

PRISM

우리는 도대체 왜 미래를 보고자 하는가?

우리는 왜, 그토록 미래를 내다보고 싶어 하는가? 도대체 왜, 그렇게 미래를 궁금해하는가? 사실 미래를 알고자 하는 바람이 어제오늘의 일은 아니다. 인간은 문화가 형성된 초기부터 이미 미래에 대해 많은 것을 알고자 노력했다. 여기에는 4가지 근본적인 모티브가 있는데, 호기심, 두려움, 걱정, 행복추구가 그것이다.

우리는 미래에 대해 항상 '호기심'을 갖고 있다. 미래는 현재와 다를 수 있다는 사실을 알고 있기 때문이다. 심리학자 다니엘 벌린(Daniel E. Berlyne)에 따르면, 인간은 무엇인가 일상적이지 않거나 알려진 것과 다른 현상에 대해 항상 호기심을 갖는 존재다.

철학자 하이데거(Heidegger)는 "우리는 두려움에서 벗어나려고 노력한다"고 강조했는데, 이때의 '두려움'은 어떤 현상이나 사람에게서 불이익이 예상될 때 사용하는 단어다. 이를 토대로 보자면 우리는 미래에 벌어질 수 있는 위협이나 불이익에 대해 두려움을 느끼고, 그 위협이나 불이익에서 벗어나기 위해 미래를 알고 싶어 하는 것이다. 1972년 세계적인 석유회사 로열더치셸(Royal Dutch/Shell)은 석유가격이 급속히 상승할 수 있는 가능성에 두려움을 느꼈기에, 미리 시스템을 구축함으로써 위협에 대비할 수 있었다.

철학자 키르케고르(Kierkegaard)는 어떠한 위협이 특정한 것이냐 아니냐에 따라, '두려움'이냐 '걱정'이냐의 구분을 명확히 했다. '두려움'은 특정한 위협에 초점이 맞추어져 있는 것이고, '걱정'은 잠재적인 모든 위협에 초점이 맞추어져 있다는 것이다.

따라서 '걱정'은 제어할 수 없는 위협이 나타날 수 있다는 가정 하에 상처를 입을 수 있다고 느끼는 모든 감정이다. 필자의 조사에 따르면, 걱정은 특히 대규모 기관을 이끄는 리더가 미래를 고민하면서 신경 쓰는 아주 중요한 모티브다. 어쩌면 그들의 미래경영의 목적은 그러한 걱정을 '견딜 만한 수준'으로 감소시키는 데 있다고도 할 수 있다.

한편 '행복추구'라는 모티브는 우리가 현재 상황에 비해 절대적인 이익을 얻거나 경쟁상대에 비해 더 많은 이익을 얻기를 추구하도록 유도한다. 그런데 우리는 다른 이들에 비해 미래를 좀더 잘 알 경우, 상당한 이익을 얻을 수 있다는 사실을 직감적으로 알고 있다! 그렇기에 그토록 미래를 알고자 하는 것이다.

위와 같은 4가지 모티브를 바탕으로, 우리 인간들은 아주 오래전부터 미래를 끊임없이 탐구하고 연구해왔다. 그 일련의 과정에서 '미래경영'이란 개념이 탄생한 것이다. 미래경영은 1990년대 중반 이후, 기업가들이 미래에 대한 분석을 바탕으로 경영계획을 전략적으로 추진하고 지속적으로 시스템화하면서 사용되기 시작했다.

여기서 잠깐, 미래경영을 정확하게 이해하기 위해서는 '미래연구'

에 대해 이해하는 것이 우선이다. '미래연구'는 가능성과 개연성이 있고, 또한 장기적으로 구축할 수 있는 미래에 대한 학제적(學際的)인 발견이자 분석이라 할 수 있다. 따라서 미래연구는 현재의 세계를 이해하고, 장기적인 미래에 대한 인식을 높이고, 좀더 나은 의사결정을 이끌어내는 데 도움을 준다. 하지만 엄밀히 따지면 미래연구는 학문의 측면에서는 인정받지 못한다. 학문적으로 '연구'란, 측정하고, 수를 세어보고, 무게를 재는 등 조사·분석될 수 있다는 의미를 지닌다. 그렇기에 실체가 없는 미래를 연구한다는 것은 불가능한 일이라고 여겨지는 것이다.

또한 미래연구와 함께 사용되는 '트렌드 연구'는 기업가들에겐 대체적으로 부정확하고 신뢰할 수 없는 것으로 여겨져왔다. 뒤에서 자세히 언급하겠지만, 일반적으로 기업가들이 알고자 하는 지식과 미래연구자나 트렌드 연구자가 제공하는 지식은 자주 엄청난 격차를 보여왔다. 이 격차를 메우는 것이 바로 미래경영이다! 미래경영에 대해 필자는 다음과 같이 정의하고자 한다.

미래경영은 미래연구와 전략경영을 연결하는 고리다.

미래경영은 미래가 어떻게 발전할지, 또 이를 어떻게 전략적으로 연결시킬지에 대해 미리 인식하고 분석하는 모든 시스템과 가정, 그리고 방법론을 포함한다.

또한 미래경영은 기업가적 측면에서의 미래연구다. 예측에 초점을 맞춘 미래연구에 좀더 전략적이고 실천적인 경영을 접목한 개념인 것이다. 이는 가끔은 추상적이고 이론적인 미래연구와 실질적인 실행을

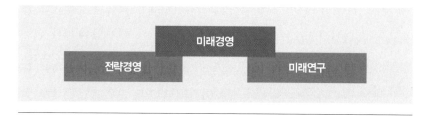

요구하는 기업활동 간의 괴리를 좁혀준다. 미래경영을 통해 우리는 미래의 시장이 어떻게 변화할지 예측하여, 이에 따라 실질적으로 추진할 수 있는 전략을 세울 수 있다.

미래경영은 궁극적으로
어떤 산을 오를지를 결정하는 일

경제나 경영에 대해 잘 알지 못하는 일반인들에게 "미래경영이 장기적으로 기업의 경영성과에 어느 정도 중요한 비중을 차지할까?"를 물으면 흥미롭게도 언제나 거의 비슷한 답을 듣게 된다. 약 "70퍼센트 정도"라는 답이다. 물론 이 수치를 측정하거나 증명할 수는 없지만, 이를 통해 알 수 있는 것은 대부분의 사람들이 미래경영의 중요성을 인지하고 있다는 사실이다.

일반인도 이러할진데 기업은 오죽하랴! 의도하든 의도하지 않든 기업은 미래에 어떻게 투자할 것인가, 어떻게 경쟁할 것인가, 어떻게 일할 것인가, 어떻게 처리할 것인가 등의 방향을 설정하게 된다. 세계적으로 활동하는 첨단기술 기업으로 성장하거나 혹은 내수시장에서 활동하는 기업으로 만족하거나, 각각 그에 맞는 전략적인 비전을 바탕으로 의사결정을 내리게 되는 것이다.

여기서 주목할 것은 최종 의사결정권자의 역할이다. 마오쩌둥(毛澤東)이 말했듯, 단 한 사람이 향후 나아갈 방향을 결정하는 일은 3,000만 명의 삶을 대가로 치를 수 있다. 단 한 명의 결정이 3,000만 명의 삶을 좌지우지할 수 있는 것이다!

최종 의사결정권자가 이 위대하고도 어마어마한 결정을 내리기 위해 의식적으로, 또 체계적으로 심사숙고하는 데 얼마나 많은 시간을 소비하는지를 알아보는 것은 매우 흥미로운 일이다.

게리 해멀(Gary Hamel) 런던비즈니스스쿨 교수와 프라할라드(C. K. Prahalad) 미시건경영대학원 교수의 연구 조사에 따르면, 지도적 위치에 있는 경영자들은 비전 작업에 자신의 시간 중 2.4퍼센트 이상을 소

도표 3 미래경영을 위해 소요되는 시간이 재정적 경영성과에서 차지하는 중요도의 비율

미래경영을 위해
소요되는 시간

재정적 경영성과에서
차지하는 중요도의 비율

70퍼센트

2~3퍼센트

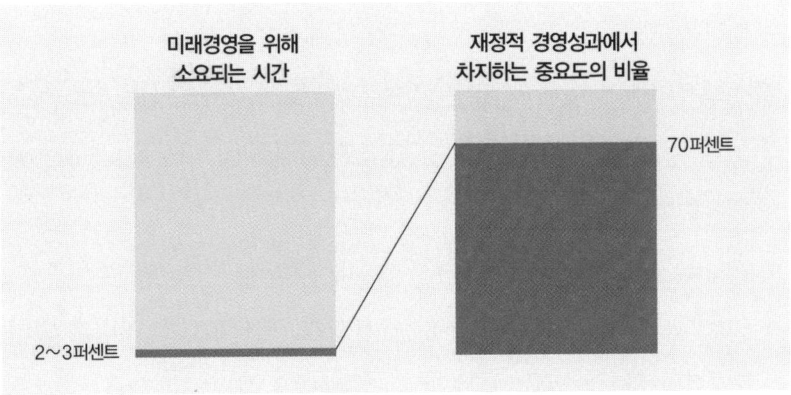

비하지 않는다고 한다. 1년으로 환산하면 8일 정도의 시간을 비전 작업에 소요하는 것이다. 어떤 사람은 "겨우 8일?"이라며 의아해할지도 모르겠다. 하지만 생각해보라. 체계적이고 의도적으로 미래를 구상하는 데 1년에 8일이란 시간을 할애하는 사람이 과연 얼마나 되겠는가? 개인적인 생활을 위해서도 이 정도의 시간을 투입하는 사람은 아마 많지 않을 것이다.

물론 수십, 수백 명의 사람들이 미래의 사업을 위해 연구 개발분야와 전략 파트에서 일하고 있지 않느냐고 반문할 수도 있다. 하지만, 모르시는 말씀! 이러한 일들은 훌륭한 작업이라고 할 수 있지만, 안타깝게도 미래경영이라고는 할 수 없다. 연구 개발 같은 일들은, 실행하고 있는 사업에서 어떻게 하면 좀더 많은 성과를 획득할 수 있느냐를 연구하는 일에 가깝다.

우리에게 가장 중요한 것은 사업에서 더 많은 성과를 얻는 것이 아니라 궁극적으로 어떤 산을 오를지를 결정하는 일, 즉 미래경영이다.

미래경영의 목표는, 인간과 조직이 미래에 대해 좀더 많은 것을 알 수 있도록 도움을 주는 데 있다. 특히 경제적인 환경에서 사람들은 경쟁자보다 미래에 대해 더 많은 것을 알고 싶어 한다. 이 목적을 이루기 위해서는 다음 '미래경영의 5가지 핵심질문'에 해답을 구하는 것이 중요하다.

• 앞으로 5~10년간 시장환경, 근로환경, 생활환경에 어떤 변화가 일어날 것인가?

- 이러한 변화 속에서 새로운 시장, 상품, 전략, 프로세스, 시스템에 어떤 위협과 기회가 발생할 것인가?
- 5~10년간 우리는 어떤 비전을 보아야 하는가?
- 미래에 발생할 수 있는 놀라운 사건이나 발전에 어떻게 대처해야하는가?
- 비전을 달성하기 위해 우리는 어떤 전략을 수립해야 하는가?

5가지 핵심질문 가운데 첫째, 둘째, 넷째 질문은 미래연구의 성격이 강하고 셋째, 다섯째 질문은 전략적 측면과 매우 밀접하다. 그리고 이 질문들은 푸른 안경, 초록 안경, 노란 안경, 붉은 안경, 보라 안경의 5가지 미래안경과 차례로 연결된다. 이러한 핵심질문에 대한 답을 구하는 과정 등을 통해 미래경영에 더 많은 시간을 투자하면, 우리는 다음의 6가지 효과를 얻을 수 있다.

- 양적·질적 측면에서 미래의 기회를 확인할 수 있어, 잠재수익을 확대하고 창출하는 영역이 넓어진다.
- 시장 변화를 뒤늦게 인식하거나 잘못 판단하면 기업의 존립 자체가 위협받을 수 있다. 하지만 미래경영을 통해 이러한 위험을 조기에 감지하면 대응전략을 신속하게 마련할 수 있다.
- 경영자나 구성원들이 기업이 추구하는 미래에 대한 전략적 비전을 명확히 인식한다면, 나아갈 방향에 대한 의견을 효과적으로 조율하고 의사결정 과정에서 일어나는 의견 차를 현저히 줄일 수 있다. 이 과정에서 확보되는 효율성은 비용절감으로 이어진다.

- 미래의 주변 환경 변화에 대해 수립한 가정이 견고하고 탄탄할수록, 전략적 의사결정의 수준은 그만큼 향상된다.
- 미래에 대한 핵심질문에 포괄적이며 견고한 답을 내릴 수 있다는 확신은, 조직 구성원들에게 동기를 부여하고 기업의 미래에 대한 신뢰를 높여준다.

미래경영이 이토록 많은 이점을 가져다줌에도 불구하고, 우리의 미래경영은 참혹한 수준이다. 이런 비극의 원인은 이어지는 내용에서 확인할 수 있다.

'인식의 오류'가 빚어내는 불상사들

앞에서도 지적했듯, 미래연구자와 트렌드 연구자, 그리고 미래경영을 하는 기업인은 가끔 서로를 이해하지 못하는 경우가 있다. 특히나 기업인들은 미래연구자들에 대해 다음과 같은 불평을 곧잘 하는데, 이 같은 불평은 서로 간의 이해 부족을 단적으로 보여주는 사례라 할 수 있다.

- 미래전문가들이 제시한 전망들을 살펴봤는데, 그 수준이 너무나 실망스러웠다.
- 수많은 전망, 시나리오, 비전에 관련해 많은 것을 받은 것 같은데, 사실 그 어떤 개관도 얻지 못했다.

- 미래연구의 결과는 얻었지만 우리가 획득한 이 지식을 우리의 언어로, 우리에게 맞는 개념으로, 또 실제 활용할 수 있는 전략으로 연결하지는 못했다.
- 미래연구자들의 말을 경청했지만, 그들이 말하고자 했던 것이 우리에게 새롭거나 도움이 되거나 믿을 만한 정보를 주기에는 역부족이었다.

왜 이런 일이 벌어질까? 왜 내로라하는 전문가들이 바라본 미래가 경영자들을 만족시키지 못하는 걸까?

그 원인은 다름 아닌 '미래에 대한 인식의 오류'에 있다. 누차 강조하지만 미래경영에서 중요한 것은 어떤 '목적'과 '관점'을 가지고 미래를 바라보느냐이다. 그런데 경영자와 연구자들 사이에 목적과 관점에 대한 충분한 공유가 이루어지지 않고서 미래연구가 진행되는 경우가 허다하다. 당연히 연구자들이 내놓는 결과물은 무용지물이 될 수밖에 없다. 미래에 대한 인식의 오류로 인해, 실제 미래경영을 하는데 있어 수많은 프로젝트나 계획들이 무산되고 있다. 이 얼마나 안타까운 일인가!

사실 미래에 대한 인식의 오류는 단순히 목적과 관점이 공유되지 않은 데서만 발생하는 것은 아니다. '목적 및 목표에 대한 오류' 외에도 '역할에 대한 혼란', '방법론적 혼란'이 미래에 대한 인식의 오류를 야기한다. 성공적인 미래경영을 위해서는 이 오류들의 정체를 파악하는 것이 우선이다.

목적 및 목표에 대한 오류, 불통(不通)의 단초

먼저, '목적 및 목표에 대한 오류'가 무엇인지 살펴보자. 이 오류는 다음의 4가지 경우로 나누어 설명할 수 있다.

첫째, 미래를 '예언'되는 것으로 보면서 동시에 '설계'할 수 있는 것으로 여기는 경우이다. 수많은 사람들이 누군가 자신에게 미래를 '예언'해주기를 바라면서, 또한 자신들이 미래를 '설계'할 수 있기를 원한다. 단지 아주 적은 수의 사람만이 이 2가지 희망사항이 배타적이라는 사실을 안다.

생각해보라. 누군가가 미래를 아주 정확히 예언할 수 있다면, 우리는 불행히도 예언된 삶을 그대로 살아야 할 것이다. 새로운 시도를 하고, 방향을 수정하고, 처음부터 다시 시작하는 일 따위는 더 이상 하지 않게 될 것이다. 이것이 무슨 말인가 하면, 예언이 가능하다면 설계는 불가능하다는 이야기다.

그러니 우리는 미래가 예언될 수 없다는 사실을 기뻐해야 한다. 미래가 열려 있기에, 우리는 미래를 설계할 수 있다!

둘째, 극단적인 미래 시나리오를 전망으로 혼동하는 경우이다. 2003년 펜타곤의 막후 실력자였던 앤드류 마셜(Andrew Marshall)은 미래학자 피터 슈워츠(Peter Schwarts)와 시나리오 플래닝 전문가 더그 랜들(Doug Randall)이 이끄는 '글로벌비즈니스네트워크(Global Business Network · GBN)'에 기후 변화문제에 대한 미래연구를 의뢰했다. GBN의 전문가들은 '시나리오 기법'을 중시하는데, 이 기법은 여러 변수들과 동인들을 조건으로 하여 미래를 몇 가지의 '스토리'로 그려내는 것이다.

슈워츠와 랜들은 "기후 변화가 서서히 진행되고 인류는 그 변화에 적응할 것"이라는 일반적인 가정에 만족하지 않았다. 그들은 이 현상을 아주 드라마틱하게 표현하길 원했다. 그리하여 '급격한 기후 변화'라는 시나리오를 만들어 "북쪽의 기후는 급속히 차가워지고 남쪽의 기후는 아주 뜨거워진다"고 기술했던 것이다. 이 시나리오는 2010년에서 2020년 사이에 일어날 수 있는 기후 변화의 극단적인 전망을 보여준다.

- 대서양의 멕시코 만류와 유럽의 기후 온난화는 아주 복잡한 반작용으로 인해, 멕시코 만류의 순환에 변화가 생긴다.
- 유럽 및 북아프리카의 중요한 농경지대와 대규모 거주지가 건조화·사막화된다.
- 아시아와 북미의 연평균 기온이 2.8도, 유럽의 연평균 기온이 3.3도 정도 떨어진다. 이는 극적이라고 표현될 만한 엄청난 온도 하락이다.
- 오스트레일리아, 남아프리카, 중남미의 연평균 기온이 2.2도까지 올라간다. 이 역시 상당한 온도 상승이다.
- 겨울 폭풍과 바람이 아주 강하게 확대되고, 온도 하락의 영향도 강력히 일어난다.
- 2020년 중유럽의 기후는 2000년 시베리아 기후와 비슷하게 된다.

슈워츠와 랜들의 시나리오에 따르면, 이러한 기후 변화의 결과로 유럽에서는 수자원과 식량획득을 위한 크고 작은 군사적 충돌이 일어나고, 네덜란드인과 독일인은 이탈리아와 스페인으로 대규모 이주하며, 일본과 카리브 해 국가들에서는 미국으로 이주하려는 사람이 급격히 늘어나고, 중국은 카자흐스탄에서 갱들이 위협하는 파이프라인(pipeline)을 지키기 위해 군사 개입을 한다.

즉, 역사는 자원을 획득하기 위해 끊임없이 아귀다툼하던 과거로 되돌아가고, 과거의 어떤 것보다 강력한 살상 무기가 동원된 전쟁으로 우리의 운명이 결정된다는 시나리오인 것이다.

이는 물론 생각해볼 수 있는 시나리오이긴 하지만, 실현 가능성은 매우 낮다. 그런데 왜 그들은 가능성이 현저히 낮은 시나리오를 내놓은 것일까?

사실 미래연구자들은 아주 극단적인 미래를 방지하기 위해, 극단적인 미래 시나리오를 작성하는 경우가 종종 있다. 슈워츠와 랜들은 사람들이 쉽게 생각할 수 없는 문제를 고민하고 이를 극적으로 표현하여, 사람들이 미래를 준비하지 않을 경우에 무서운 일이 발생할 수 있음을 경고하고자 한 것이다.

더욱이 그들이 작성한 시나리오는 '가능성이 아주 높지는 않아도 당장 고려해야 할 만큼 미국의 안보를 위협할 수 있는 기후 변화 시나리오'를 목적으로 하고 있었다. 이 시나리오의 의뢰 주체가 미국 국방부였고, 의뢰자가 알고 싶었던 것은 미국 안보에 기후 변화가 미칠 영향이었으니 말이다. 이에 슈워츠는 '필연적인 놀라움', 다시 말해 '피할 수 없는 충격'이란 개념을 제시하며 다분히 의도적으로 미래를 부정적으로 표현한 것이다.

그런데 문제는 사람들이 그들의 '경고'를 '전망'으로 받아들였다는 데 있다. 슈워츠와 랜들은 5가지 미래안경 중 '붉은 안경'을 끼고, 놀랄 만한 미래, 충격적인 미래에 대한 보고서를 작성했다. 반면 이 보고서를 접한 대부분의 사람들은 '푸른 안경'을 쓰고, 보고서의 내용이 실현 가능한지만을 가늠했다.

슈워츠와 랜들의 연구 보고서가 발표된 후, 언론은 물론 필자와 함께 토론했던 사람들 모두 그들의 시나리오를 '아주 무의미한 것'이라고 평가했다. 사람들은 기후가 그렇게 빨리 변할 수 없다는 사실을 근거로 들었고, 그런 '합리적이지 않은 연구 결과'를 위해 펜타곤이 10만 달러나 지출했는가! 하고 지적하기까지 했다. '경고'를 목적으로 한 보고서를 '전망'으로 해석했기에 불거진 결과였다.

시나리오 기법과 관련해 또 다른 유명한 사례로는, 1968년 서유럽의 정계·재계·학계의 지도급 인사들이 결성한 미래연구 기관 '로마클럽(The Club of Rome)'이 1972년에 발표한 보고서 《성장의 한계 *The Limits to Growth*》가 있다. 이 보고서는 경제성장이 환경에 미치는 부정적 영향을 다루었는데, 발간과 동시에 베스트셀러가 되었고 《성서》, 《자본론 *Das kapital*》 등과 함께 '세계를 뒤흔든 책'이라는 평가를 받았다.

로마클럽은 이 보고서를 통해 "유한한 환경에서 계속 인구증가, 공업화, 환경오염, 식량감소, 자원고갈이 일어난다면 성장은 한계에 이르고, 우리 환경은 끔찍한 상황에 직면할 것"이라고 분석했다. 하지만 이해하기 어려운 서술방식 탓에 아무도 이 책이 '~이 일어난다면'이라는 단서를 달고 쓰였음을 알지 못했다.

로마클럽은 붉은 안경을 통해 리스크와 돌발사태로 가득한 미래를 보았고, 보고서를 통해 이를 경고한 것이다. 하지만 일반인들은 푸른 안경을 쓰고, 그들의 경고를 전망으로 이해했다. 마치 저자들이 모든 문장 뒤에 "이 일이 일어날 확률은 100퍼센트이다"라고 서술한 것처럼 이해했다는 말이다.

보고서가 발간된 뒤 지구의 미래와 기술의 기여도를 지나치게 비관적으로 보고 있다는 비판이 쏟아진 것은 그러한 이유에서다. 게다가 1972년 당시의 사람들은 무엇이 문제인지 쉽게 설명할 수 있는 5가지 미래안경 같은 간단한 의사소통 도구도 가지고 있지 않았다!

이것은 목적을 달성하지 못한 연구자들에게도 안타까운 상황이지만, 이 결과를 받아든 사람들에게도 역시 불행한 결과다. 목적이 경고에 있는 연구를 전망으로 해석함으로써, 위협에 대한 대안을 제대로 마련할 수 없었으니 말이다.

목적 및 목표에 대한 오류의 세 번째로는, 비전과 계획이 혼동되어 사용되는 경우를 들 수 있다.

믿기 힘들 정도로 많은 사람들이 먼 미래를 떠올리고 예측하는 일을 '계획'이라고 착각하곤 한다. 하지만 당신이 바라본 미래의 상황은 '비전'이지, 계획이 아니다. 계획은 그 비전을 이루기 위해 우리가 무엇을 어떻게 할 것인가를 고민하는 일이다. 자신이 원하는 미래를 만들어내는 날을 하루아침에 계획할 수는 없지 않겠는가? 비전을 세우고, 그에 맞는 계획을 수립해야만 원하는 미래를 만들어낼 수 있는 것이다.

넷째, 미래를 현실에서도 관찰할 수 있는 '상대적으로 새로운 것'이 아니라, '절대적으로 새로운 것'이라고 여기는 경우다. 많은 이들이 우주를 돌고 있는 인공위성으로 올라가는 엘리베이터 같은 것을 꿈꾸며, 이런 것들이 미래라고 말한다. 맙소사, 이것은 '공상과학소설'에 불과할 뿐인데도 말이다.

이 책의 서두에서도 이야기했듯이, 미래는 이미 우리 앞에 있다. 단지, 우리가 알아채지 못할 뿐이다! 스웨덴의 과학자인 스반테 아레니우스(Svante Arrhenius)는 1896년에 이미 이산화탄소로 인해 지구 온난화문제가 발생할 것이라는 보고서를 냈다. 하이브리드 동력장치는 1902년부터 있었고, 채식주의자 전용 식당은 1920년대에도 존재했다.

미래가 절대적으로 새로운 것인 경우는 매우 드문 일이다. 그러니 혁명적이라고 할 수 있는 새로운 것을 찾아나선다며 스스로를 틀 안에 가두지 말라. 당신의 기업에 당신이 아직까지 인식하지 못한, 새로운 가능성이 이미 존재하고 있으니!

이처럼 목적 및 목표에 대한 오류는 '불통의 단초'라고 할 수 있다. 목적과 목표가 명확하지 않은 미래경영은 불통을 낳고, 결국 미래경영을 실패의 나락으로 떨어뜨리기 십상이다.

역할에 대한 혼란, 불평의 양산

다음으로, 미래에 대한 인식의 오류 중 '역할에 대한 혼란'의 경우는 3가지를 들 수 있다. 역할에 대한 혼란은 불평과 불만 양산의 주범이 되는데, 구체적인 상황은 아래 내용을 통해 확인할 수 있다.

첫째, 미래전문가를 예언자로 여기는 경우다. 사람들은 이들이 미래시장이나 자신들의 근로환경 등이 어떻게 변할지 아주 명확하고 구체적으로 알려주기를 바란다. 마치 영화처럼 생생하게 말이다. 예언의 정확성은 10년 내에 아주 철저히 검증되어져야만 하고, 만약 예언대로 되지 않을 경우 미래전문가들은 지탄받아 마땅하다고까지 생각한다.

하지만 미래전문가들의 생각은 다르다. 그들은 스스로를 예언가라기보다는 단지 미래를 미리 생각하는 사람이라고 여긴다. 이러한 간극이 미래전문가가 예측한 미래에 대한 사람들의 불평, 불만을 양산하게 하는 것이다.

둘째, 트렌드를 전망으로 오해하는 경우이다. 트렌드 연구자는 전망이 아니라 영감을 주는 아이디어나 생각을 제공할 뿐이다. 그런데 많은 사람들이 그들이 내놓은 아이디어를 전망이라고 오해한다.

'마케팅의 노스트라다무스'라고 알려진 페이스 팝콘(Faith Popcorn)은 1997년 저서 《클릭, 미래 속으로Clicking》에서 10년간 지속될 것이라 확신하는 트렌드들로, 다음과 같은 예를 서술했다.

- 무리를 짓는 것(Clanning)은 하나의 트렌드다. 인간들은 스스로 무리를 이루거나 그룹을 형성한다.
- 판타지가 붐을 이룬다. 스트레스와 지루함을 벗어나기 위해서 소비자들은 리스크가 없는 환경에서 모험과 자극을 체험하고 싶은 욕구를 갖고 있다.

만약 기계 엔지니어가 이 견해를 접한다면, 그는 고개를 절레절레 흔들 것이다. 트렌드 연구자를 사기꾼이라고 비난할지도 모른다. 그에게 위에 언급된 견해들은 검증하거나 증명할 필요도 없는, 아무것도 아닌 것들이다. 이 정도는 굳이 트렌드 연구자의 힘을 빌지 않아도 알 수 있는 것 아닌가?

트렌드 연구자들을 예견자나 예언자로 여기지 말고, 단지 아이디어를 제공하는 사람으로 인식하라. 그들의 견해를 절대 예견(푸른 안경)으로 받아들이지 말고, 영감을 주는 아이디어, 미래의 기회(초록 안경)로 인식해야 한다. 페이스 팝콘은 자신의 아이디어가 대부분 '재미있게 즐길 수 있는 예언'이라는 표현을 자주 썼다.

셋째, 수많은 미래전문가들이 전문분야에 있어서 스페셜리스트가 아닌 제너럴리스트로 우왕좌왕하고 있는 현실이다. 그들이 학제적인 우수함, 복합적인 방법론을 갖고 있어서 영감을 주는 영향력을 행사할 수 있는 것은 분명하다.

하지만 유감스럽게도 수많은 미래연구자나 미래경영자들은 자신들의 영역에 명확한 경계를 긋지 못한 채, 오늘은 기후전문가로 강의하고 내일은 교육전문가로 활동한다. 한 분야만 파고든 스페셜리스트에게는 당연히 밀릴 수밖에 없다!

방법론적 혼란, 비합리적인 결과

마지막으로, 방법론의 측면에서 미래에 대한 인식의 오류로는 2가지를 들 수 있다.

하나는 미래를 보는 방식의 차이를 인식하지 못해서 미래연구와 미래경영의 방법론, 기술, 도구 등을 제대로 이용하지 못하는 경우이다. 이러한 도구와 기술 등을 사용하는 데 있어, 미래경영의 목적과 관점을 고려하지 않는 경우가 허다하다. 결국 미래를 보는 목적에 부합하지 않는 도구와 기술을 사용함으로써, 실망스럽고 비합리적인 결과를 내놓게 되는데도 말이다!

또 다른 하나는 고전적인 시나리오 기법이 실제 현장에서 요구하는 수많은 것들을 충족하지 못하는 경우다.

시나리오 기법은 미국 공군의 위촉을 받아 민간 과학자와 기술자들이 창설한 비영리적 연구 개발기관 '랜드연구소(RAND-Corporation)'의 허먼 칸(Herman Kahn)과 앤서니 위너(Anthony Wiener)가 1967년,《서기 2000년 The Year 2000》이라는 책을 출간하면서 널리 알려졌다. 이 책은 말 그대로 서기 2000년의 세계가 어떻게 될 것인가 하는 시나리오를 서술한 것이다. 이 책을 통해 미래연구자들은 시나리오가 사고를 하는 데 있어 중요한 도구가 되고, 시나리오로 점점 더 복잡해지는 미래를 관찰하고 분석할 수 있다는 사실을 깨달았다. 시나리오 기법이 미래에 어떤 일이 일어날지 예측하고 그에 대응해 방향을 설정해야 하는 사람들에게 길을 제시해준 것이다. 그 후로 거의 모든 미래연구자들이 미래연구의 중요한 도구로 시나리오를 활용했다.

하지만 시나리오 기법은 미래연구자들에게 결론을 제시하도록 책임을 지우지 않는다. 결국 결론을 내리고 결정하는 것은 당신의 몫이다. 일기예보와 비교해보면 쉽게 이해할 수 있을 것이다.

　우리는 일기예보를 주의 깊게 듣는다. 앞으로의 일기 변화에 대비하기 위해서다. 그런데 만약 일기예보가 내일은 무척 덥다거나 천둥번개가 친다거나 혹은 강풍이 분다거나 하는 3가지 시나리오를 모두 제시한다면, 우리는 혼란에 빠진다. 3가지 시나리오에 모두 대비하자니 준비해야 할 것이 너무도 많고, 그중 하나만을 선택하자니 무엇을 택해야 할지 판단이 서지 않는다.

　이야기를 경영현장으로 옮겨가면, 상황은 훨씬 심각해진다. 제시된 모든 시나리오에 대비하는 전략을 세우는 것은 재정적으로도 불가능할 뿐 아니라, 설사 전략을 세웠다고 해도 결국은 경쟁상대와의 전략과 비슷해져 차별화에 실패하게 된다. 그래서 실제 경영현장에서는 다음과 같은 불만을 토로한다.

- 미래 시나리오가 시사하는 많은 것들을 찾아내고 분석도 했다. 하지만 우리는 아주 개인적이고 명확한 비전을 제시할 수 있으며, 확신을 가지고 추구할 수 있는 시사점을 원한다.
- 미래 시나리오에 대해 여러 차례 토론을 했지만, 미래의 기회를 찾는 데 혁신적인 관점을 얻지는 못했다.
- 우리의 시나리오 프로젝트는 전략 개발부분에서 중단되었다. 하지만 실제 현장에서는 바로 그 중단된 지점에서부터 중요한 작업이 시작된다. 우리는 좀더 나은 성과를 이끌어낼 수 있는 시나리오를 원한다.
- 우리의 전략이 얼마나 견고한지, 다각도로 검증할 수 있는 기준

이 부족하다. 3~4가지 시나리오를 확보한 것은 좋지만, 예기치 않은 문제가 일어날까봐 두렵다.

- 개연성이 불분명한 3~4가지 시나리오는 방향 설정의 도구로 삼기에 부족하다. 모든 시나리오에 동시다발적으로 대비할 수는 없는 일이다.
- 컴퓨터를 활용한 시나리오 기법은 너무나 복잡해, 익숙해지려면 많은 시간과 노력이 필요하다.

시나리오는 흔히 현실로 일어날 수 있거나 그렇지 않은 미래, 바람직하거나 염려스러운 미래, 실현 가능하고 만들어낼 수 있는 미래를 모두 이야기한다. 그 미래들을 명확히 구분하여 읽지 않으면, 생각지도 못한 엄청난 결과에 직면할 수도 있다. 하지만 미래전문가가 아닌 이들에게 여러 시나리오를 구분하여 해석하는 것은 쉽지 않은 일이다.

이러한 문제를 해결해줄 것이 바로 '프리즘'이다. 5가지 미래안경과 엘트빌러 모델로 이루어진 프리즘은 기업의 현장경영을 위한 새롭고 총체적인 시나리오 기법인 것이다.

미래는 '단수'가 아닌 '복수'로 존재한다

프리즘은 과연 무엇이 다른가? 이 미래분석 도구는 어떻게 불명확한 미래를 명확하게 바라볼 수 있도록 돕는 걸까?

사실 미래는 매우 복잡해서 정확하게 이해하기란 거의 불가능한 일이다. 복잡할 뿐 아니라 복합적이기까지 하다! 미래는 '단수'가 아닌 '복수'로 존재하는 것이다.

이미 수십 년 전부터 미래전문가들은 미래에 대해 이야기할 때, 복수형을 사용했다. 16세기 스페인의 신학자 루이스 데 몰리나(Luis de Molina)가 사용한 '가능한 미래들(futuribles＝futures＋possibles)'이 대표적인 예이다. 이 단어는 '미래가 열려 있다'는 것과 원칙적으로 '미래를 예견할 수 없다'는 사실을 언어적으로 암시하고 있다.

훗날 프랑스의 사회학자 베르트랑 드 주브넬(Bertrand de Jouvenel)도 이 개념을 사용한 바 있다. 주브넬은 미래학을 '추측의 기술(L'Art de la conjecture)'이라고 정의한 학자인데, 미래학이 '예측'이 아닌 '추측'이라고 설명함으로써 미래학을 미래를 맞히는 학문이나 방법론으로 간주하는 분위기에 제동을 걸었다.

우리는 미래가 단수가 아닌 복수로 존재한다는 점, 그렇기에 미래는 수많은 출발점을 가질 수 있다는 사실을 잘 활용해야 한다. 그래야 성공적인 미래경영이 가능하다.

필자는 복잡하고 복합적인 미래를 이해하기 위해, 미래에 대한 자료를 수집하고 연구하여 단순화시켜보았다. 〈도표 4〉는 미래를 몇 가지로 유형화한 결과물이다. 여기에 정리된 미래의 종류들은 다음과 같은 전제조건에 따라 이해되어야 한다. 첫째, 미래는 관찰자의 견해에 따라 주관적으로 정의되어진다. 둘째, 미래의 종류는 관찰시점에 따라 바뀔 수 있다. 셋째, 미래의 종류는 관찰하는 순서에 따라 다르게 나타난다가 그것이다.

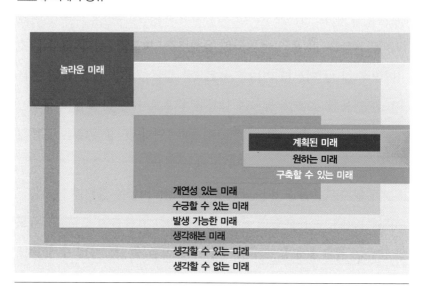

미래, 생각할 수 있거나 생각할 수 없거나

사람들은 모든 미래를 충분히 '생각할 수 있다'고 여긴다. 생각할 수 있다는 것은 상상할 수 있거나 알 수 있거나 가능하거나와 같은 개념의 동의어로 간주된다. 하지만 '생각할 수 있는' 미래가 있다면, 우리가 '생각할 수 없는' 미래도 분명 존재할 것이다. 그런 연유로 미래는 생각할 수 있는 미래와 생각할 수 없는 미래로 요약할 수 있다.

미래 = 생각할 수 있는 미래 + 생각할 수 없는 미래

생각할 수 있다는 개념에는, 또한 생각해본 것과 생각해보지 못한 것이 포함된다. 생각할 수 있는 미래는 다시 다음과 같이 나누어진다.

미국 전 국방부 장관인 도널드 럼즈펠드(Donald Rumsfeld)의 다음 연설에도 나타나듯이, 위대한 정치가들은 생각해본, 그리고 생각해보지 못한 미래의 문제를 모두 고민하고 있다.

우리가 알고 있듯이, 잘 알려져 있는 그 어떤 일이 있다. 우리는 또한 잘 알려져 있는, 알지 못하는 것이 있다는 점을 알고 있다. '알지 못하는 무언가'가 있다는 사실을 알고 있는 것이다. 그런데 잘 알려지지 않은, 알지 못하는 것도 있다. 알지 못하는 무언가가 있다는 사실조차 모르는 경우다.

미래, 발생 가능하거나 발생 불가능하거나

미래에 관한 일이라면, 우리는 거의 절대적으로 개연성과 가능성이란 범주에서 생각하게 된다. 개연성과 가능성은 기본적으로 철학 용어이다. 개연성은 일정한 조건 하에서 일정한 현상이 일어날 가능성이 높다는 뜻이며, 가능성은 개연성이 있는 것보다는 약하지만 불가능한 것은 아니라서 현실성은 있다는 뜻이다. 그렇기에 개연성과 가능성의 범주에서 볼 때, 미래는 발생 가능한 미래와 그렇지 않은 미래로 나뉜다.

미래 = 발생 가능한 미래 + 발생 불가능한 미래

일반적으로 개연성이 확보되려면, 그 어떤 시기의 미래가 한 번쯤은 물리적으로 가능해야만 한다. 수소연료가 전 세계의 주 에너지원이 된다든지, 기아문제를 완전히 해결한다든지, 국가 재정의 균형 상태를 영속한다든지 등은 의문의 여지없이 물리적으로 가능하다. 그럼에도 불구하고 이 3가지 사례 모두 그 개연성에 대해 논란이 되고 있다. 실제로 발생하지는 않았기 때문이다.

또한 가능성은 생각될 수 있음을 전제로 한다. 우리는 어떤 미래를 '생각'한 후에야 그 가능성을 타진해보기 때문이다. 그렇기에 발생 가능한 미래는 생각할 수 있는 미래의 부분집합이다.

순수하게 물리적으로 가능한 것 외에 '수긍할 수 있는 미래'에 대한 목록을 만드는 것도 의미가 있을 것이다. 만약 당신이 주장하는 미래가 실제로 일어날 수 있을 거라고 명백히 논리적으로 서술할 수 있다면, 그 미래는 수긍할 수 있는 미래다. 반대로 그것을 입증하는 강력한 척도를 제시하지 못한다면 수긍하기 힘든 미래로 남을 것이다.

발생 가능한 미래 = 수긍할 수 있는 미래 + 수긍하기 힘든 미래

이쯤에서 우리는 한 가지 난관에 봉착한다. 아무리 발생 가능하고 수긍할 수 있는 미래라 할지라도, 반드시 개연성이 있는 것은 아니기 때문이다. 즉 필연적으로 일어날 수도 있고 일어나지 않을 수도 있는 것이다. 개연성이 없으면 아무리 명확한 논리와 천재적인 전략을 제시하면서 "1년 안에 신상품의 시장점유율 90퍼센트를 달성한다"거나

"기아 인구의 80퍼센트를 구제하겠다"라고 주장해도 상대방을 설득하기가 힘들다.

또한 현재에서부터 시간적 거리가 멀어질수록 미래에 대한 개연성을 판단하는 데 주관이 더 많이 들어가고, 수학적 토대도 약해진다. 자연의 변화가 아닌 정치, 경제, 사회 등 인간이 만들어내는 미래의 경우에는 더욱 그렇다.

미래의 개연성은 수학적인 확률이라기보다는 '기대확률'에 더 가깝다. 사람들이 개연성에 대해 토론하거나 고민하는 것을 자세히 살펴보면, 3가지 카테고리가 명확하게 나타난다. 우리는 그 어떤 것을 '개연성이 있다'고 하든가, '개연성이 없다'고 하든가, 개연성이 없지 않고 그렇다고 있는 것도 아닌 '중간 정도의 개연성이 있는 것'으로 여긴다.

수긍할 수 있는 미래 =
개연성 있는 미래 + 중간 정도 개연성 있는 미래 + 개연성 없는 미래

지금까지 이야기된 미래와는 달리, 우리가 전혀 생각해보지 못했음에도 불구하고 발생할 수 있는 미래도 있다.

이제는 개인 간 온라인 금융거래 서비스 P2P(Peer-to-Peer)가 활성화되었지만, 영국의 인터넷대출 전문업체 조파(Zopa)와 미국의 금융 P2P 전문업체 프로스퍼(Prosper)가 나타나기 전까지, 은행들은 개인들을 위한 P2P 시장이 생겨날 수 있을 것이라고 전혀 예상하지 못했다. P2P 시장 같은 미래, 즉 예상하지 못했지만 발생하는 미래를 '놀

라운 미래'라고 부르도록 한다.

또한 우리가 인식은 했지만 가능성이 없다고 판단한 미래가 발생했을 때도 역시 놀라운 미래라고 표현할 수 있다. 2004년 인도네시아에서 발생한 쓰나미나, 파산 가능성이 전혀 없을 것으로 여겼던 중요 고객의 파산 등이 이에 해당한다. 이처럼 놀라움에는 생각지 못했던 놀라움과 생각해봤던 놀라움이 있다.

놀라운 미래 = 생각해봤던 놀라운 미래 + 생각지 못했던 놀라운 미래

어떤 것이 가능하고 어떤 것이 불가능한지 우리가 정확히 알 수 없기 때문에 놀라운 미래가 있을 수 있다. 실제로 발생하기 전까지는, 우리는 이런 미래를 불가능하다고 여긴다.

미래, 원하거나 두려워하거나 무관심하거나

현실로 이루기 원하는지 아닌지에 따라 미래가 달라지기도 한다. 대부분의 사람들은 자신이 바라는 미래에 대한 명확한 그림들을 갖고 있다. 그것을 정확하게 표현 못하는 사람이라 할지라도 다음 휴가는 어디로 갈지, 자신의 일을 어떻게 발전시킬지 등등 미래의 여러 옵션 가운데 최소한 어떤 것을 원하는지 말할 수는 있다. 미래를 스스로 결정하기 어려워하는 사람이라 할지라도 최소한 자신이 원하지 않는 것이 무엇인지는 안다.

그러므로 미래는 스스로의 현실적인 판단에 따라, 희망적이거나 부정적이거나 무관심한 미래 등으로 다르게 나타난다.

여기서 우리는 '원하는 미래'를 실제로 구축할 수 있는지를 신중하게 생각해봐야 한다. 성공을 위한 컨설팅을 제공하는 사람들은 고객들에게 이룰 수 있는 목표를 세우는 것이 옳다고 이야기한다. 그 외의 다른 것들은 기대를 저버리는 것이 좋을 것이다. 이 원칙을 일반화시키기 위해서는 '원하는 것'과 '구축할 수 있는 것' 사이에 매우 중요한 차이가 있다는 사실을 인식해야만 한다.

150세까지 사는 것을 원할 수도 있지만, 이성적이고 현실적으로 생각하면 그 누구도 정말로 원하는 일은 아닐 것이다. 빌 게이츠(Bill Gates) 같이 엄청난 자산가가 되는 일을 소망할 수도 있지만, 그것이 실현 가능하고 구축할 수 있다고 진실로 믿는 사람은 많지 않을 것이다.

어떤 조직이 특정한 미래를 원하고 있을 경우에도, 이 미래가 개연성 있는 미래와 정확히 일치하는 것은 아니다. 희망한다고 해서 반드시 이루어지는 것은 아니기 때문이다. 어느 기업의 최고 지도층이 원하는 미래, 즉 비전을 발표했다면 그것은 기업경영의 방향을 설정하는 데 토대가 되는 규정과 같은 것이며, 그 회사 구성원들에게는 그 방향을 위해 지켜야 할 규범적인 것이다.

만약 원하는 미래를 꼭 추진해야 할 목표로 설정하고, 바랄 가치가 있는 것 이상으로 이해한다면, 우리는 구축할 수 있는 미래들 중에서도 원하는 미래를 선택할 것이다. 이처럼 우리가 미래를 구축할 수 있는 것으로 인식하고 원하는 것으로 분류했다면, 미래를 계획할 수 있다. 계획을 수립하면서 우리는, 원하는 미래를 계획된 행동의 순서로 나눈다.

그렇다면 원하는 미래의 반대는 무엇인가? 바로 두려운 미래이다. 우리는 현재 추진하는 전략이 잘못 설정되어 나타나는 미래를 두려워한다. 만약 당신이 보유하고 있는 핵심기술(예를 들어, 자동차 엔진에 장착한 고무필터를 전자제품으로 대체하는 기술)이 실제로는 불가능하고, 향후 이러한 불가능이 사실로 판단된다면, 당신은 그런 미래를 두려워할 것이다.

여기서 두려운 미래는 개연성이 있거나, 중간 정도의 개연성이 있거나, 개연성이 없거나, 단지 수긍할 만하거나, 단지 발생 가능하거나, 단지 생각할 수 있는 미래이다.

하지만 대부분의 사람들은 원치 않은 일이 일어났을 때 두렵거나 걱정스럽다고 표현하려는 경향이 있다. 그러므로 현실을 정확히 파악하려면 무관심한 미래, 즉 원하지도 않고 두려워하지도 않는 근본적으로는 같은 두 미래를 확인해야 한다. 그러므로 두려운 미래는 미래 전체에서 원하는 미래와 무관심한 미래를 제외한 것이다.

두려운 미래 = 미래 전체 − (원하는 미래 + 무관심한 미래)

미래를 바라보는 소극적 견해 vs. 적극적 견해

지금까지 살펴본 미래는, 미래를 바라보는 입장에 따라 소극적 견해와 적극적 견해로 나눌 수도 있다. 이는 〈표 1〉에 자세히 정리하였다.

소극적 견해는, 환경이 우리의 행위와는 무관하게 스스로 발전하고 그 발전이 우리에게 상당한 영향을 미칠 것이라는 데서 출발한다. 소

표 1 미래를 보는 소극적 견해와 적극적 견해

기준	소극적 견해	적극적 견해
초점	• 행위자의 외부세계	• 행위자의 내부세계
사고의 방향	• 외부에서 내부로	• 내부에서 외부로
사고의 내용	• 미래예측 – 스스로 설계 – 내부세계에 적용	• 미래발견 – 미래구축 – 외부세계에 적용
구축 가능성	• 최소 • 미래는 행위자에 의해 전혀 영향 받지 않음	• 비교적 높음 • 미래는 상당 부분 행위자에 의해 구축 가능
방법론	• 분석적	• 창조적
마음가짐	• 관찰적 • 분석적/논리적 • 비판적 • 보수적 • 숙명적 • 부정적/현실적 • 평가적	• 상상력 풍부 • 직감적 • 창조적 • 진보적/변화추구 • 협상적 • 낙관적/현실적 • 결정적
미래의 종류	• 생각할 수 있는 미래 • 생각해본 미래 • 발생 가능한 미래 • 수긍할 수 있는 미래 • 개연성 있는 미래 • 놀라운 미래	• 구축할 수 있는 미래 • 원하는 미래 • 계획된 미래

극적인 견해의 기본 전제는 미래가 우리에게 어떤 영향을 미칠 것인지, 앞으로 올 일에 대해 미리 준비할 수 있도록 미래의 일을 예측해야만 한다는 것이다. 우리는 외부에서 시작해 내부적으로 미래를 생

각하기에, 소극적으로 반응한다.

　반면, 적극적 견해는 우리가 원하는 대로 환경을 어느 정도 개발시킬 수 있다는 데서 출발한다. 적극적 견해의 기본 전제는 우리가 미래를 구성할 수 있거나, 아니면 구성해야만 하고, 그로써 우리가 원하는 미래를 이끌어낼 수 있다는 것이다. 우리는 안에서 바깥으로 미래를 생각하고, 적극적으로 행동한다.

　전체로서 미래는 항상 적극적인 미래와 소극적인 미래로 구성된다. 사람들은 자신 스스로의 행위를 구성할 수 있도록, 주변 환경의 미래에 대해 예측해야만 한다. 독일의 시인 프리드리히 뤼케르트(Friedrich Rückert)는 우리에게 앞이 내다보이는 미래뿐 아니라 앞을 내다볼 수 없는 미래도 얼마나 필요한지에 대해 잘 표현했다. "인간에게 행복이란 것이 2가지로 나타나는데, 하나는 미래가 그에게 알려지고 있다는 것이고 다른 하나는 그만큼 알려지지 않았다는 것이다."

현장의 요구를 만족시키는 5가지 미래안경

　미래는 지금까지 유형화해본 것처럼, 아무리 간단히 정리해도 실은 복잡하고 복합적인 것이다. 미래를 경영하고자 할 때 이 미래의 종류들을 떠올린다면, 미래를 좀더 세심하고 조심스럽게 다룰 수 있을 것이다.

　미래의 종류는 〈표 2〉에서처럼 5가지 미래안경과 연계시켜서 살펴

표 2 미래의 종류와 5가지 미래안경의 관계

미래의 종류	미래에 대한 접근방식	5가지 미래안경
개연성 있는 미래 개연성 없는 미래 (수긍할 수 있는 미래)	수동적	푸른 안경 : 가정 분석 주변 환경의 향후 발전 가능성 평가
구축할 수 있는 미래	능동적	초록 안경 : 기회 발견 미래에 활용할 수 있는 기회를 포착
원하는 미래	능동적	노란 안경 : 비전 개발 원하는 미래와 장기적인 방향을 설정
놀라운 미래	수동적	붉은 안경 : 리스크 관리 미래에 발생 가능한 돌발상황과 리스크를 인식
계획된 미래	능동적	보라 안경 : 전략 수립 원하는 미래를 실현하기 위해 필요한 행동을 규정
생각할 수 있는 미래 생각해본 미래 발생 가능한 미래	능동적 수동적	어떤 미래에 어떤 안경을 연결할지 불투명

볼 수 있다. 즉 5가지 미래안경은 다양하고 복잡한 미래를 다루는 데에 아주 좋은 도구로 활용된다.

또한 5가지 미래안경은 〈표 3〉에서 확인할 수 있듯이, 꽁장히 다양한 조합으로 사용이 가능하다. 그중에서도 푸른 안경, 초록 안경, 노란 안경, 붉은 안경, 보라 안경의 순서가 가장 일반적이고 유용하다.

표 3 5가지 미래안경에 대한 개관

	푸른 안경	초록 안경	노란 안경	붉은 안경	보라 안경
최우선 목표	주변 환경의 향후 발전 가능성 평가	미래에 활용할 수 있는 기회 포착	원하는 미래와 장기적인 방향을 설정	미래에 발생 가능한 돌발상황과 리스크를 인식	원하는 미래를 실현하기 위해 필요한 행동을 규정
차선 목표	• 올바른 방안 실행 • 좀더 나은 의사결정 • 리스크 감소	• 성공 잠재력 확대 • 비전과 전략에 대한 수량화 및 질적 향상	• 명확한 방향 설정 • 성공 잠재력 활용 • 활동 조정 및 구성 • 방향 제시	• 리스크와 돌발상황 대비 • 미래에 리스크와 돌발상황의 발생 시 혼란 최소화 • 존재 안정화	• 미래전략과 실행전략 연계 • 활동 조정 및 구성
사례	• 2020년에는 인구의 30퍼센트가 60세 이상일 것이다.	• 화상회의 시스템을 도입해 효율성 향상을 도모한다.	• 인간과 컴퓨터 사이의 편리한 대화를 위해 CUI*를 가장 먼저 제공하는 업체가 될 것이다.	• 알려지지 않은 바이러스성 전염병으로 수백만 명이 사망할 것이다. • 2001년 9·11사태 • 1989년 11월 9일 베를린장벽 철거	• CUI를 개발하기 위해 소프트웨어 개발 연구소와 협업을 단행한다.
사고대상	• 가정에 대한 질문 • 미래요소 (트렌드, 기술, 테마) • 시그널 • 미래전망 • 미래 시나리오 • 미래에 대한 가정	• 기회에 대한 질문 • 미래의 기회들	• 비전에 대한 질문 • 미션 • 전략적 비전 • 전략적 가이드라인	• 리스크와 돌발상황에 대한 질문 • 사건적 돌발상황 • 진행적 돌발상황	• 전략에 대한 질문 • 전략적 목표 • 프로젝트 • 프로세스 • 시스템 • 개발 기회 • 대안적 예비전략
관점	• 거시적 관점 • 대외 지향적	• 미시적 관점 • 대내 지향적	• 미시적 관점 • 대내 지향적	• 거시적 관점 • 대외 지향적	• 미시적 관점 • 대내 지향적
태도	• 거리 유지 • 수동적 • 관찰적	• 개입 • 능동적 • 공격적	• 개입 • 능동적 • 공격적	• 거리 유지 • 수동적 • 관찰적	• 개입 • 능동적 • 공격적
마음가짐	• 현실적 • 비판적 • 분석적 • 경험 중시 • 보수적	• 낙관적 • 창조적 • 직감적 • 풍부한 상상력 • 진보적 • 변화적	• 낙관적이자 현실적 • 직감적이자 분석적 • 진보적	• 목표 달성에 부정적 • 분석적 • 창조적 • 풍부한 상상력 • 진보적	• 현실적 • 실용적 • 분석적 • 경험적 • 진보적
손실요소	• 미래를 창조적으로 발견하고자 함 • 희망적 사고 • 지나치게 낙관적이거나 비관적 • 자신의 경험을 함께 고려	• 비판적 사고 • 경험에 근거한 사고	• 지나치게 야심적 • 지나치게 겸손	• 가능성에 대한 생각 • 효용 과소평가 • 배제와 회피	• 지나치게 야심적 • 지나치게 겸손 • 재정과 자원의 의미를 과소 혹은 과대평가
전통적 방법	• 예측 • 델파이 기법**	• 영향 분석 • 창조적 방법	• 매트릭스 • 찬반 논의표	• 시나리오 기법 • 와일드카드 분석	• 계획 • 프로젝트 경영 • 시간경영

*CUI(Conversational User Interface) : 대화를 통해 컴퓨터와 정보를 교환하는 작업환경을 말한다. ─옮긴이
**델파이 기법(Delphi Technique) : 전문가의 경험적 지식을 통한 문제 해결 및 미래예측을 위한 기법. '전문가 합의법'이라고도 한다. ─옮긴이

〈표 3〉은 미래안경이 갖는 특징에 대해 포괄적인 개요를 제공한다. 각 안경의 항목 중 몇 가지가 지니는 의미를 설명하자면 이렇다.

- 최우선 목표 : 무엇을 위해 이 안경이 존재하는가.
- 차선 목표 : 이 안경을 통해 무엇을 알아야만 하는가.
- 사례 : 안경의 본질에 대한 이해를 돕는다.
- 사고대상 : 이 안경을 통해 무엇을 보아야 하는가.
- 전통적 방법 : 어떤 작업 단계와 방법이 있는가.

그런데 어떤 안경을 어디에 활용하는 것이 적합한지 어떻게 알 수 있을까? 이 문제는 다음의 5가지 원칙에 따라 해결할 수 있다. (더 자세한 내용은 2부에서 이야기될 것이다.)

- 우선 외부에서 내부로 생각하라. 방향을 잡기 위해서는 가장 먼저 주변 환경을 알아야 한다.
- 개연성 있는 일을 인식하고 놀라운 일을 정의하라. 이를 위해서는 푸른 안경에 대한 이해가 필수적이다.
- 비전에 따라 전략을 수립하라. 여기서 전략은 목표를 달성하는 방법이라고 이해하자. 그러므로 노란 안경을 보라 안경보다 먼저 이해해야 한다.
- 기회에 따라 비전을 수립하라. 스스로 기회를 결정하기 위해서는 옵션이 필요하다. 이러한 이유로 초록 안경이 푸른 안경 다음, 노란 안경 전에 나오는 것이다.

- 비전으로 충격적인 일에 강력히 대처하라. 붉은 안경이 노란 안경 다음에 나오는 이유가 바로 이것이다.

마지막 원칙에 대해서는 전문가들 사이에 상당히 다른 견해가 많이 있다. 상투적인 시나리오 기법에서는 비전을 세우기 전에 먼저 시나리오를 수립한다. 하지만 필자는 먼저 비전을 세우기를 권고하고 싶다. 왜냐하면 의미가 있는 시나리오를 개발하기 위해서는, 선제적으로 전략적인 비전이라는 의미에서의 방향을 설정할 수 있는 시선이 필요하기 때문이다.

시나리오 기법의 상당 부분, 예를 들어 GBN이 사용했던 시나리오 기법이 미래의 불확실성에 안전하게 대비하는 데 기여했다는 점이 가끔씩 간과되곤 한다. 미래에 대한 어떤 시나리오가 어느 일정한 방향성, 비전 또는 전략에 위협이 될 수 있는지는 최소한 초안에 작성되어 있는 방향성, 비전 또는 전략을 알아야만 비로소 평가할 수 있다.

아주 드문 경우지만 놀라운 일에 대한 분석은 전제조건 분석 이후에 그리고 비전을 개발하기 전에 실행하는 것이 의미가 있을 것이다. 만약 비전 개발이 이미 근본적으로 잘 알려진 비전을 다시 한 번 점검하는 경우에는 더욱 그렇다.

경영현장에서도 삶에서도 우리는 미래를 예측하고 결정하는 일을 피해갈 수 없다. 한순간에 행해지는 그 일은, 복잡하고 복합적이며 불연속적으로 변화하는 미래에 우리의 성공과 생존을 결정한다.

미래를 예측할 수 있는 정보와 지식은 이미 차고 넘친다. 지금 이

순간에도 미래전문가들은 미래에 대해 엄청나게 많은 예측과 시나리오들을 쏟아내고 있다. 그러나 정작 중요한 일은 우리가 미래에 대해 얼마나 많은 양의 정보와 지식을 얻느냐가 아니라, 그것들을 어떤 방법으로 올바르게 읽고 판단하고 결정하느냐, 그리고 우리의 미래구상에 그것들을 어떻게 영감과 혁신의 소스로 이용할 것이냐의 문제일 것이다.

어떻게 하면 이 문제를 의미 있고 합리적이며 효과적으로 해결할 수 있을까? 2부에서 이야기되는 5가지 미래안경을 통해 이에 대한 명쾌한 답을 얻을 수 있을 것이다.

미래를 읽는
5가지 안경

미래를 정확히 예측하고, 그에 맞는 효과적인 대책을 마련하기 위해서는 단계적인 분석이 필요하다. 여기서는 미래에 대해 우리가 생각해야 할 각각의 단계, 가정· 기회·비전·리스크·전략과 관련해 필요한 각각의 안경을 보여줄 것이다. 미래를 읽는 5가지 안경이 그것이다.

미래를 가정하는
푸른 안경

미래에 대한 가정이 맞는다면 거대한 변화의 물결이 우리를 성공으로 이끌 것이다.
반면 그 가정이 잘못되었다면 '경제적 생존 불가'라는 엄청난 대가를 치를 수 있다.

CHAPTER

1

PRISM

"혼돈의 시기에 모든 카드는 다시 뒤섞이고, 게임의 법칙이 바뀐다."
- 제레미 구체(Jeremy Gutsche), 미국 경영 컨설턴트

당신에게 과연 어떤 일이 일어날까?

어느 누구도 미래를 정확히 예측할 수는 없다. 그렇다고 해서 다가 오는 미래를 그저 수수방관할 수도 없는 노릇. 기업의 미래 또는 우리의 인생은 우리가 내리는 결정에 따라 좌우되니 말이다.

우리가 내리는 모든 결정은 '가정'에 기반을 두고 있다. 그것은 현재 상황에 대한 인식, 즉 사실로 판단되는 추상적인 가정과 불안전한 특성을 갖고 있는 미래에 대한 가정이다.

철학, 그중에서도 인식론은 현재 상황에 대한 인식을 중점적으로 다루어왔다. 아리스토텔레스(Aristoteles), 헤라클레이토스(Herakleitos), 데카르트(Descartes), 칸트(Kant), 칼 포퍼(Karl Popper), 위르겐 하버마스(Jürgen Habermas) 같은 철학자들은 현상에 대한 인식에 어떤 의미를 두어야 하는가에 대해 심사숙고했다. 이에 반해 미래에 대한 가정은 생소하고 낯선 관찰분야다.

우리의 가정이 잘못된 것이라면 경제적 위협이라는 엄청난 대가를 치를 수 있다. 반면 가정이 올바르다면 변화의 풍랑은 우리를 성공으로 이끌 것이다! 그렇다면 미래는 어떻게 가정할 수 있을까? 미래에 대한 가정은 미래의 사고대상을 다음과 같이 분류함으로써 시작할 수 있다.

- 사실
- 원인
- 다른 이들의 가정
- 다른 이들의 목표
- 어떤 것들의 존재
- 어떤 것들의 발전
- 규칙
- 영향
- 다른 이들의 가치
- 다른 이들의 기대
- 어떤 것들의 상태
- 어떤 것들의 질

프롤로그에서 등장한 대형범선 선장의 이야기가 시사하는 것처럼, 푸른 안경을 통해 우리 주변에서 어떤 일이 벌어지고, 또 어떤 미래가 나타날 것인지를 알아차리는 것이 중요하다. 비록 마법구슬 같은 신비로운 물건은 아니지만, 푸른 안경은 인간이 오랫동안 갈망해온 예지력을 충족시킨다. 푸른 안경으로 우리는 개연성 있는 미래를 보게 된다. 앞서 이야기했듯, 개연성은 일정한 조건 하에서 일정한 현상이 일어날 가능성이 높다는 뜻이다. 즉 푸른 안경은 우리에게 일어날 가능성이 높은 미래를 보여주는 것이다.

자, 이제 푸른 안경을 가지고 다음의 2가지 질문을 던져보자.

- 변화를 야기하는 힘과 주변에서 일어날 수 있는 변화에 대해 얼마나 많이 알고 있는가?
- 어떤 변화와 발전이 개연성이 있다고 보는가? 개연성이 없는 것은 무엇이고 또 어떤 것이 중간 정도의 개연성을 가지고 있는가?

독일의 철학자 에른스트 블로흐(Ernst Bloch)의 말처럼, 인간은 스스로를 투영시켜 사고하기 때문에 미래는 어느 정도 과거에 의해 지배된다. 따라서 푸른 안경을 통해 바라보는 미래는, 혁신과 창의적인 미래의 설계라는 측면에서는 부족한 감이 없지 않다. 결국 대형범선의 선장은 바다 상태와 기후를 예측할 수는 있지만, 그것을 변화시킬 수는 없다.

하지만 실망하기엔 이르다. 푸른 안경을 통해 미래를 예측하는 일, 즉 개연성 있는 미래를 파악하는 일이 혁신적이지는 못하다고 하더라도 방향 설정을 위해서는 반드시 필요한 일이다.

세계대전부터 경제전쟁에 이르기까지, 푸른 안경이 없었다면?

앞으로 우리는 푸른 안경이 인간과 기업의 경제적인 존재와 성공에 어떤 역할을 하는지를 살펴볼 것이다. 세계대전부터 경제전쟁까지, 우리가 겪은 수많은 사건에 가정, 즉 푸른 안경은 과연 어떤 역할을 하였을까? 지금부터 확인해보자.

사례 1 히틀러의 멸망에 대한 9개의 시나리오

1943년 미국 CIA의 연구 보고서에서 심리학자 헨리 머레이(Henry A. Murray)는 히틀러의 행동과 신념에 대한 분석을 기초로, 히틀러의 멸망에 대한 9개의 시나리오를 개발했다. 그는 그것을 가능한 결말로서 묘사했지만, 이를 '예측'이라고 표현했다. 그리고 논증에 따라 예측의 개연성의 정도를 판단해 함께 서술했다.

- 히틀러는 군부나 혁명단체에게 제거되어 요새에 갇힐 수 있을 것이다. − 개연성이 없다.
- 히틀러는 독일인에게 암살될 수 있을 것이다. − 개연성이 없다.
- 히틀러는 예수처럼 순교자가 되기 위해서, 독일인이나 유대인에게 자신의 죽음을 교사할 수도 있을 것이다. − 약간의 개연성이 있다.
- 히틀러는 볼셰비키와 슬라브인에 대항하는 아리아인들의 수호자가 되기 위해서, 최전방 전투에서 군대를 지휘하는 지도자로서의 죽음을 선택할 수도 있다. − 개연성이 있다.
- 그의 심리적 장애를 고려해볼 때, 히틀러는 결국 미쳐버릴 수도 있다. − 약간의 개연성이 있다.
- 히틀러는 마지막 순간 아주 극적으로, 예를 들어 권총 자살을 하거나 오베르잘츠부르크 별장에서 거대한 폭발사고를 위장한 자살로 목숨을 끊을 수도 있다. − 매우 개연성이 높다.
- 히틀러는 자연스러운 죽음을 맞이할 수도 있다. −개연성이 있다.
- 히틀러는 오랜 기간 계획한 '독일인을 위한 성서' 집필을 위해 중

립국으로 피신할 수도 있다. – 개연성이 없다.

- 히틀러는 연합군에게 체포될 수도 있다. – 개연성이 가장 낮다.

CIA의 보고서를 보면, 가정 분석은 결국 구체적인 행위, 즉 기회로 귀결된다는 사실을 발견할 수 있다. 하지만 아쉽게도 이러한 가정 분석을 바탕으로 연합국이 어떤 전략을 개발했는지는 구체적으로 알려져 있지 않다.

사례 2 에어버스와 보잉의 10억 달러 투자 경쟁

비행기시장에서는 10여 년 전부터 미래시장에 대한 경쟁이 계속되고 있다. 이 시장에서는 10억 달러에 이르는 투자 규모와 10만여 개에 이르는 일자리가 중요한 문제다.

특히 격렬한 경쟁을 치르고 있는 것은 두 곳의 항공기 제작회사, 미국의 보잉(Boeing)과 유럽의 에어버스(Airbus)다. 그런데 1990년대 중반 두 회사의 경영진은 각각의 제품전략을 수립하는 상황에서 아주 극명하게 차이가 나는 미래에 대한 가정을 보여주었다.

당시 에어버스는 "비행기시장을 결정하는 가장 중요한 요인은 시간이 아니라 비용이 될 것"이라고 가정했다. 이에 에어버스는 'cost will count'라는 모토 아래, 항공사와 공항의 생산성 향상에 포커스를 맞춰 A380을 개발했다. A380은 최고 800명까지 탑승할 수 있는 초대형 여객기이다. 에어버스는 향후 공항들이 대형 허브(Hub)를 형성하는 추세로 갈 것이고, 따라서 공항의 비행기 수용능력이 주요문제로 대두될 것이며, 이는 새로운 대형항공기를 도입해야만 해결될 수 있다고 생각한 것이다.

그런데 같은 시기에 보잉의 경영진은 근본적으로 다른 가정을 내놓았다. 그들은 "미래에는 작고 빠른 비행기가 항공사의 경쟁우위를 안전하게 지켜줄 것"이라고 여겼다. 이에 'time will count'를 모토로 소규모 공항 간의 고속 논스톱 비행을 가능케 하는 비행기 소닉 크루저(Sonic Cruiser) 개발에 집중했다.

승리의 여신은 두 라이벌 중 누구의 손을 들어주었을까?

불행하게도 속도에 중점을 둔 보잉의 미래에 대한 가정은 곧 오류로 판명되었다. 고객들, 즉 항공사들의 관심을 끌지 못함에 따라 소닉 크루저의 개발을 중단해야 했던 것이다. 이와는 반대로 에어버스의 경영진이 제시한 미래에 대한 가정은 적중했다. 경쟁사 간의 강력한 경쟁에 근거해서 보면, 가장 중요한 성공요소는 비용이었던 것이다!

하지만 에어버스가 가정을 현실화하는 과정은 순탄하지만은 않았다. A380은 2005년 4월 장거리 시험비행을 성공적으로 마쳤지만, 그 후 운영상의 여러 문제 때문에 출시가 계속 지연되었고 애초에 계획된 2006년 출시 날짜를 여러 번 늦출 수밖에 없었다. 미래에 대한 가정은 옳았지만 운영에서 이를 뒷받침하지 못했던 것이다.

2003년 12월, 보잉은 787 드림라이너(787 Dreamliner · 당시 명칭은 7E7 기종)를 생산하기로 결정, 거대기업 간의 새로운 경쟁을 다시 이끌어냈다. 그에 따라 보잉의 경영진은 자신들이 확정했던 미래에 대한 가정을 부분적으로 수정했다.

시간이 항공사 간 경쟁에서 매우 결정적인 요소라는 가정은 결국 흔들려 어느새 뒤편으로 사라지고 말았다. 대신 보잉은 연료 소비의 효율성으로 눈을 돌리기 시작했다. "비용이 중요해질 것이다"라는 가정을 받아들인 것이다.

사실 에어버스와 보잉이 내놓는 가정은 100퍼센트, 그들만의 견해로 만들어지는 것은 아니다. 항공사들은 에어버스와 보잉의 고객으로서, 경쟁을 함께 결정하는 중요한 시장 참여자들이다. 즉 항공사들의 미래에 대한 가정은 에어버스와 보잉의 가정 수립에 있어서 근본적인 토대가 된다.

그런 의미에서 2006년 11월에 있었던 일본항공(JAL)의 발표는, 에어버스와 보잉의 경쟁에 또 하나의 불을 지폈다고 할 수 있다.

JAL은 에어버스의 A380 매입이 의미가 없을 거라고 발표하면서, A380이 시장에서의 트렌드에 맞지 않는다고 지적했다. 시장 트렌드에 따르면, 항공사들은 아직도 지속적으로 높은 인기를 얻고 있으며 연료 소모에서 좀더 효율적인 보잉787 같은 중형항공기를 매입하려 할 것이다. 이러한 트렌드를 반영하듯, JAL은 5년 이내에 자사가 보유한 총 비행기 수 중 대형비행기 비율을 62퍼센트에서 38퍼센트로 감축하기로 계획했다.

미래시장에 대한 에어버스와 보잉 간의 10억 달러 경쟁은 지금도 대립각을 팽팽하게 세우며 계속되고 있다.

사례 3 다임러벤츠의 운명을 바꾼 '자동차 미래시장'에 대한 가정

다임러벤츠(Daimler-Benz)의 전 회장 에드자르드 로이터(Edzard Reuter)는 다임러벤츠를 '자동차 제조회사'에서 '통합적 기술 콘체른'으로 변화시키기로 결정했다. 이는 "자동차시장이 곧 포화 상태가 될 것이며, 이에 따라 자동차시장은 높은 수익성을 보장받기 힘들 것"이라는 미래에 대한 가정에 토대를 두고 있었다.

하지만 로이터 전 회장의 노력은 장기적으로는 다임러벤츠의 손실로 끝을 맺게 되었다. 잘못된 미래에 대한 가정이 한 거대기업을 위기로 몰아넣은 것이다. 그리고 1995년 로이터는 다임러벤츠의 적자 원인이 되는 포커(Fokker)사를 정리하지 않았다는 이유로 해임되었다.

로이터의 후임인 위르겐 슈렘프(Jürgen Schrempp) 회장은 다시 자동차 생산에 경영의 초점을 맞추었다. 그는 "미래에는 단지 소수의 거대 자동차회사만이 살아남을 것"이라고 예상하였다. 이에 따라 그는 다임러벤츠를 세계에서 가장 큰 자동차회사로 만들기로 결정하고, 이를 위한 노력을 기울였다. 그 전략의 정점은 크라이슬러(Chrysler)사를 매입해 다임러벤츠와 합병하는 것이었다.

로이터와 달리, 슈렘프의 가정은 옳았을까?

몇 년 후, 합병된 다임러크라이슬러(DaimlerChrysler)의 전체 시장가치는 다임러벤츠가 크라이슬러를 인수하기 직전의 기업가치보다 더 낮았다. 그의 가정조차 틀렸다면 그 원인은 무엇인가? 슈렘프 회장이 수립한 자동차시장의 발전에 대한 미래가정이 틀렸거나 크라이슬러

를 좋은 인수대상 기업으로 여겼던 가정이 틀렸거나, 문제의 원인은
둘 중 하나다.

사례 4 e-Book이 출판시장의 운명을 바꿀 수 있을까?

2006년 필립스(Philips)의 자회사인 아이렉스(iRex)는 유럽시장에 전자
책(e-Book) 리더기 '일리아드(Iliad)'를 출시했다. 이 리더기는 DRM(Digital
Rights Management) 소프트웨어에 의한 사용 제한에도 적용되지 않는다.

이 제품의 개발자는 음반시장에서와 마찬가지로, "미래에는 도서시
장에서도 고객들이 스스로 필요한 책의 내용을 분류하고 구성해 사용
할 것"이라고 가정했다.

사실 디지털로 구성된 엄청나게 많은 읽을거리는 지금까지도 합법
적인 경로를 통해 얻기가 매우 힘들다. 인터넷상의 어두운(불법적인)
경로를 통해 얻는 것이 오히려 수월하다. 이는 디지털 음원시장이 자
리를 잡기 전까지의 상황과 비슷하다. 애플(Apple) 같은 획기적인 공
급자가 아이튠즈(iTunes)처럼 매력적인 공급체계를 갖추어 음원을 합
법적으로 공개하기 전까지, 불법적인 음원 교환시장은 디지털 음원시
장을 확대 성장시키는 데 크게 일조했다.

아이렉스 경영진은 출판시장이 음원시장처럼 발전할 것으로 기대
하고 있다. 한 마케팅 담당자는 "독서에 있어서 일리아드가 차지하는
의미는, 음악에 있어서 MP3플레이어가 차지하는 것과 유사하다"고
설명했다. 이 회사의 가정이 맞는지 틀린지는 아마도 머지않아 확인
할 수 있을 것이다.

사례 5 자동 상담 소프트웨어 vs. 재무 컨설턴트

세계에서 가장 복잡하다는 독일의 세법은 이미 수십 년 전에 소프트웨어 패키지로 정리되었다. 사람들은 이 소프트웨어 프로그램을 활용해 세금을 납부할 수 있다. 현재 이 소프트웨어는 납세자와 상호교류를 하면서, 인내를 갖고 설명해주는 세무 담당자처럼 모든 세무 서비스를 친절하고 상세하게 제공한다.

이제 사람들은 노후보장설계에 대한 재무 상담이 세무 상담에 비해 덜 복잡할 것이라는 둥, 재무 컨설턴트와도 논쟁할 수 있을 정도로 세무에 대한 지식을 보유하게 되었다. 이에 따라 미래에 대한 전망도 유추할 수 있게 되었다. 이제 사람들이 재무 컨설턴트에게 얻어낼 수 있는 것은 씁쓸한 미소나 기껏해야 의구심이 생기는 내용들에 불과할 뿐이다.

이러한 상황을 바탕으로 다음과 같은 가정이 도출되었다.

"2018년에는 고객의 20퍼센트 정도가 재무문제를 해결하거나 재무문제에 대한 장기적 전략을 개발하기 위해, 이동통신으로도 접근 가능한 자동 상담 소프트웨어를 이용할 것이다."

위와 같은 가정에 대한 찬반 논의를 정리한 〈표 4〉를 살펴보면, 아닌 게 아니라 그동안 재무 컨설턴트들이 고수해왔던 미래에 대한 가정이 흔들리기 시작했다는 사실을 알 수 있다.

재무 컨설턴트들은 미래에도 많은 고객들이 자신들의 힘을 필요로 할 것이라고 가정했을지 모르지만, 실상은 다르다. 대부분의 사람들

표 4 재무 상담 소프트웨어 활용전망에 대한 찬반 논의

찬성 논거	반대 논거
• 재무 소프트웨어는 홈뱅킹 사용으로 더욱 강력히 활용될 것이다. • 점점 더 많은 사람들이 컴퓨터로 세금납부서를 작성하고 이를 디지털로 세무서에 전송할 것이다. • 이 소프트웨어는 순수한 행정도구에서 분석도구로, 더 나아가 쌍방향 상담도구로서 또한 최적화를 지원하는 도구로서 발전해나갈 것이다. • 지역 내 컴퓨터에 설치된 소프트웨어와 인터넷에 적합한 응용 프로그램 간에 존재하는 경계가 빠르게 사라질 것이다. • 인터넷 사용비용이 점점 더 낮아질 것이다. • 이미 오늘날 수많은 사람들이 재정문제에 있어서는 가장 먼저 자신을 믿는다. • 소프트웨어를 통한 개인 상담은 가장 높은 수준의 비밀 엄수를 보장한다. • 이 소프트웨어는 학습 효과와 재미를 제공한다.	• 많은 사람들은 소프트웨어와 씨름하는 데 상당한 시간을 소모할 수 있다. • 컴퓨터 조작이 늘어나고 있고, 이는 기계적 처리에 대한 불신을 야기한다.

은 재무 컨설팅이 꼭 개인 차원의 서비스업일 필요가 없음을 인식하고 있다. 곧 사람들은 미래에 대해 그 밖의 모든 전략에 대해 스스로 고민해보기 시작할 것이다.

사례 6 바스프의 제약사업체 매각은 현명했나?

1999년 독일계 글로벌 화학회사 바스프(BASF)는 제약분야를 매각했다. "제약시장에서 겨우 20억 유로의 수익을 올리는 상황이라면 앞으로도 높은 수익성을 기대하기 어렵다"는 가정을 한 것이다.

이 매각으로 바스프는 화학회사로서 강점을 보이는 사업분야와 향후 긍정적인 사업분야에 집중할 수 있게 되었다. 이러한 바스프의 미래에 대한 가정은 그들의 경영지표가 보여주는 것처럼 지금까지는 정확하게 맞아떨어졌다는 평가를 받고 있다.

사례 7 프랑크푸르트 시의 위험한 신축 공사

독일 최대은행 도이체방크(Deutsche Bank)의 전 감사위원회 의장이었던 울리히 카르텔리에리(Ulrich Cartellieri)는 1990년, 한 프랑스기업인의 유명한 말을 인용하여 "지금 은행들은 1990년대의 철강산업과 같다"라고 말했다. 그의 말처럼 2001년 이래로 일자리 수가 눈에 띄게 줄었으며, 이 신호는 이미 오래전부터 존재했다.

독일의 다른 도시들과 달리 프랑크푸르트 시는 사무용 건물을 임대한 임차인으로서 은행에 크게 의존하고 있다. 프랑크푸르트 사무실 전체의 약 3분의 1이 은행으로부터 임대한 것이다. 이것은 은행이 '기침'을 하면 프랑크푸르트의 부동산시장은 곧바로 '폐렴'을 앓는다는 것을 의미한다!

도이체방크가 2003년에 발표한 연구 보고서에 따르면, 2050년까지 사무실 수요가 약 20퍼센트 정도 감소할 것이라고 한다. 점점 더 좋아지는 인프라로 인해 재택근무가 늘어나고, 또한 인구가 감소한다는 것이 부동산 수요의 감소에 영향을 미치는 2가지 요인이다.

그렇다면 프랑크푸르트에 사무용 건물을 짓겠다던 사람들은 미래에 대해 어떤 가정을 가지고 있었던 걸까? 명확한 시그널에서 어떤 결론을 도출해냈는가?

불행한 일이지만, 아무것도 없었다. 그저 2004년까지 신축 공사만 계속했을 뿐이다! 2006년 프랑크푸르트의 공지(空地)는 210만 평방미터로, 전체의 약 17퍼센트에 달했다. 그중 6~70만 평방미터의 공지에만 별다른 기반시설이 갖춰지지 않았다. 부동산붐으로 유명한 다른 도시들의 공지 비율은 프랑크푸르트의 공지 비율에 비해 크게 낮았다. 뒤셀도르프는 12.4퍼센트, 뮌헨은 10.4퍼센트, 베를린은 10.3퍼센트, 함부르크는 8퍼센트였다. 2005년, 이 도시들의 사무실 공급은 그 전해에 비해 무려 40퍼센트 정도 줄어들었다.

2010년 이후 주식시장에 대한 기대가 급격히 무너진 이후, 유동성이 아주 높다는 이유만으로 투자를 결정하기는 쉽지 않았다. 투자를 결정하는 데 중요한 그 어떤 것이 사라져버린 것 같았다.

개개인의 세금으로 운영되는 자본을 이런저런 건설사업에 투자해서 그들이 예상했던 이익률을 달성할 수 있을 것이라고 정말 믿고 있는지에 대해 내기를 건다면, 결과는 어땠을까? 그렇게 많은 토지에 건설이 모두 이루어지지는 못할 것이라는 가정에서 내기를 시작해도 좋을 것이다.

이것은 사실 개인적인 관심사와 자신이 옳다고 믿는 신념에 따라서, 개인적인 미래에 대한 가정을 명확하게 세우고 검증할 수 있느냐에 따라 그 결과가 좌우될 것이다.

사례 8 '천진난만한' 가정이 야기한 독일의 연금보험

1932년 라인홀트 로체(Reinhold Lotze)는 《국민의 죽음*Volkstod*》이라는 책에서 독일의 고령화 가능성을 이야기했다. 이 책은 1980년까지의 인구구조를 제시하고, 이 인구구조가 어떻게 서서히 종형으로 발전해나가는지를 서술하고 있다.

2차 세계대전 발발, 베이비붐, 피임약 보급 등 이후의 변화상을 전혀 모르는 상황에서, 로체가 명명한 '다가오는 고령화'는 시대의 아젠다가 되었다. 보험 관계자들은 "늦어도 1980년대 이후에는 한 명의 노동자가 한 명의 연금생활자를 재정적으로 책임져야 한다"는 명제를 가지고 직무를 수행했으며, 보험 관계자가 아닌 사람들도 그 명제를 믿고 있었다.

고령화 예측보다는 늦었지만, 1990년대에 이미 유동화 트렌드도 예측되었다. 그 트렌드는 개인화에 기반을 두고 있다고 규명되었다. 직업을 지속적으로 유지하거나 자립해야 했기 때문에, 점점 더 많은 사람들이 부모와 가까운 곳에서 사는 일이 줄어들어갔다.

게다가 구서독의 초대 대통령 테오도르 호이스(Theodor Heuss)가 금세기 중 가장 큰 혁명이라고 지적했던 여권신장의 추세가 가세했다. 여권신장화가 진행되면서 점점 더 많은 여성들이 직업을 갖게 되었다.

그 결과, 가정에서 부모를 부양하려는 마음가짐이나 부양할 가능성이 크게 줄어들었고, 이는 전문적인 양로 서비스를 찾는 수요를 더욱 확대시켰다.

이 같은 모든 현상에도 불구하고, 1995년 연금보험은 사회보험의 '다섯 번째 중추'로 도입되었다. 정책결정자들은 연금보험 도입에 따른 위험성을 경고하는 사람들의 말을 무시하고, 사회적이고 인도적인 동기로 이를 결정했다. 아울러 연금보험은 어떻게든 장기적으로 재정 조달이 가능할 것이라는 '천진난만한' 미래에 대한 가정을 확고히 하고서, 이에 대해 심사숙고하는 것 자체를 등한시했다. 만약 이러한 미래에 대한 가정이 공공부문에서 단 한 번만이라도 비판을 받았다면, 연금보험 도입은 불가능했을지도 모른다.

2003년 독일 경제학자 베르트 뤼룹(Bert Rürup)은 연금보험에 대해 이렇게 비판했다. "1995년에 관습적인 연대원칙에 따라 연금보험을 시행한 것은 아주 큰 오류였다. 머지않아 더 이상 기능할 수 없게 될 시스템을 구축해버린 것이다."

이후 수많은 학자들과 실무자들의 비판이 이어졌다. 그들은 1980년대에 페터 오베렌더(Peter Oberender) 같은 사람들이 주장한 '분담금 할당방식(이달에 지급되는 연금을 그다음 달에 징수하는 연금보험의 재정 시스템)'은 시한폭탄이라는 사실을, 아래와 같은 수치를 제시하며 증명해 보였다.

이미 1999년에 보험급여 지출액은 납입액을 넘어섰다. 오늘날의 보험 지급 수준을 그대로 유지하기 위해서는, 보험요율을 지금의 1.7퍼센트에서 2030년에는 4퍼센트로, 2050년에는 7퍼센트로 올려야 한다. 그렇지 않고 보험요율을 1.7퍼센트로 고정하여 보험금을 지불한다면, 현재 젊은 세대들이 연금을 받을 즈음에는 인플레이션으로 인해, 연대협약에서 추구하는 모습과는 완전히 다른 양상이 펼쳐질 것이다. 연금보험이 젊은이들에게 상상할 수 없을 만큼 엄청난 손해를 야기할 것이라는 이야기다!

물론 분담금 할당방식에 찬성하는 사람들도 있다. 이들은 즉각적인 '실행능력'을 찬성의 논거로 든다. 하지만 단기간 효용성 때문에 장기적인 재앙이 초래된다면, 이는 헤로인 중독에 빠진 사람들의 행태와 다를 게 없을 것이다. 2004년 구서독의 전 노동장관 노르베르트 블룀(Norbert Blüm)이 한 다음의 말을 보면, 미래에 대한 가정을 세우는 데 있어서 합리적인 사실 인식과 해석이 꼭 중요한 문제가 되지는 않는다는 점을 알 수 있다.

"연금보험은 검증 절차를 거친 성공적인 보험이며, 지금까지 보험료 상승 없이 잘 운영되고 있다."

사례 9 잘 알려진 '잘못된 가정'

인간의 상상력은 한계가 있으며, 미래에 대한 잘못된 가정의 실제 사례는 수도 없이 많다.

1899년 미국의 특허청장이었던 찰스 듀엘(Charles Duell)은, 사람들이 기본적인 모든 것을 이미 발명했기 때문에 특허청을 폐쇄하고 싶어 할 거라고 생각했다.

1963년 〈뉴스위크〉는 "인간이 달 표면을 디디기까지는 여전히 오랜 시간이 걸릴 것"이라는 영국의 천문학자 해롤드 스펜서(Harold Spencer)의 말을 인용했다. 게다가 인간이 달에 발을 디디는 데 성공했더라도 지구로 귀환할 가능성은 거의 없을 것이라고 덧붙였다.

1985년 〈뉴욕타임스〉는 시장에 출시된 마이크로소프트(Microsoft)의 윈도우 1.0에 대해 "완전히 필요 없는 상품"이라고 평가 보도했다.

독일의 전 총리 게르하르트 슈뢰더(Gerhard Schröder)는 베를린장벽이 무너지기 몇 개월 전인 1989년 7월에 아주 확신에 찬 어투로 미래를 가정했다. "40년 후 독일의 새로운 세대에게 통일의 기회가 있다고 거짓말할 필요는 없을 것이다. 우리에게 통일은 없다."

또한 독일에서 영향력이 가장 큰 신문 〈디벨트*Die Welt*〉는 2001년, "인터넷에는 영혼이 없기 때문에 대중적인 매체가 되지는 않을 것"이란 기사를 쓰기도 했다.

푸른 안경의 7가지 역할

수많은 욕망을 만족시키고 특정한 목적을 달성하기 위해서 우리는 푸른 안경을 사용한다. 푸른 안경은 미래변화의 시그널을 명확하게 읽고 미래의 전망을 구상하고 판단하며, 이와 관련해 사람들과 원활히 의사소통하게 하는 등 여러 가지 중요한 역할을 한다.

의사결정과 전략의 기초를 강화한다

미래에 이루어지는 우리의 모든 의사결정과 행동은, 미래에 대한 가정에 기반을 두고 있다. 직업, 배우자, 거주 지역, 자녀교육의 방향, 노후를 대비한 투자전략 등은 우리가 결정한 미래에 대한 가정에서부터 이끌어낸 결과이다.

기업이나 조직의 미션, 비전, 전략 역시 미래에 대한 가정에서 출발한다. 어떤 상품을 개발할 것인지, 어떤 시장에서 활동할 것인지, 어떤 사람을 고용하거나 해고할 것인지, 이 모든 것들을 위해서 우리는 많든 적든 간에 의식적으로 미래를 염두에 두고 결정을 내린다.

특히 기업의 투자를 결정하는 데 있어 본질적인 부문은, 앞으로 10년 또는 20년 후를 내다보고 의사결정을 하는 것이다. 주요 생산공장을 어디에 세울지, 어떠한 기업문화를 구축할 것인가 하는 문제도 이에 속한다. 기업의 존재 여부에까지 영향을 미치는 중요한 문제들에 대한 의사결정은 미래에 대한 가정 없이는 결코 가능할 수 없다.

기본 전제조건으로 설정한 미래에 대한 가정의 질에 따라, 기업이 꽃을 피울지 아닐지가 결정된다. 종종 무의식적일 때도 있긴 하지만, 미래에 대한 우리의 가정은 우리의 삶에 있어 매순간마다 우리가 무엇을 하고 무엇을 하지 않는지, 또 우리가 무언가를 어떻게 하는지에 대해 영향을 미친다.

즉 당신은 푸른 안경으로 미래를 예측하는 것이 아니라, 미래에 대한 가정을 진단 분석하는 것이다. 그렇기에 푸른 안경에서는 미래에 대한 가정을 우리의 인식으로 이끌어내고, 그 가정의 질을 진단하고,

결국에는 이를 개선하는 것이 중요한 문제다.

당신은 미래를 예언하지 않음에도 불구하고, 분명히 미래를 훌륭히 측정할 수 있다. 이는 역설적으로 들릴지도 모른다. 하지만 당신이 미래에 대한 가정을 표면으로 이끌어내어, 이를 명쾌하게 만든다면 당신은 미래에 대한 가정이 정확하게 진행되고 있는지 점검할 수 있게 된다. 동료나 전문가, 친구들에게 다음과 같은 질문을 함으로써 당신의 미래에 대한 가정을 검토해볼 수 있을 것이다.

- 당신들이 보기에 어떤 전망이 누락되었는가?
- 당신들은 어떤 가정을 세울 것인가?
- 당신들은 전망의 개연성이 어느 정도 될 것이라고 측정하는가?
- 그 전망의 개연성에 대한 우리의 찬반 논의를 어떻게 판단하는가?
- 이 논의에 있어서 우리가 간과하고 있는 점은 없는가?

전략의 개념이나 개별적인 의사결정은, 미래에 대한 가정을 토대로 질적 측면과 의미에 대해 검증할 수 있다. 기업가나 경영자들이 그들의 전략에서 실패를 맛보았다면, 그 원인은 전략보다는 오히려 미래에 대한 잘못된 가정에 있을 것이다.

경우의 수를 줄여 방향 설정의 정확도를 높인다

엄밀히 말해 미래에 대해서는 아무것도 알 수 없기 때문에, 기초가 튼튼한 미래에 대한 가정은 미래에 대한 방향 설정에 일정한 척도를 얻을 수 있도록 도와준다.

푸른 안경을 통해 본 결과는 개인에게는 개인적이고 조직에게는 집단적인, 중요한 관찰분야 및 대상에 대해 개연성이 있다고 여겨지는 미래의 모습이다. 관찰분야 및 대상은 경쟁자가 될 수도 있고, 기술이나 법률, 환경이 될 수도 있고, 고객이나 시장이 될 수도 있다.

푸른 안경을 통해 미래에 대한 가정을 수립하는 작업은 가능한 미래의 수(數)를 감소시켜준다. 미래에 대한 가정은, 마치 수학에서 선형 최적화모델이나 비선형 최적화모델에서 최대치를 찾기 위한 해답의 범위를 제한시키는 '부차적인 조건'과 같은 작용을 하는 것이다.

미래가 불투명할수록 미래에 대한 가정의 신중한 연구와 분석이 더욱 불가피하고 중요해진다. 미래에 대한 잘못된 가정은 위험한 전략을 낳고, 그 결과 아주 위험한 상황을 유발한다. 독일 최대의 건설그룹 호흐티프(Hochtief)의 한스페터 카이텔(Hans-Peter Keitel) 회장의 말처럼, 당신은 당신이 목표로 설정한 결정이 50퍼센트 이상 정확하다고 확신하기 마련이다. 그러므로 미래에 대한 좋은 가정은 육분의(sextant)처럼 훌륭한 전략을 수립하는 데 꼭 필요하다.

미래의 복잡성을 감소시킨다

사회적·학문적·정치적 변화는 매우 복잡한 현상이다. 하지만 트렌드와 향후 발전 및 상황에 대한 가정이, 미래를 관찰하는 과정에서 필연적으로 발생하는 복잡성을 감소시키고, 미래에 대한 고찰을 단순화시키는 것을 도와줄 수 있다.

미래에 대한 포괄적인 분석에 필수적으로 많은 시간이 요구되는데,

실제 현실에서는 그렇게 많은 시간을 투자할 여유가 없다. 미래에 대한 가정을 이용한다면 중요한 본질을 빠르게 이용하는 데 도움이 될 것이다.

이때 유용한 미래에 대한 가정이 부분적으로 잘못되어 있다고 말할 수도 있을 것이다. 여기서 '잘못'은 미래에 대한 복잡성을 감소시키기 위해, 미래의 어느 한 부분을 퇴색시킨다는 의미로 간주된다.

미래에 대한 가정을 성공적으로 수행함으로써, 미래에 대한 세부상황과 부차적인 가정 사이의 연계망이 의미 있게 통합될 수 있다. 통합된 연계망에서 어떤 수준의 가정을 선택할 것인가는 당신의 입장에 달려 있다.

현재를 보는 안목을 키워준다

미래에 대한 가정을 깊이 연구하는 것은 필연적으로 과거와 현재 당신의 일과, 광의(廣義)의 의미에서 당신 주변의 환경이 어떻게 작동하는지에 대해 심사숙고하도록 만든다. 메커니즘에 대한 이해와 변화에 대한 논리를 이용하고 발전시키는 것은 필수적이다. 이것은 기반이 튼튼한 미래에 대한 가정을 연구하고 소화하는 데 있어 절대적으로 필요한 전제조건이다.

당신의 미래에 대한 가정은 총체적으로 일관적이어야 한다. 즉 모순이 최소화되어야만 한다. 하지만 안타깝게도 모순이 하나도 없는 미래에 대한 가정은 현재로서는 존재하지 않는다.

미래에 대한 의사소통을 원활하게 한다

미래에 대한 가정이 명백한 논리로 뒷받침되어 있다면, 미래에 대한 의사소통에서 오해라는 것은 현저히 줄어들 것이다. 상대방이 미래에 대해 어떠한 가정을 가지고 자신의 견해나 평가, 그리고 의사결정의 기반을 마련하였는지에 대해 잘 이해하게 되기 때문이다.

당신은 이 같은 방법으로 동료들과 미래에 대한 의견을 더 쉽고 명확하게 교환할 수 있다. 미래에 대해 쉽게 의사소통하는 방법에 대해서는 붉은 안경 단계에서 다시 한 번 언급될 것이다.

미래에 대한 다양한 해석을 쉽게 통합한다

개연성 있는 미래와 가능성 있는 미래에 대해 독단적이고 논리적이지 못한 견해도 미래전망에서 표현될 수 있다. 미래전망은 명제들이다. 미래전망에 대한 가설은 특이한 의견을 가진 사람과 충돌하는 일을 막아줄 수 있다. 잘 구성된 미래전망에서는 미래에 대한 모든 해석이 잘 다듬어진다.

미래의 지식을 위한 아트락토를 창출한다

푸른 안경으로 미래를 관찰한다는 것은 매우 발전적인 성격을 띤다. 미래에 대한 가정은 미래에 대한 명제이며, 그 가치는 무엇보다도 미래의 방향이 제대로 진행되지 않을 때 규칙적으로 이를 검증할 수 있다는 데 있다. 미래에 대한 가정이 구성되고 문서화되어야만 미래에 대한 가정과 함께 인식의 카테고리가 만들어진다.

즉, 인간은 알고 있는 것만을 인식하는 것이다. 만약 그렇게 세세히 구성했던 가정이 전혀 맞지 않는 경우라도, 그 속에는 상당한 진실이 숨어 있다. 이는 가정에 대한 질문을 수립하는 것과도 매우 유사하다. 가정에 대한 질문을 수립하면, 우리는 이전보다 더 많은 답변 가능성을 인지한다. 따라서 미래에 대한 질문은 당신이 주변에서 일어날 수 있는 변화를 모니터링하기 위한 하나의 출발점이 된다.

만약 IT 분야의 경영진이 "10년 이내에 컴퓨터를 성인이 대화하는 수준의 언어로 조정할 수 있을 것이다"라고 가정한다면, 그 분야의 전문가들은 키보드에 기반을 둔 해결책에는 시간을 적게 투자하고, 자신들의 가정을 입증하거나 반증할 수 있는 시그널에 훨씬 더 집중할 것이다. 따라서 미래에 대한 가정은 아트락토(Attraktor : 역동적 시스템 안에서 시간이 흐름에도 불구하고 변하지 않는 변수 – 옮긴이)가 된다. 즉 미래에 대한 시그널을 위한 핵심 포인트가 되는 것이다.

푸른 안경의 사고대상

미래에 대해 체계적으로 심사숙고하고 의사소통하고자 하는가? 그렇다면 미래경영의 사고대상과 그 정의를 인식하는 것이 우선이다. 푸른 안경을 통해서 당신은 다음의 사고대상을 보게 될 것이다.

- 가정에 대한 질문
- 미래요소 : 트렌드, 기술 그리고 테마
- 시그널

- 미래전망

- 미래 시나리오

- 미래에 대한 개연성 있는 가정

이 사고대상들은 〈도표 5〉에서 확인할 수 있는 것처럼, 미래 레이더에서 가정 분석으로 넘어가는 단계에서 연구된다. 여기서 미래 레이더는 당신의 주변에서 일어나는 미래의 발전과 변화를 조기에 알아

도표 5 푸른 안경과 사고대상

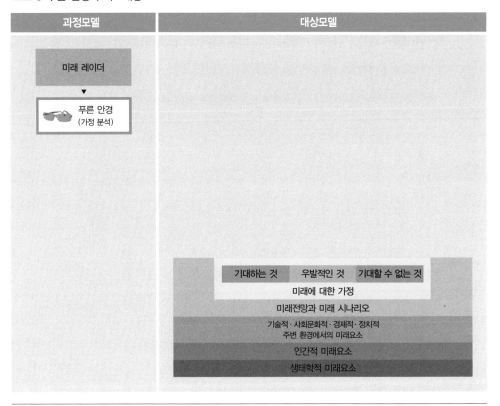

차릴 수 있도록 지원한다.

자, 그럼 각각의 사고대상들을 좀더 자세히 살펴보자.

가정에 대한 질문

미래를 읽는 5가지 안경에는 각각 아주 특별한 형태의 미래에 대한 질문이 있다. 이 질문들은 기업가와 경영자에게, 미래경영에 대한 내용을 접하기 위해 필요한 접근방안으로 환영받고 있다.

당신이 푸른 안경을 사용한다면, '가정에 대한 질문'을 수립할 수 있다. 이는 당신의 분야에서 앞으로 일어나게 될 추이에 대한 질문이다. 대형범선 선장의 이야기에서라면 바다 상태와 기후 변화에 대한 질문들, 즉 향후 범선의 존재와 안전에 가장 중요한 영향을 미치는 요소들이 질문이 될 것이다.

당신의 경우라면? 미래에 당신의 경제적 존재를 규정하고 측정할 수 있는, 본질적 결정요소를 묻는 질문이어야 한다.

미래에 대해 견고하며 정확한 판단을 도출해내기 위해서, 당신의 영역에서 앞으로의 추이에 대해 무엇을 알고 있어야 할까? 다음의 예에서도 알 수 있듯이, 이는 일반적으로 '변화'에 대한 문제이다.

- 고객의 행동양식 변화
- 중요한 기술의 변화
- 시장 반응 및 경쟁 양상의 변화
- 법률과 규정의 변화
- 기초 생활기반의 변화

여기, 미래에 대해 가장 정확하게 전망하는 미래연구자 집단이 있다고 가정해보자. 당신은 그들에게 미래의 가정에 대해 질문을 하나씩 던질 때마다 10만 달러를 내야 한다. 당신에겐 50만 달러가 있고, 고로 5가지 질문을 던질 수 있다. 과연 당신은 어떤 질문을 할 것인가? 당신이 누구든 가정에 대한 중요한 질문을 던지기 전에 아주 오랫동안 심사숙고해야만 한다.

자, 고민을 끝냈는가? 그렇다면 다음의 〈표 5〉를 보도록 하자. 〈표 5〉의 예처럼 당신은 당신의 비즈니스 분야에서 가장 핵심적인 질문을 이끌어냈어야 한다.

표 5 가정에 대한 질문들

분야	질문
항공사	미래에 항공사에게 비행기 티켓 가격이 중요해지는가, 비행시간이 더 중요해지는가? 전자라면 대형비행기가 효율적이고, 후자라면 고속 소형비행기가 효율적이다.
은행	e-금융 결제는 미래의 금융 서비스에서 어느 정도 비중을 차지하게 될 것인가?
치기공	스스로 치아를 관리해야 한다는 분위기가 확대되면 매출이 급격히 떨어질 것인가? 아니면 치아 건강시장이 대규모로 형성될 것인가?
출장	화상회의의 기술 향상으로 출장이 얼마나 줄어들까?
물류	음반산업계에서처럼 비물질화와 시각화는 앞으로 운송량을 얼마나 감축시킬 것인가?
건축	인텔리전트 하우스는 건축시장에 어느 정도 영향을 미칠 것인가?

미래요소 : 트렌드, 기술 그리고 테마

대형범선 선장에게 있어 미래의 요소들이란 파도의 높고 낮음, 바람, 천체, 그리고 그 밖의 주변 환경일 것이다. 이것들은 또한 미래를 구성하는 성분이기도 하다.

당신에게 있어 미래의 요소들은 트렌드, 기술, 테마 등이 있으며, 이것들은 변화를 야기하는 힘으로서 미래에 영향을 미친다. 이 3가지 형태의 미래요소는 아주 명확한 정의를 필요로 한다. 게다가 트렌드의 의미는 특별히 아주 여러 가지 방식으로 활용되고 있다.

'트렌드'는 주변 환경에서 하나 또는 그 이상의 변수가 명확하게 하나의 방향으로 변화하는 것이다.

'기술'은 인간의 능력을 확대해주는 수단으로 정의할 수 있다.

'테마'는 미래의 변화가 하나 또는 그 이상의 방향을 야기하는 현상을 의미한다.

미래에 대한 당신의 질문에 하나 또는 그 이상의 해답을 내리는 데 명백히 영향을 주는 미래요소는, 당신의 삶이나 기업의 경영에 실질적으로 중요하다. 명확히 정의내려진 미래요소를 토대로 당신의 가정에 대한 질문에 답을 구하라. 이러한 미래요소는 주제별로 구분이 가능하다. 우리는 미래요소를 〈표 6〉처럼 6가지 카테고리로 구분할 수 있다. 인간적·생태학적·기술적·정치적·경제적·사회문화적 분류가 그것이다.

표 6 미래를 구성하는 6가지 요소

분류	내용
인간적 미래요소 (욕구요소)	아이디어와 기술과 수단을 개발하고, 경제활동을 영위하며, 스스로 공동체와 이익집단을 구성하도록 유도하는 인간의 기본적 동기
생태학적 미래요소	생물종 다양성 감소, 지구 온난화 또는 열대우림의 파괴와 같은 생태학적 관계의 변화
기술적 미래요소	마이크로칩, 인터넷, 원자력, 나노공학 또는 유전공학과 같은 기술·방법론적 발전 및 혁신
정치적 미래요소	국가사회주의의 권력 획득, 테러리즘의 발생, 국제 협력 증진, 유럽화 추이 같은 권력의 변화
경제적 미래요소	국제화 혹은 시장의 양극화같이 인간의 욕구 해소를 위한 전략, 시스템 그리고 실제 현장에서의 활동 변화
사회문화적 미래요소	개인주의화, 지식성장, 사회 가속화, 고령화 같은 사회적 행태, 문화, 사상의 변화

한편 미래요소에 대한 체크리스트는 미래의 중요한 트렌드, 기술, 테마를 포괄적으로 전망할 수 있게 해준다.

〈표 7〉에 정리된 체크리스트를 참고로, 당신의 미래요소에 대한 체크리스트를 만들어보라. 단, 체크리스트를 작성할 때는 당신의 시장에 대한 관점에서 너무 일반적이지도, 너무 특수하지도 않도록 작성하는 것이 중요하다. 가령 '에너지 혁신'은 전기 생산업체들에게는 너무 일반적인 것이고, '간만의 차를 이용한 전력'은 건설업자들에게는 너무 특수한 것이다. 적당한 관점을 찾는 것이 중요하다.

표 7 미래요소에 대한 체크리스트

분류	리스트	
생태학적 미래요소	• 기후 변화 • 대지 침식과 사막화 • 식수 부족	• 생물학적 다양성 감소 • 열대우림 파괴 • 석유 부족
기술적 미래요소	• 컴퓨터 실행능력 향상 • 디스플레이 혁신 • 인간과 기계의 인터페이스 • e-비즈니스 • 지식 시스템 • 광학 • 마이크로시스템 기술 • 나노 공학 • 바이오화 • 물류 및 교통 혁신 • 생산 혁신과 프로세스 혁신	• 데이터 전송능력의 확대 • 비물질화와 시각화 • 자동화와 로봇 기술 • 인공지능 • e-러닝 • 광센서 기술 • 마이크로 처리기술 • 생물·유전공학 • 에너지 혁신 • 의학 혁신 • 기능성 음식
정치적 미래요소	• 민주화 • 국가 재정문제 • 자유화	• 유럽 통합 • 국가 경제화 • 국제 협력 증가
경제적 미래요소	• 세계경제 성장 • 선진국의 시장 포화 • 세계적 에너지 수요 급증 • 생산성 성장 • 복지 양극화 • 디지털 화폐 • 해상경제	• 아시아붐 • 3차산업화와 4차산업화 • 네트워크 경제 • 시장 양극화 • 지속적인 경제활동 • 고객 평등화 • 우주항공시장
사회문화적 미래요소	• 고령화 • 개발도상국의 인구 급증과 도시화 • 기업화 • 윤리화 • 새로운 가족 • 범죄와 테러리즘 • 복잡성 증가	• 인구 감소 • 개인화 • 유연화 • 여권신장 • 문화 통합화 • 가속화 • 영적 감성화

시그널

시그널은 미래의 모습을 묘사하고 구성하는 미래요소 중 하나다. 필자는 이를 다음과 같이 정의하고자 한다.

시그널은 미래에 발생할 수 있는 변화와 결과에 대한 정보다.

"외국 학생 중 20퍼센트, 국내 학생 중 10퍼센트는 학업을 마치지 못하고 학교를 떠난다"라는 뉴스가 하나의 예가 될 수 있다. 근본적으로 미래연구나 미래전략을 위한 모든 중요한 뉴스는 시그널이다. 사고대상에 대한 시그널은 또한 예상이란 개념, 즉 미래의 발전에 대한 징후라는 의미를 갖는다.

미래전망

미래에 대한 전망으로 당신은 당신의 가정에 대한 질문에 명백한 답을 얻게 될 것이다. 만약 당신의 가정에 대한 질문이 상당히 복잡할 경우에는, 당신은 수많은 전망들을 하나의 시나리오로 통합시켜볼 수 있을 것이다.

미래전망은 미래의 일정한 시점에서 당신 주변에 있는 관찰대상의 상태를 말해준다. 전망이 어떻게 될 것인가를 알아보는 가장 간단한 방법은, 미래요소들에서 전망을 직접 추출해내는 것이다.

미래의 트렌드, 기술, 테마는 〈표 8〉에 제시된 원칙에 따라서 당신의 가정에 대한 질문에 명쾌한 답을 준다. 미래요소들이 수치로 묘사될 수 있다면, 이는 소위 '예측 수치'로 즉, 미래의 발전전망에 대한 변수로 작용한다.

표 8 미래요소로 본 전망 매트릭스(● : 미래전망)

미래요소	가정에 대한 질문 1	가정에 대한 질문 2	가정에 대한 질문 3	가정에 대한 질문 4
고령화		●		
개인화	●		●	●
비물질화		●		
자동화		●	●	●
바이오화			●●	
복잡성 증가	●			●
지역화	●	●	●	
유연화	●			●
생물·유전공학		●		●
고객 평등화	●			
지식 시스템		●●	●	●
……				

가정에 대한 질문을 던지고, 미래요소에서 전망을 끌어낼 수도 있다. 〈표 9〉는 이러한 방식으로 '전기의 자가 생산과 2020년 건축시장'을 전망해본 것이다.

"소비자가 직접 전기를 생산하는 비율은 전체 소비자의 몇 퍼센트 정도 될 것인가?", "인텔리전트 하우스는 건축시장에 어느 정도로 영향을 미칠 것인가?"라는 2가지 질문을 통해, 미래요소에서 어떤 전망들이 추출되는지 유념해서 보길 바란다. 이를 토대로 당신의 미래시장에 대한 전망도 가능하다.

표 9 전기의 자가 생산과 건축시장의 2020년 전망

가정에 대한 질문	미래요소	전망 1	전망 2
소비자가 직접 전기를 생산하는 비율은 전체 소비자의 몇 퍼센트 정도 될 것인가?	• 에너지 혁명 (대체 연료, 최적의 태양열 등등) • 석유 부족 • 기후 변화	어떤 소비자도 자체적으로 전기를 생산할 수 없다.	소비자의 80퍼센트가 자체적으로 전기를 생산한다.
인텔리전트 하우스는 건축시장에 어느 정도로 영향을 미칠 것인가?	• 정보화 • 개인화 • 비물질화 • 인간과 기계 간의 인터페이스 • 테러리즘과 범죄	재정기술이 변하는 건 아니므로 인텔리전트 하우스는 건축시장에 큰 영향을 미치지 않을 것이다.	지능적이고 고도의 네트워크를 갖춘 주택의 건축과 개축이 주를 이룰 것이다.

〈표 9〉에 제시된 전망들은, 전망이 꼭 개연성 있는 것으로 나타나야만 하는 것은 아니라는 사실을 보여준다. 많은 전망들은 선동적인 논제들처럼, 미래에 대해 심사숙고하도록 고무하거나 또는 미래가 생각했던 것과는 매우 다르게 나타날 수 있음을 보여주기 위한 목적으로 수립된다.

다음은 미래전망에 대한 또 다른 예이다.

• 2020년, ×시 인구의 60퍼센트는 1인 가구일 것이다.

• 마이크로칩의 성능은 앞으로 7년 이내에 1,000퍼센트 정도 향상될 것이다.

• 익스트림 스포츠들은 2015년까지 거의 모든 사회집단에 널리 퍼질 것이다.

- 대학 졸업자의 비중은 10년 이내에 10퍼센트 정도 높아질 것이다.
- 인터넷에 기반을 둔 국가 행정업무의 비중은 10년 이내에 50퍼센트를 넘어설 것이다.

미래 시나리오

전망은 단 하나의 질문에 대한 해답을 제공하는 '미니 시나리오'로 관찰될 수 있다. 반면 실제 시나리오는 여러 질문에 대한 해답을 동시에 제공하여, 전망에 대한 총체적 시스템을 포함한다. 또한 시나리오는 훨씬 많은 전망을 통합하고, 변화나 변화의 효력, 메커니즘 또는 논리성을 고려하는 작업을 용이하게 한다.

1871년에 발표된 체스니(G. T. Chesney)의 가상역사소설 《도킹 전투, 그리고 그때 빌헬름 황제가 등장했다 *The Battle of Dorking, and When William Came*》는 1년 후 미래에 일어나는 가상의 전투를 묘사하는데, 이는 시나리오의 아주 좋은 예이다.

2007년 독일 제2의 공영방송 ZDF에서 방영되었던 '2057년에 대한 다큐멘터리'는 푸른 안경을 이용해 시나리오로 만든 것이다. 작가들은 우리 주변의 개연성 있는 미래를 보여주려고 상당히 노력했다. 이들이 제시한 시나리오는 하나의 장면에 하나의 시나리오만 있는 것이지, 대안적 미래에 대한 여러 가지 미래가 있는 것은 아니다.

시나리오는 푸른 안경을 통해서 본 전망들과 본질적으로 완전히 다르게 관찰되어지지는 않는다. 미래를 관찰하는 데 있어 당신의 더 특별한 역할은, 붉은 안경을 통해 시나리오를 만드는 것이다.

미래에 대한 개연성 있는 가정

미래에 대한 가정은 푸른 안경의 가장 중요한 사고대상이며, 그 예로 "2020년 ×시 인구의 60퍼센트가 1인 가구일 확률이 80퍼센트에 이를 것이다" 같은 진술을 들 수 있다.

미래전문가들이 미래에 대한 가정의 의미를 깊이 연구하거나 서술하는 일이 극히 적다는 점은 매우 특이한 일이다. 학술서적에서마저 미래에 대한 가정을 정의하는 것을 생략하고 있다.

사실 미래에 대한 가정이 논란의 소지가 있을 수도 있지만, 미래의 상태나 프로세스 또는 사실에 대해 납득할 만한 확신을 제시하는 것은 분명하다. 미래에 대한 가정은 향후 판단되어야 할 명제로서 전망이나 시나리오를 전제로 한다. 당신은 전망이나 시나리오 작업에 대한 연구를 지휘하거나 제3자에게서 구매할 수도 있지만, 미래에 대한 가정은 당신 스스로도 충분히 연구해낼 수 있다.

그렇다면 어떻게 미래에 대한 가정을 연구할 수 있을까? 미래에 대한 가정은, 우선 미래에 대한 진술을 다음 3가지로 표현하는 것에서 출발한다.

- 개연성 있는 것 또는 기대하는 것
- 중간 정도 개연성 있는 것 또는 우발적인 것
- 개연성 없는 것 또는 기대할 수 없는 것

〈표 10〉을 통해 이 3가지 가정을 좀더 자세히 살펴보도록 하자.

표 10 미래에 대한 3가지 가정과 전략의 관계

종류	정의	의미
기대하는 가정	기대확률이 높은 미래에 대한 가정을 표현한다.	미래전략은 이러한 미래가 나타나는 것을 기본으로 한다.
우발적인 가정	중간 정도의 기대확률을 나타내는 미래에 대한 가정을 표현한다.	미래전략은 이러한 가정이 나타나거나 나타나지 않거나 하는, 양쪽의 가능성을 모두 고려한다.
기대할 수 없는 가정	기대확률이 낮은 미래에 대한 가정을 표현한다.	미래전략은 이러한 미래가 나타나지 않는다는 것을 기본으로 한다.

사람들은 전망이나 시나리오가 미래의 사실들을 묘사한다고 생각하거나, 혹은 이와 전혀 반대로 생각하거나, 혹은 발생과 불발 모두가 거의 비슷한 개연성이 있다고 믿는다. 따라서 미래에 대한 가정은 전망이 아니라 발견적인 방법론, 즉 믿는 것들에 대한 인식 목표에 부합하는 진술인 것이다.

'기대할 수 없는 가정'은 '기대하는 가정'과 확실성이 비슷한 수준이다. 기대할 수 있는 미래가 발생하거나 발생하지 않음을 나타내는 이 두 측정치는, 각각 이를 측정하는 수단의 양쪽에 놓여 있다. 따라서 선택한 가정과 정반대의 미래가 나타난다면 매우 놀라운 일이 될 것이다.

시장가격의 상승 또는 하락 같은 '우발적인 가정'은 비교적 추가적인 해당사항이다. 뒤의 붉은 안경 단계에서 이야기될 놀라움과는 달리, 우연성은 매우 의식적이고 합리적으로 최소한 잠재적 개연성이 있는 미래를 분석한다.

분명한 사실은 우연성은 지금 여기에서 결정할 수 없는 것이나 무의식에 속하는 것은 아니라는 것이다. 50퍼센트 정도의 확률을 가지고 표현한 "나노 기술로 만든 제품들이 10년 내에 시장 규모를 20퍼센트 정도 확장시킬 것이다"라는 미래에 대한 진술은, 우연성이 내포된 확률에서 나온 것이다. 이러한 진술은 미래전략에 있어 아주 명확한 결정이며, 또한 그 결과인 것이다.

미래에 대한 가정에 있어 확률이라는 표현은 그 기대 가능성을 의미하는 것이다. 통계적 의미에서 볼 때, 확률은 과거의 데이터를 필요로 한다. 하지만 장기적인 미래에 대해 전략적으로 중요한 의미를 갖는 가정을 위한 과거의 데이터는 기본적으로 존재하지 않는다.

기대 가능성이란 미래의 한 주어진 시점에 대한 각각의 진술이 실제 사실화되는지 아닌지, 다시 말해 현실을 서술하는지에 대해 논거를 제시한 주관적인 바람이다. 필자는 기대 가능성의 정도를 나타내는 데 있어서 1(개연성이 거의 없는)부터 9(매우 개연성이 높은)까지 분류하여 사용한다. 0과 10이라는 숫자는 사용하지 아니한다. 왜냐하면 미래에 있어서 어떤 것도 배제할 수 없을 뿐더러 어떤 것도 확신할 수 없기 때문이다. 126페이지의 '실전을 위한 체크리스트'에서 당신은 이에 대한 자세한 내용을 볼 수 있다.

가정의 정확도를 높이는 푸른 안경 사용법

푸른 안경으로 당신은 거시적이고 외부 지향적인 관점으로, 당신 분야에서 개연성이 높다고 판단한 미래를 보게 된다. 그 결과, 당신은 객관적이고 또한 분석적인 견해를 갖게 될 것이다. 현실적이고 경험적이며 또한 좀더 보수적인 사고방식으로 미래를 대하게 될 것이다.

미래를 예측 불가능한 것으로 가정하라

푸른 안경은 개연성 있는 미래를 보지만, 미래를 정확하게 예측할 수 있는 것은 아니다. 카오스 연구(단지, 카오스이론만을 의미하는 것은 아니다!)는 현재의 변화를 완전히 체감하고 이해하는 것, 혹은 더 나아가 미래의 변화를 예측하는 것들을 결과적으로 암시하는 것이다. 물론 시장이나 사회는 아주 명확한 법칙성에 의해 각인되고 그 법칙에 따라 조직되지만(결정적 요소로서의 카오스), 그것들이 내포하고 있는 복잡한 구조로 인하여 일반적으로 매우 혼란스럽게 작용한다. 즉, 완전히 공감할 수도 예측할 수도 없다.

카오스적인(복잡한) 시스템은 전망될 수 없다. 나뭇잎이 나무에서 정확히 어디로 떨어지는지, 심장박동이 다음 순간 심전도에 어떻게 나타날지, 서로의 인력에 영향을 받는 행성들이 서로에게 정확히 어떤 결과를 일으킬지, 이 모든 것은 예측이 불가능하다. 핀볼게임에서 볼의 무게나 치수, 투사각과 반사각, 스타트 동작의 강도, 핀볼 간 충돌에 따른 역동성, 게이머의 반응속도 등등 이 모든 것이 측정 가능하고

도표 6 일상의 카오스 : 미래는 예측할 수 없다

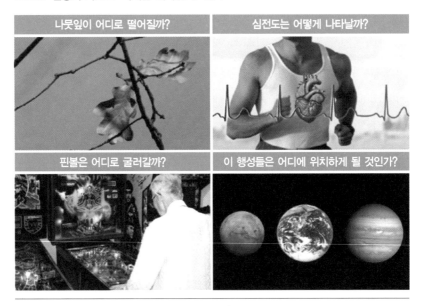

확인할 수 있지만, 핀볼의 다음 움직임에 대한 예측은 불가능하다.

복잡한 시스템은 그것의 요소와 기능을 묘사하는 것으로는 충분히 설명될 수 없으며, 처음부터 정확히 예측하기는 어렵다. 각각의 모든 조건들은 각각의 다른 결과들을 가져온다. 복잡하게 적용되는 시스템에서는 더욱더 그러하다. 만약 핀볼을 우리 느낌대로 조절할 수 있고 방향을 결정할 수 있고 주변 환경에 적응시킬 수 있다면, 우리는 그렇게 해야만 할 것이다.

카오스 연구에 있어서, 시스템의 반응을 예측하려면 시스템의 연관성과 요소를 충분히 파악해야 한다. 우리는 시스템 양식이 매우 민감하게 연계되어 있기 때문에, 아주 조그마한 수준에서 최소한의 차이가 나는 것이 초기조건에 의해 발생할 수 있는 결과와는 달리, 전혀 기대하지 않은 결과를 초래할 수 있다(그렇다, 마치 나비효과처럼 말이다!)는 사실을 알고 있다.

그럼에도 불구하고 몇몇의 미래전문가들은 오늘날 발생한 것들 거의 대부분이 이전에 예측되었던 것이라고 주장하곤 한다. 물론, 수메르 시대의 문서부터 바로 어제 발행된 신문까지, 즉 지금까지 역사적으로 나타난 문서를 보면 우리는 현재의 상황과 똑같은 내용을 적어도 한두 줄을 발견할 수는 있다. 그런데 그것이 정말 '예측'한 것일까, 아니면 그저 '이전에 말했을' 뿐인 걸까? 확실한 것은 그것이 예측이든 아니든, 그중에서 아직 일어나지 않은 것이 더 많다는 사실이다.

미래를 보는 데 있어 정확성이 아직은 결여되어 있다. 그 이유는 무엇일까? 누군가가 미래를 보는 게 가능하다고 여기는지, 또는 그것을 가능한 것처럼 위장하고 있는지가 문제가 되는 것인가? 아니면 누군가가 미래의 어느 장소, 어느 시점에, 어떤 미래가 나타날 것이라고 예측했는지가 문제인지 혹은 적어도 자신의 관점으로 예측하는가가 문제인지를 의미하는 것인가?

푸른 안경으로 개연성 있는 미래에 대해 심사숙고할 경우, 언젠가는 가능할 것이라는 먼 미래의 아이디어나 비전을 얻는 데는 만족스럽지 못할 것이다. 하지만 그 속에 당신을 위한 기회가 있음을 인식(초록 안경)한다면, 흥미로워질 것이다.

개연성이 있는 미래를 안다는 것은 미래의 시간, 장소, 개연성의 정도를 미리 알고 있을 경우에 한해 특별한 가치가 있다. 하지만 여기에도 결코 세세한 정확성이 중요한 것은 아니다. 예를 들어 대규모 화학 콘체른이 '10년 이내에 추가적 생산 공정시설이 70~120억 달러의 시장 규모를 가지고 있음'을 안다는 것은 매우 가치 있는 일이다. 하지만 이토록 정확하게 미래를 알기란 사실상 불가능하다.

우리는 가정을 수립할 수도 있고 또 수립해야만 한다. 그러나 가정은 결코 지식도 아니고, 전망도 아니다. 미래의 발전을 전망할 수 있다고 주장한다는 것은, 전망이라는 단어에 대해 아주 느슨하게 이해를 하고 있다는 뜻이다.

또한 모든 것이 이미 예언되어 있었다고 말하는 사람은, 모든 로또 당첨번호가 이미 예언되었을 것이라고 주장할 수도 있다. 로또 당첨번호가 예언되었다면, 그는 왜 아직도 1등에 당첨되지 않은 걸까? 물론 미래에 대한 예언들이나 사전에 이야기된 것들을 아는 것은 매우 도움이 된다. 하지만 실현이 확실한 예언은 불가능하다. 그렇지 않다면 수많은 사람들의 반대 예언은 무시되어야 할 것이다. 또한 그 예언을 뒷받침할 상당히 많은 예언들이 필요할지도 모른다.

물론, 어떤 분야의 미래가 복잡한 시스템의 예측 불가능한 방식에 꼭 속하지 않는 경우도 있다. 이런 분야에서 미래는 인구통계학에서와 같이, 현재의 상황에 비추어 믿을 만한 결과일 수도 있다. 아니면 국민총생산이나 기업 매출액, 기술 확산으로 인한 결과 등 우리의 기대치에 대한 결과일 수도 있다.

푸른 안경의 방향을 주변 환경에 맞추어라

대형범선 선장은 푸른 안경으로 바다와 날씨의 변화를 보았다. 바다와 날씨는 선장이 영향을 미칠 수 없는 주변 환경에서 일어나는 자연현상이다. 선장이 푸른 안경을 통해 미래를 본다면, 아마도 거의 운명론적 태도가 필요할 것이다.

하지만 기업이나 가족의 안녕 같은 문제에 관해서는 당신이 단지 푸른 안경으로, 또한 확률의 차원에서 생각할 수만은 없을 것이다. 왜냐하면 우리 자신은 향후 기업과 가족의 발전에 스스로 강력한 영향력을 지니고 있기 때문이다.

그러므로 푸른 안경을 통한 미래에 대한 가정은 비종속적인 관찰대상, 즉 시장의 발전이라든가 일반적으로 활용 가능한 기술, 그리고 고객들의 행동양식 등에 대해서만 가정을 수립해야 할 것이다. 관찰자로서 관찰대상에 아무런 영향을 미치지 않을 경우에 한해서만, 확률에 대해 의미 있게 심사숙고할 수 있기 때문이다.

사고의 틀은 넓게, 관찰의 시선은 멀리

소설가 존 르 카레(John le Carre)는 "책상머리에서 세상을 바라보는 것은 매우 위험하다"고 말했다.

이제 당신은 푸른 안경을 통해 주변 환경을 거시적 관점에서 이상적으로 바라보게 된다. 당신의 책상이나 당신의 기업이 당신이 관찰하는 대상의 중심이 아니라, 지구, 국가, 그리고 시장에서의 상황이 핵심이다. 관찰범위를 넓혀야만 주변 환경들 사이의 아주 밀접한 관계를 파악할 수 있을 것이다.

만약 당신이 시스템에 포함된 구성요소인 경우, 이 시스템을 관찰하고 평가할 수 있기 위해서는, 시스템에서 당신을 떼어내어 '외부화' 시켜야만 한다. 이것은 개연성 있는 미래에 대한 사고를 쉽게 만들어 주고, 경우에 따라서는 비로소 이러한 사고를 가능하게 해주는 작업이다.

즉, 거시적인 관점으로 봐야 한다는 점에서 이때는 오직 수동적으로 관찰해야만 하는 사고방식이 필연적이다. 만약 당신이 참여하고 있는 시장상황이라면 일반적으로 미리 결정되어 있는 것이 아니라, 당신이 목표한 바에 따라 원하는 방향으로 바꿀 수 있기 때문이다.

물론 당신의 영향력이 아무리 크다 해도 경쟁자, 국가에 소속된 사람들, 연구자 등의 활동을 조정할 수는 없다. 체계적인 관점에서 볼 때, 관찰자가 관찰대상에 영향을 미치는 것에 반론을 제기할 수 있을 것이다. 결국 이는 독일의 이론물리학자 베르너 하이젠베르크(Werner Heisenberg)의 불확정성의 원리가 실질적으로 만인이 공유하고 있는 공공재가 되는 것이다. 그러나 당신에게 있어 완전한 수동성과 중립성이 불가능할지라도, 당신은 당신의 미래에 대한 가정을 마치 당신이 수동적, 중립적으로 행동할 수 있는 것처럼 구성해야 한다.

현실적이고 보수적인 사고방식을 가져라

푸른 안경은 어떤 이에게는 아주 지루하거나 전혀 불필요한 것이라는 느낌을 주기도 한다. 푸른 안경에서는 새로운 트렌드가 무엇인지를 확인하는 것이 중요한 문제가 아니라, 인간과 기업의 삶을 위한 방향을 설정하는 기초를 구축하는 것이 더 중요한 문제이기 때문이다.

푸른 안경을 통한 관찰방법에서 창의력과 판타지는 설 자리가 없다.

미래에 대한 가정이 논리적일수록, 더욱 견고해진다는 것은 자명한 사실이다. 반대로 미래에 대한 가정이 불명확하고 감정적이며 서술적이고 복잡할수록, 견고함은 떨어진다. 가능한 한 모든 미래에 대한 가정의 기초를 숫자와 데이터로 보강하라! 당신의 미래에 대한 가정이 실제 사실과 유사할수록, 당신은 그것을 더욱 훌륭하게 '검증'할 수 있다.

실제 현장에서는 논점들에 가중치를 두거나 두지 않거나, 이를 간단한 논의표로 만들어 논쟁의 결과를 제시하는 것이 중요하다. 미래에 대해 순수하게 이성적이고 아주 객관적으로 판단할 수는 없지만, 이러한 태도에 근접할수록 미래에 대한 가정의 개연성이 더 높아진다.

기술과의 관계에서 우리는 매우 낙관적인 경향을 보인다. 미래연구의 역사를 보면, 우리는 일찍이 엄청난 기술이 출현할 것이라고 기대해왔다. 하지만 푸른 안경으로 미래를 본다면, 기업의 미래에 대한 질문에 공상과학소설과 같은 답을 하는 사고범위나 창조성이 전혀 나타나지 않는다. 유토피아적 생각뿐만 아니라 과장, 미화, 창의적 아이디어 그리고 염세적인 말을 찾을 수도 없을 것이다. 창의적 아이디어와 동경은 푸른 안경이 아닌, 다른 미래안경에서 다루어진다.

경험을 성공의 요소로 파악하라

자신의 분야에서 30년 이상 경험을 쌓으면, 어떤 미래가 개연성 있고 어떤 미래가 그렇지 않은지 직관적으로 판단할 수 있다. 반면 초보자나 비숙련자의 경우에는 푸른 안경보다는 초록 안경을 통해 더 많은 것을 창의적으로 생각할 수 있고 미래의 가능성을 조명해낼 수 있다. 따라서 진정으로 개연성 높은 미래를 판단하는 중요한 문제에서는 숙련자가 월등한 능력을 보인다. 이는 우리가 관찰하는 세계가 본질적으로 변하지 않는 것처럼 오랫동안 유효할 것이다.

가정의 범위를 좁혀라

유용한 미래를 생각하고 판단하는 데는 늘 시간이 부족하다는 점을 고려하여, 푸른 안경은 가장 관련성이 높은 가정에 방향을 맞추어야 한다. 당신은 이 관련성을 본질적으로 당신이 연구 조사한 미래의 발전이 향후에 미치는 영향의 강도와 대등하게 다룰 수 있다. 당신 혹은 당신의 회사가 미래에 대한 가정의 대상, 예를 들어 고객이 갖고 있는 확실한 성향이나 욕구 같은 것들에 의존하면 의존할수록, 변화는 더욱더 강력한 영향력을 미친다.

미래에 대한 가정에 따라 인지되어진 주변 환경요소들을 선택함에 있어, 당신은 현재의 가정을 참고하게 될 것이다. 즉 의미 있는 미래의 가정을 확정하면서 각자의 분야에서 이미 깊숙이 자리 잡고 있는 가정을 먼저 고려해야만 한다. 도서의 전문적 질만이 매출결과를 결정한다고 확신하는 출판업자는 미래에 대한 가정에서, "베스트셀러는 '만들어지는 것'이라는 데 그 어떤 누구도 공감할 수 없을 것"이라는 가정을 선택할 것이다. 소수의 가정에 초점을 맞춰야 한다는 말은 곧 분석에서 주변 환경의 중요한 요소들을 제외시켜야 함을 의미한다. 따라서 당신은 푸른 안경을 다음의 사항들에 집중시켜야 한다.

- 당신의 미래가 존재하는 데에 강력한 영향을 주는 주변 환경요소들
- 장기적 특성을 가진 주변 환경요소들
- 이러한 주변 환경요소들의 변화

이때 몇 년이 지나도 변하지 않을 안정적인 트렌드에 집중하는 것은 권할 만한 일이다. 가정 분석에서 모든 단기적 발전을 조사하는 것은 시간과 비용문제로 인해 쉽게 이룰 수 있는 단순한 일이 아니다.

당신은 부족한 시간을 현재 상황을 기록하는 데 허비해서는 안 된다. 격정적 변화에 대한 주문에 반해, 수많은 것들은 거의 비슷한 상태로 남아 있으며 현재 상황에 관심을 가진다는 점에서 큰 차이가 있다.

미래에 대한 가정을, 미래에 대한 지식의 '대용수단'으로 사용하라

우리는 현재를 최소한 부분적으로나마 숫자, 데이터, 사실로서 검증해볼 수 있다. 하지만 미래를 검증할 길은 단 하나도 없다. 미래를 검증할 수 있다면, 그 미래는 이미 현재가 된 것이기 때문이다!

엄격한 의미에서 미래에 대한 선언적 지식은 있을 수 없다. 관찰시점에서 보면 미래는 실제로 존재하는 것이 아니기 때문이다. 미래는 무엇으로도 측정할 수 없다. 단지 명확한 논리로 미래에 대해 구조적으로 추측하며 주관적 지식만을 가질 수 있을 뿐이다.

이러한 문제로 인해 미래에 대한 가정을 세우는 일은 어려움이 크다. 하지만 너무 염려할 필요는 없다. 당신은 의식적이건 무의식적이건 이미 미래에 대한 가정을 가지고 있으니 말이다. 당신은 스스로 세

운 미래에 대한 가정을 바탕으로 모든 결정을 한다. '결정하지 않겠다'는 결정까지도.

당신의 머리로 직접 수행하라

미래에 대한 정보의 양은 매우 방대하고 또한 다양하다. 인터넷만이 무한한 정보를 제공하는 원천이 아니다. 수많은 참고문헌만 가지고도 미래에 대한 작업을 훌륭하게 해낼 수 있다. 미래에 대해 분석하고 연구하는 내부전문가들의 도움을 받을 수도 있다. 또한 외부 컨설턴트나 미래연구자를 활용할 수도 있다.

그러나 이 와중에도 당신이 결코 할 수 없는 일이 하나 있다. 바로 당신의 미래에 대한 가정을 다른 사람으로부터 '구입'할 수는 없다는 것이다. 미래의 변화에 대한 당신의 평가를 남에게 맡길 수는 없는 것이다. 물론 당신은 제3자의 미래에 대한 평가를, 검증하지 않은 채 당신의 미래에 대한 가정으로 만들 수 있다. 하지만 이는 당신 고유의 가치, 비전, 삶의 환경과 작업상황들을 포기하는 일이 될 것이다.

따라서 제3자, 즉 동료, 컨설턴트, 전문가의 미래에 대한 가정은 당신에게는 단지 전망일 뿐이거나, 혹은 그 가정이 복잡할 경우에는 시나리오가 된다. 당신 스스로 전망에 대한 기대확률을 평가했을 때 비로소 당신 자신의 미래에 대한 가정을 개발했거나 검증한 것이다.

도발적 전망으로 가정을 개선하라

"2020년에는 시장 규모가 약 30퍼센트 축소된다"라는 전망은, 반대의 결과가 나타날 거라고 미리 알고 있을 경우에도 매우 가치 있을 것이다.

토론과 논쟁은 기본적으로 교육 효과를 유발한다. 어떠한 전망을 매우 개연성 있는 것으로 가정하는 것이 가치 있는 일이듯, 어떠한 전망을 개연성 없는 것으로 가정하는 것도 마찬가지로 가치 있는 일이다. 양자 모두 미래를 인지하는 데 있어 그 안전성이 높아진다. 그 가정이 개연성이 있든 없든, 이를 분석하고 검증하는 과정을 통해 미래를 인지하게 되니까 말이다.

경험을 활용하여 가정을 개선하라

푸른 안경은 개연성 있는 미래를 현실적으로 평가하는 데 유용하다. 미래에 대한 가정을 수립한 사람은 일반적으로 설득력 있는 말을 한다. 서술한 미래가 발생하기 전에 사람들은 가정의 신빙성을 시험하거나 정확히 입증할 수 없기 때문에 보조적 기준을 동원해야 한다.

기업을 함께 움직이면서도 미래에 자신들의 시장이 어떻게 발전해 나갈지에 대해서는 평가가 제각각 다르다. 팀의 구성원들 개개인이 미래에 대한 가정을 독립적으로 수립하고 이를 서로 비교하고 상세하게 토론하는 것은, 아주 흥미로운 과정이자 더 많은 성과를 이끌어 내는 프로세스이기도 하다. 미래의 기상상황에 대해 각자 완전히 다른 평가를 내리는 대형범선 간부들을 떠올려보면 좀더 이해가 쉬울 것이다.

미래에 대한 가정이 잘못된 것으로 증명될 경우, 손해를 입은 사람은 좀더 나은 미래에 대한 가정을 수립할 수 있다. 왜냐하면 그는 현실적인 가정을 수립하기 때문이다.

우려되는 손해는 재정적이건 정신적이건 간에 매우 고통스러울 수밖에 없다. 유감스럽게도 많은 사람들은 불이익이 닥쳐서야 비로소 고민하기 시작한다. 만약 한 기업의 미래에 대한 가정이 잘못되었다고 입증된다면, 누가 가장 심하게 당황할까? 이 문제에 대해서는 아마도 의견이 분분할 것이다.

필자는 경제적 존립이 기업의 성과에 좌우된다고 가정하려 한다. 팀 구성원 가운데 잘못된 가정을 제시한 사람들이 가장 빨리 일자리를 잃을 것이고, 올바른 가정을 한 사람들 대부분은 이득을 얻기 때문에, 당신은 먼저 그들의 미래에 대한 가정을 물어야 한다. 만약 미래에 대한 가정을 좀더 견고히 하고자 한다면, 당신은 추가적으로 당신의 동료 또는 기업 소유자 혹은 주주들에게 질문을 던질 수 있다.

전문가집단을 적극 이용하라

당신의 미래에 대한 가정을 반증하거나 증명하는 사람들이 많으면 많을수록 그 가정은 더욱 개선된다.

랜드 연구소에서 연구활동을 하던 수학자 올라프 헬머(Olaf Helmer)가 개발한 델파이 기법은, 전문가의 경험적 지식을 통한 문제 해결 및 미래예측을 위한 기법이다. 좀더 풀어 설명하자면, 전문가들에게 2~3회에 걸쳐 질문을 반복하는 조사방법이다. 이 방법은 매회 질문을 하고 난 후 그들의 답과 다른 전문가들의 의견을 비교해보고, 자기 자신의 판단을 다시 한 번 곰곰이 생각해보도록 한다. 이 원리의 의미는 더 많은 사람이 같은 가정을 하면 할수록 그 가정은 더욱 확고한 타당성을 얻게 되는 것이다.

하지만 이러한 의미는 델파이 기법이 아주 큰 착오로부터 보호되지 않는다는 것을 보여주는 것이기도 하다. 실제로 1964년에 수행된 델파이 연구 보고서, 1993년과 1998년에 보고된 독일의 델파이 기법에 따른 조사 보고서는 수많은 착오를 내포하고 있었다. 그럼에도 불구하고, 연구 조사의 주제에 대해 어느 정도 지식이 있는 사람들에게 반복적인 질문을 함으로써 개연성 있는 미래를 평가해내는 것보다 더 탄탄한 방법은 아직 없다. 푸른 안경으로 미래를 관찰하는 데 있어, 경험은 매우 가치가 있는 것이다.

사실 전문가들조차도 매우 잘 속는다는 것은 이미 잘 알려진 이야기다. 이를 보여주는 그럴싸한 중국 속담이 있다. "초심자의 머리는 수만 가지 가능성으로 열려 있고, 전문가의 머리에는 지극히 적은 가능성만이 존재한다."

아닌 게 아니라 전문가들은 많은 것들을 의미 없고 불가능한 것이라고 치부하거나, 때론 환경의 변화를 인식하지 못한 채 자신이 만든 지도를 오랫동안 진짜 지도라고 여기는 속성이 있다. 그럼에도 불구하고 푸른 안경에서는 전문가들의 역할이 매우 중요하다. 이들의 도움으로 사람들은 사고 지평선을 확대하고, 미래에 대한 가정을 판단하기 위해 도발적인 전망을 제시하기도 한다. 사실 평가 감정인 또는 해당 전문가집단의 합의 정도가 높을수록, 미래에 대한 가정의 질이 더 높아진다고 할 수 있다.

개인적인 경험과 폭넓은 지원의 합은, 무엇보다도 경영진의 개인적 미래에 대한 가정들의 총합에 달려 있다. 따라서 당신은 당신의 가정 분석을, 동료들이나 내부의 전문가들에게 확인하고 확산시켜야 당신의 미래에 대한 가정의 질이 계속 개선된다.

외부전문가의 가정은 해당되는 일의 기준을 충족시켜주는 일이 드물지만, 여러 가지 전망과 당신의 미래에 대한 가정을 뒷받침하거나 의심스럽다고 하는 논거 등을 통해서 당신의 미래에 대한 가정을 개선시킬 수 있다.

도표 7 미래에 대한 가정의 검증 단계

실전을 위한 체크리스트

다음의 체크리스트로 당신은 당신의 실제 업무를 위한 단계적인 지침을 얻게 된다. 당신이 경영자나 관리자, 전략 책임자 등 중요한 위치에 있다면 다음 사항들을 기억해야 한다.

- 미래를 위한 팀을 조직하라. 기업의 최고 경영진, 관련된 각 부서나 각 분야의 대표, 전략 수립과 관계된 회사의 대리인들, 창조성을 갖춘 소수의 사람, 내부의 전문가, 고객, 공급업체, 협력자들로 팀을 구성한다.
- 푸른 안경의 개관을 만들어라.
- 통합된 미래의 목표시점을 결정하라. 간단히 공식화해보자면, '사업분야 설립 후 안정화시키는 기간＝아이디어를 내서 첫 번째 이익을 창출해내는 기간×2'이다. 대부분의 경우 10년 정도로 잡는다.
- 가정에 대한 질문을 수립하라. 최대 4가지 가정에 대해 질문하는 데 집중하라.
- 〈표 7〉의 체크리스트에 의거해, 당신의 가정에 대한 질문에 근본적으로 관련된 미래요소들을 조사하라.
- 가정에 대한 질문에 가장 강력하게 연관된 미래요소를 결정하라. 트렌드, 기술, 테마 등 미래요소에서 분류된 기준에 따라 결정해야 한다.
- 정보와 시그널에 따라 선택된 미래요소를 철저히 조사하라. 미래요소를 알 수 있는 소스들은 이 책의 웹사이트(www.zukunftsbrillen.com → 오른쪽 상단 ENGLISH → 오른쪽 BOOKS BY PERO MIĆIĆ → 왼쪽 The Eltville Model)에서도 찾을 수 있다.
- 가정에 대한 질문의 답으로 미래의 전망을 개발하라. 가장 먼저 〈표 9〉와 같이 2가지 극단적인 전망부터 시작하라. 단순하지 않은 가정에 대한 질문을 위해서는 3가지 이상의 미래전망이 필요

할 것이다. 당신은 다음의 방법으로 전망을 파악할 수 있다.

ⓐ〈표 8〉에 제시된 전망 매트릭스는, 당신이 선택한 미래요소가 당신의 가정에 대한 질문에 어떠한 영향을 미치는지 연구하기 위한 구조체계를 보여준다.

ⓑ이 책의 웹사이트에 제시된 사고모형, 메커니즘 등을 참고하면 전망을 개발하는 데 도움이 될 것이다.

ⓒ수많은 책과 인터넷에 존재하는 다양한 미래연구로부터 전망을 도출해내라.

ⓓ기업 내부와 외부의 전문가에게, 당신의 가정에 대한 질문을 이야기하고 그들의 답변(전망)이 무엇인지 질문하라.

• 모든 개별적 전망에 대해 〈표 4〉처럼 찬반 논의표를 만들어라. 논의표를 활용함으로써 복잡한 논의 과정이 간단하게 구성된다. 찬반 논의표는 실제 현장에서 상당한 신뢰를 얻고 있다.

• 미래를 위한 팀 구성원 모두의 미래에 대한 가정을 표면으로 끄집어내라. 모든 팀 구성원들에게 모든 전망을 1에서 9까지의 척도로 평가하도록 하라. 1에서 9까지의 척도는 기대확률의 3가지 영역으로 구분할 수 있다.

1~3은 기대할 수 없는 가정(개연성 없는 가정), 4~6은 우발적인 가정(중간 정도 개연성 있는 가정), 7~9는 기대하는 가정(개연성 있는 가정)이다.

이 평가 과정은 2단계로 이루어진다. 따라서 당신과 협력자는, 먼저 각각의 전망에 낮거나 평균적인 또는 높은 정도의 기대확률을 가지고 있는지를 결정할 수 있다. 두 번째 단계에서 당신은 당신의 결정을 좀더 명확히 규정하고 중간가치를 선택할 수 있다. 이로써 당신은 가정 분석을 위한 델파이 기법을 사용하게 된 것이다.

- 〈도표 8〉에서 보여주는 것처럼, 가정에 대한 파노라마를 구축하라. 파노라마는 당신의 가정에 대한 질문, 전망, 논점, 개개인의 미래에 대한 가정, 공동의 미래에 대한 가정(중간치), 미래에 대한 가정의 논란점 등을 포함한다. 파노라마 구축으로, 팀에서 제시한 가정의 평균과 편차에 대한 정보를 얻을 수 있다.

- 가정에 대한 파노라마에 대해 토론하라. 이때 미래에 대한 가정

도표 8 가정에 대한 파노라마

미래의 시장 발전에 대한 가정들

전망 번호	의사결정자 1	의사결정자 2	의사결정자 3	의사결정자 4	의사결정자 5	의사결정자 6	의사결정자 7	의사결정자 8	의사결정자 9	의사결정자 10	의사결정자 11	의사결정자 12	중간치	편차	기대하는 것	우발적인 것	기대할 수 없는 것	미래에 대한 질문	전망
1.1	9	9	9	8	9	9	7	6	9	4	6	9	7,6	1,8	9	3	0	1	1
1.2	7	7	4	4	7	8	7	7	7	7	7	7	6,7	1,2	10	2	0		2
1.3	4	6	7	8	4	9	3	8	7	9	6	7	6,5	1,9	7	4	1		3
1.4	8	8	4	2	2	9	3	8	8	8	3	3	5,5	2,7	6	1	5		4
1.5	2	9	7	7	6	7	8	6	3	9	9	8	5,4	2,3	5	3	4		5
2.1	9	9	8	9	9	9	9	7	9	9	9	8	8,7	1,2	9	2	3		
2.2	9	9	9	7	7	9	7	5	7	7	5								
2.3	4	7	7	9	7	9	7	7	9	3	8								
2.4	없음	2	8	5	8	7	9	5	7	9									
2.5	4	6	6	9	6	9	3	3	7	5	2								
2.6	1	1	8	2	6	3	1	3	1	5									
3.1	9	9	9	7	8	9	9	8	9	7	9								
3.2	8	7	9	9	8	9	8	8	7	9									
3.3	8	9	8	9	9	9	8	9	9	9									
3.4	7	7	7	6	8	9	8	7	8	7	9	6	7,7	0,9	11	1	0		
3.5	8	6	9	8	9	8	7	7	7	6			7,5	0,9	11	1	0		
3.6	8	8	7	7	5	9	8	3	8	2	6	8	6,8	2,1	9	1	2		
3.7	1	3	7	3	9	7	7	7	7	2	8	7	6,1	2,3	9	0	3		
3.8	1	6	1	2	3	2	3	5	1	5	2	7	3,2	2,0	1	3	8		
4.1	5	7	6	8	7	8	8	3	6	2	5	7	6,0	1,9	6	4	2		
4.2	1	2	7	4	8	7	9	7	6	7	8	5	5,9	2,5	7	3	2		
4.3																			
4.4																			
4.5																			
4.6																			
가정 1																			
가정 2																			
가정 3																			
가정 4																			
평균													6,1	= 전체평균					
평균변동													2,6	= 전체평균변동					

미래에 대해 우리는 어떤 질문을 수립해야 하는가? 최대 5가지 가정에 대해 질문하는 데 집중하라.

미래에 대한 우리의 질문에 미래전문가들은 우리에게 어떠한 답(전망)을 제시하는가?

개별 팀의 구성원들은 모든 답(전망)에 대한 기대확률을 어떻게 평가하는가? 높은가, 중간인가, 낮은가?

의 모순을 가능한 한 상호대립되도록 정리해야 한다. 이 방법으로 지금은 보이지 않지만 공공연하게 일어나는 모순점을 제거할 수 있다.

- 더 견고한 결과를 얻으려면 평가 단계를 두 번 실행하라. 일반적으로 세 번째 이상의 평가 단계에서는 그보다 더 나은 결과가 나오지 않는다.
- 더 많은 동료들에게 가정에 대한 파노라마를 검증하고 보완하게 하라. 그 결과 개연성이 높아져 미래의 가정에 더 많은 확신을 얻을 수 있다. 파노라마 검증 과정에서는 또 다른 전망과 전망들을 뒷받침하는 논거를 폭넓게 찾는 것이 중요하다. 이에 더해 동료들의 미래가정을 조사하고 결과를 비교하라. 그러면 미래에 대한 당신의 가정을 입증하고 반증하는 과정을 생략할 수 있다.
- 외부전문가, 고객, 공급자 또는 파트너를 미래가정에 대한 토론과 보완 과정에 참여시켜라. 그러면 당신의 가정에 더 많은 확신을 얻을 수 있다.

삶을 경영하기 위해서도 당신은, 위에서 설명한 체크리스트를 활용할 수 있다. 물론 최소한의 양식으로 시작하는 것이 좋다. 그 양식은 다음과 같은 단계로 이루어진다. 가능한 각 단계에서 그 결과를 문서화해야 한다.

- 가정에 대한 질문을 설정하라.
- 중요한 미래요소를 충분히 알고 있는지 확인하라.

- 어떤 미래요소를 더 알아야 하는지 확인하라.

- 미래요소가 당신 삶에 어떠한 영향을 미치는지 생각하라.

- 당신에게 중요하고 권위 있는 사람이 어떤 영향을 미치는지 확인
  하라.

핵심정리 – 푸른 안경

목표 주변 환경의 개연성이 있는 미래의 발전을 평가한다.

작업 단계와 핵심질문
- 가정 분석
- 우리에게 어떤 변화가 개연성이 있는 것이고, 어떤 변화가 개연성이 없는 것인가?

의미와 목적
- 의사결정과 전략의 기초를 강화한다.
- 경우의 수를 줄여 방향 설정의 정확도를 높인다.
- 미래의 복잡성을 감소시킨다.
- 현재를 보는 안목을 키워준다.
- 미래에 대한 의사소통을 원활하게 한다.
- 미래에 대한 다양한 해석을 쉽게 통합한다.
- 미래지식을 위한 아트락토를 창출한다.

사고수칙과 원칙
- 미래는 전반적으로 예측할 수 없는 것으로 가정하라.
- 푸른 안경을 당신의 주변 환경에 초점을 맞추어라.
- 전망을 보는 범위를 넓게, 멀리 확장하라.
- 푸른 안경으로 현실적이고 보수적인 사고방식을 취하라.
- 경험을 성공요소로 이해하라.
- 당신은 완벽한 가정 분석을 실행할 수 없다.
- 미래에 대한 가정을, 불가능한 미래의 '지식'에 대한 대용으로 사용하라.
- 모든 사람들이 매 시점마다 미래에 대한 가정을 한다는 것을 고려하라.
- 당신의 미래에 대한 가정을 다른 이에게 맡길 수 없다.
- 미래에 대한 가정을 도발적인 전망을 통해 개선하라.

- 자신의 경험으로 개선하라.
- 더 많은 사람들에게, 더 많이 지원받아 미래에 대한 가정을 개선하라.
- 전문가집단을 적극 이용하라.

사고대상
- 가정에 대한 질문
- 미래요소 : 트렌드, 기술, 테마
- 시그널
- 미래전망과 미래 시나리오
- 미래에 대한 가정(기대하는 가정, 우발적인 가정, 기대할 수 없는 가정)

전통적 방법
- 예측
- 시나리오 기법
- 델파이 기법
- 게임과 시뮬레이션

행동양식
- 통합된 미래의 목표시점을 결정하라.
- 가정에 대한 질문을 세워라.
- 당신의 가정에 대한 질문을 위해 관계가 깊은 미래요소들을 탐구하라.
- 선택한 미래요소에 대한 정보와 시그널을 탐색하라.
- 당신의 개별적인 가정에 대한 질문에 대해, 각각 최소 3개에서 최대 6개의 미래전망을 개발해라.
- 모든 개별적 전망에 대한 찬반 논의표를 작성하라.
- 팀의 모든 구성원들이 작성한 미래에 대한 가정을 전부 같이 확인하라.
- 가정 전체를 볼 수 있는 파노라마를 작성하라.
- 작성한 가정에 대한 파노라마에 대해 토론하라.
- 평가 단계를 두 번 실행하라.
- 개연성에 대한 측정에서 확신성을 더욱 높여라.

결과 가장 중요한 가정에 대한 질문과 그에 대한 답변이 담긴 가정에 대한 파노라마가 생성된다. 이 파노라마는 미래가 어떻게 발전하는가에 대한 가정으로 구성되고, 또한 실현될 가능성이 높은 확률을 보인다.

기회를 읽는
초록 안경

발견의 한계는 성공의 한계이다. 남들보다 기회를 먼저 발견할수록, 남들보다 새로운 걸 발견할수록 당신은 더 많은 것을 얻을 수 있다는 사실을 명심하라.

CHAPTER
2

PRISM

"나는 '불가능'이라는 단어를 최대한 조심해서 사용해야 한다는 사실을 깨달았다."
– 베르너 폰 브라운(Wernher von Braun), 미국의 로켓 연구가

당신이 잡고 싶은 미래의 기회는 무엇인가?

앞서 대형범선 선장은 자신의 팀과 함께 푸른 안경으로 앞으로 전개될 바다와 날씨의 변화를 인식하였다. 이제 선장은 초록 안경으로 어떤 목적지를 향해서 항해하는 것이 좋을지를 스스로 질문해봐야 할 차례다. 아직 가보지 않았거나 전해 들었거나 상상만 하던 풍요로운 섬들이나 나라들은, 탐색해볼 만한 가치가 충분히 있다. 풍요로운 섬과 나라들은 초록 안경과 같이 녹색을 띤다!

미래는 미래의 기회들로 이루어진다. 그리고 이 기회들은 실현하고자 하는 것을 충분히 이룰 수 있는 가능성을 의미한다. 기회들은 방향선택을 위한 여러 가지 옵션을 제공하고 미래전략을 세우는 데 필요한 요소들이다.

또한 미래의 기회들은 미래시장이 어떻게 발전할 것인가에 대한 당신의 평가, 즉 가정을 분석하는 과정에서 획득한 미래의 여러 가정에

기초한다. 푸른 안경이 미래를 만드는 기초를 형성한다면, 초록 안경은 기본골격을 형성하는 것이다.

초록 안경의 목적은 체계적이고 무한한 창조적 사고를 가능한 한 많은 미래의 기회들로 발전시키는 것이다. 이때 중점을 두어야 할 2가지 중요한 질문이 있다.

- 전략적 방향 선택을 위한 장기적으로 실현 가능한 옵션이란 의미에서, 당신은 어떠한 미래의 기회들을 가지고 있는가?
- 전략적 비전 달성을 위한 중단기적으로 실현 가능한 옵션이라는 의미에서, 당신은 어떠한 미래의 기회들을 가지고 있는가?

도요타부터 핫메일까지, 초록 안경은 어떤 기회를 안겨주었나?

초록 안경은 우리에게 미래의 기회를 보여준다. 앞으로 전개될 미래를 읽고 그 미래의 방향에 확신을 가질 수 있다면, 실현 가능한 미래의 기회에 한발 더 다가가게 될 것이다. 다음에 제시되는 사례들은 초록 안경의 의미와 종류에 대해 설명해주고 있다.

사례 1 하이브리드 엔진으로 날개를 단 도요타

"목이 마르기 전에 샘을 파야 한다." 이러한 모토 아래, 도요타(Toyota)는 1990년대 초부터 자동차시장에 대한 미래 시나리오를 수립했다. 이 과정에서 도요타의 경영진은 "기존의 엔진 기술로는 캘리포니아 주 등에서 시행될 예정인 배출가스 규제 규정에 맞출 수 없다"는 미래에 대한 가정을 확정했다.

다른 자동차회사들이 여전히 예전의 낡은 기술을 개선하는 데 주력하고 있는 동안에, 도요타는 '오스트리아의 자동차 설계자 페르디난트 포르쉐(Ferdinand Porsche)가 이미 1896년에 특허 등록을 했고, 1902년에 하이브리드 엔진이 미래의 기회가 될 것이라는 생각을 확고히 했다'는 점에 주목했다.

사실 그 당시 대규모 자동차회사들은 머지않아 기후 변화라든지 석유 부족과 같은 요인 때문에 하이브리드 엔진이 상당한 이익을 가져다주는 미래의 기회가 될 것임을 알아차리고 있었다. 그럼에도 불구하고, 어떤 회사도 이 기술을 도입해 자동차를 생산하는 시도를 하지는 않았다.

1997년에 출시된 도요타의 프리우스(Prius)는 하이브리드 엔진을 장착한 최초의 자동차모델이었다. 2007년 프리우스는 30퍼센트 이상의 연료절감 효과를 나타내는 성과를 보였다. 그 사이 도요타는 세계 최고의 하이브리드 기술을 갖춘 회사로 인정받았고, 이제는 최고급 자동차에도 이 기술을 도입하기 시작했다. 렉서스(Lexus) 모델에도 하이브리드 엔진을 장착한 것이다.

사례 2 모든 사람이 자신만의 이메일 주소를 갖는 시대를 미리 본 핫메일

1990년대 중반 핫메일(Hotmail)의 창업자 사비어 바티아(Sabeer Bhatia)와 잭 스미스(Jack Smith)는 "머지않아 모든 사람이 자신만의 이메일 주소를 갖는 시대가 올 것"이라는 미래에 대한 가정을 했다.

당시 스미스는 회사를 그만둔 상태라, 바티아는 회사에서 스미스는 집에서 일을 했다. 그때만 해도 이메일은 모뎀을 이용해 해당 서버와 연결하는 방식이었는데, 바티아는 회사의 방화벽 때문에 스미스와 이메일을 주고받는 데 어려움을 겪었다. 이에 두 사람은 웹브라우저는 어디든 자유롭게 연결된다는 점에 착안해, 웹 기반의 이메일인 핫메일을 개발해냈다.

이렇게 미래의 변화를 미리 인지한 덕에, 무료 전자우편 서비스를 제공하는 회사 핫메일이 설립된 것이다. 8년 후 마이크로소프트는 700만 명에 이르는 가입자 수와 다른 회사가 핫메일 같은 기술을 가질 가능성이 별로 없다는 여러 조건을 토대로, 핫메일을 4억 달러에 인수했다.

사례 3 퓨마의 "스포츠웨어를 일상복처럼"

독일 남부의 작은 도시 헤르초겐아우라흐에 위치한 스포츠용품회사 퓨마(Puma)의 성공 역시, 미래 트렌드를 먼저 알아채 기회를 잡은 결과라고 할 수 있다. 퓨마는 경쟁업체인 아디다스(Adidas)나 나이키(Nike)보다 한발 앞서 "사람들이 스포츠웨어를 일상복처럼 즐겨 입을 것"이라고 예측했던 것이다.

사례 4 '히든 챔피언' 뷔르트 그룹을 만든 하나의 해답

라인홀트 뷔르트(Reinhold Würth)가 21살의 나이로 아버지가 운영하던 회사 '뷔르트'를 물려받았을 때, '뷔르트'는 지역에 기반을 두고 처음으로 국제무역을 시도하던 조그마한 도매회사였다. 주요사업은 나

사류 도매업. 뷔르트가 처음 접착제 생산에 관심을 가졌을 때, 그는 곧 접착제 전문회사의 이익률이 자신의 회사 전체 이익률보다 조금 더 높다는 사실을 발견했다. 자신의 고객들이 그의 회사를 이용하는 주된 이유가 무엇인지, 스스로 질문하고 깊이 고민하고 나서야 비로소 그는 답을 얻게 되었다.

'고객들은 움직이는 무언가를 고정시키는 어떤 것을 필요로 한다.'

이 답은 '움직이는 무언가를 연결한다'는 개념으로 확대되었다. 이러한 개념과 함께 자신의 회사가 갖고 있는 엄청난 잠재력을 깨웠다고 뷔르트는 말한다. 이를 기반으로 해서 그는 자신의 회사를 '생산품 도매회사'에서 '제품의 효용성을 공급하는 회사'로 탈바꿈시켰다.

제품의 효용성에 집중함으로써 회사는 핵심경쟁력을 잃지 않고 사업분야를 확장할 수 있었다. 그리하여 '뷔르트'는 자동차용 접착제시장의 초기 공급자 중 한 업체가 되었고, 현재는 각종 소모성 부품 자재류와 첨단 테크니컬 제품 및 각종 툴 등 약 5만 6,000종의 제품을 공급하는 전문그룹으로 발돋움했다. 지금 뷔르트 그룹은 전 세계 83개국에 5만 5,000명의 직원을 거느린 거대그룹이다.

사례 5 살충제 제조기업의 변신

살충제 제조회사들은 사업성을 톤 단위로 생각한다. 공급하는 살충제가 몇 톤인가 하는 것이 그 회사 살충제의 효과나 회사 규모를 측정하는 기준이다. 하지만 "어떤 효용성 때문에 이 살충제를 구입하는가?"라는 질문을 고객에게 던지면, 살충제 자체와 해충 제거능력이 그렇게 중요한 문제는 아니라는 답을 듣게 된다. 그보다는 그 회사의 제품을 사용함으로써 성과가 높아지고 있고, 그런 성과를 보장해주기 때문에 값을 지불한다는 답을 들을 수 있다.

예전에는 살충제를 많이 쓰면 쓸수록, 효과가 그만큼 좋아졌다. 그런데 지금은 이전과는 달리 살충제를 가능한 적게 사용하여 경작하는 것이 중요한 시대다. 이러한 시대 흐름을 파악한 살충제회사들은 끊임없이 심사숙고한 후, 다른 재료로도 충분히 살충 효과를 낼 수 있다는 결론을 내렸다. 그들은 생명공학과 신소재공학 연구를 통해 해결책을 모색했고, 그 결과 신소재 비료를 찾아냈다. 거기에 더해 이전에는 전혀 생각해보지 못했던 보험업무도 살충제와 상당한 관계가 있다는 점을 알아차렸다.

살충제 제조회사는 회사의 생산능력을 확대하지 않고 생명공학기술과 신소재공학기술, 보험회사를 사들이는 것으로 미래의 기회를 잡았다. 그리고 '세계시장에서 살충제를 더 싸게 구입할 수 있다면, 굳이 살충제를 제조할 필요가 있는가?'라는 본질적인 질문을 하게 되었다.

이로써 살충제 제조회사는 효용성 있는 제품들을 제공하는 전문기업, 즉 농업용 종자, 살충제, 비료, 그리고 보험 등을 최적의 방법으로 조합해 제공하는 기업으로 탈바꿈하였다. 그 뒤 회사의 중요한 제품인 살충제를 확신을 갖고 판매하기 시작했다.

이는 살충제 제조회사가 살충제시장이 어떻게 될 것인지를 끝까지 생각해보고, 동시에 본질적인 질문들을 던졌기 때문에 획득할 수 있었던 성과였다.

사례 6 인터넷으로 실현하는 개인공장

공상과학시리즈물 〈스타트렉(StarTrek)〉에 등장하는 복제기 '리플리케이터(Replikator)'가 점차 실제 옵션으로 나타나기 시작했다. 영화에서 리플리케이터는 어떤 사물이라도 그 사물의 모든 분자들을 복제하고, 그것들을 우주의 가장 커다란 데이터베이스에 저장한다. 그리고 복제한 분자들을 조합하고 재구성하여, 영화 속 주인공들이 필요로 하는 모든 것을 만들어낸다. 미래 시나리오에서 사람들은 어떤 것을 갖고자 할 때, 리플리케이터에게 말하곤 했다. 그러면 이 복제기는 원하는 것을 아주 정확하게 조합해준다.

이를 오늘날의 관점에서 보면, 우리가 미래에 실현하고 싶은 모습을 그리면, 그것들(미래의 기회들)이 실제로 실현될 수 있음을 의미한다.

이처럼 실제로 믿어지지 않는 멋진 아이디어가 현실이 되기도 한다. 미래에는 사람들 모두가 자신의 컴퓨터에 개인공장을 차릴 것이다. 어떤 제품의 모델이건 인터넷에서 다운로드 받게 되고, 집에서 실질적인 제품이 제조될 것이다. 이러한 일은 예를 들어, 미국 프린터회사 3D시스템스(3DSystems)의 '3D 프린터(입체 조형물을 복제하는 프린터 – 옮긴이)' 후속 제품으로 실현될 것이다. 이로써 복잡한 CAD 모델도 컴퓨터에서 바로 재현되고, 출력될 수 있게 된다.

현재 이런 작업들은 재료가 제한되어 있어 널리 실행되지 못하고, 대부분 제품 개발분야에서 주로 활용되고 있다. 수많은 기업들은 대안이 될 재료나 신소재를 활용할 수 있는 가능성에 대해 연구하고 있다.

표 11 2020년의 은행을 위한 비전 후보들

비전 후보들	내용
CIT 은행	개인 고객의 요구를 완전히 충족시킨다. 은행의 상품 및 서비스 그리고 상담을 아주 상세하게 표준화한다. 외부 서비스도 고유 서비스 분야에 통합시킨다.
PLM 은행	상담원들과 고객들의 관계를 최우선시 한다. 이러한 관계를 조성하는 데 비용이 들지만, 장기간의 충성 고객을 얻고 이는 다른 일로 이어진다. 상담원과 고객은 함께 간다.
MCK 은행	경영자들, 전통적인 경영, 기업 자문 등과 밀접한 관련이 있는 기업들을 상대로 한 전문적인 자문업무에 특화되어 있다.
MCD 은행	명료한 서비스, 투명한 가격 그리고 복잡하지 않은 업무 처리가 핵심이다. 표준 옵션이 선택을 쉽게 하고, 은행업무는 어렵지 않다. 부담 없이 경험해볼 만한 가치가 있다.
POS 은행	고객이 있는 곳에 은행이 있다. 특히 고객들이 일주일에 한 번이라도 들를 수 있는 중심 상권에 있다. 이 은행에서는 금융과 상담 외에도 여러 가지 상품들을 만날 수 있다.
티파니 은행	아주 부유한 자산가들을 주 고객으로 한다. 희소성과 신중함을 내세우고, 세대에 걸쳐 관계를 맺고 유지하기 위해 수준 높은 요구들을 수렴해야 한다.
커뮤니티 은행	공동체가 중심인 이 은행은 금융분야만을 다루는 것이 아니라 공동체의 문제를 해결하고 중요한 서비스를 제시하기 위한 공동체의 플랫폼 역할을 한다. 회원만이 이용할 수 있다.
3M 은행	혁신적 해결방안을 지속적으로 추구하고, 업무영역 사이의 경계를 풀어놓는다. 새로운 기회는 끊임없이 이용되고 시장들은 발전하며 자영업자 단위까지 이끌어간다.
3I 은행	파트너십을 맺은 은행들은 독립적인 사업분야들과 기업들에 투자를 하고, 전략적으로 독립권을 갖는 홀딩기구로 만든다.
브레인풀 은행	고도의 전문지식을 갖춘 팀과 함께 다양한 프로젝트를 성공으로 이끈다. 구성원들의 핵심경쟁력은 경제지식과 성취능력에 있다.

사례 7 미래의 기회를 암시하는 은행의 비전 후보들

대형범선 선장에게 초록 안경은 전략적 옵션을 제공한다. 선장은 이를 통해 잠재적인 목적지들, 즉 비전 후보들을 보게 되고, 노란 안경으로 이들 중에서 무엇을 선택할지 결정하게 된다. 비전 후보들은 자신만의 미래를 형성하는 데 어떤 가능성이 있는지 상세히 밝혀준다.

앞의 〈표 11〉은 은행들이 전략적 비전 후보들을 선택하는 것을 아주 간략히 서술하고 있다.

초록 안경의 8가지 역할

미래의 기회들은 기업과 개인 모두에게 생존을 건 선택이다. 그렇기에 초록 안경은 생존을 위한 역할을 한다고 할 수 있다.

실현 가능한 미래를 더 많이 보여준다

주변 상황과 특성들을 더 잘 관찰하기 위해 불빛으로 어둠을 밝히듯이, 초록 안경으로 실현 가능한 미래를 더 많이 볼 수 있다. 푸른 안경으로 '개연성 있는 미래'를 보았다면, 초록 안경으로는 그 미래를 좀더 개선시킬 수 있다. 개연성 있는 미래는 초록 안경으로 보는 '구축할 수 있는 미래'의 부분집합이기 때문이다.

미래에 가능할 수 있는 모든 것들은, 지구에 살고 있는 65억 명에 이르는 '미래창조자들'이 가능하다고 여기는 것을 통해서 결정된다. 세계적인 문학가 요한 볼프강 폰 괴테(Johann Wolfgang von Goethe)는 이런 말을 했다. "우리가 희망하는 것은 우리 내면에 있는 능력에 대한 감정이 먼저 나타나는 것이고, 선구자는 우리가 할 수 있는 것을 먼저 이루는 사람이다."

초록 안경이 보여주는 관점과 전망은, 푸른 안경과는 확연히 다르다. 초록 안경은 주변 환경이 아니라 당신 자신을 다루는 중요한 문제이기 때문이다. 이는 바다와 날씨를 걱정하는 것이 아니라, 선택 가능한 목적지를 정하고 범선을 어떻게 이끌어갈지가 대형범선 선장의 중요한 문제인 것과 같다.

성공의 기회를 빠르고 효율적으로 발견하게 한다

선택할 수 있는 사람은 자유롭고 행복한 사람이다. 선택의 길이 많으면 많을수록 더 효율적이고 빠르게, 성공 가능성을 발견할 개연성이 커진다. 이는 그 성공이 물질적인 것이냐 아니냐에 따라서 성공 기회가 다르게 된다는 것을 의미하는 것은 아니다. 거대기업을 이끌건 자기 삶을 경영하건 상관없이 성공의 기회는 누구에게나 찾아온다.

그런데 더 이상 삶에 동기를 부여해주는 기회가 보이지 않을 때 사람들은 삶의 의욕을 잃게 된다. 자살을 하는 많은 이유 중의 하나는 삶의 선택에 가치를 부여할 수 있는 그 어떤 것도 기대할 수 없을 때이다. 그렇다면 역설적으로, 삶에 지친 사람들에게 그들이 미처 알아차리지 못한 삶의 기회를 보게 해준다면, 적어도 그들이 스스로를 삶의 막바지로 내모는 일은 막을 수 있을 것이다.

그런 의미에서 우리는 미래의 기회를 기업과 개인의 삶의 에너지로 이해할 수 있다.

미래의 기회들을 더 많이 알수록 경쟁에서 유리한 고지를 점할 가능성이 높아지고, 더 나아가 그 기회를 확장할 수 있는 여지가 더 커진다. 이는 성공의 가능성, 그리고 기업과 개인의 존재를 확신시켜줄 수 있는 가능성이 많아짐을 의미한다. 각각의 기회들은 기업의 가치를 높여주고, 시장에서의 위치를 견고히 해주며, 신규시장을 확대하거나 새로운 시장으로의 진입을 가능하게 한다.

프랑스의 철학자 에밀 샤르티에(Emile Chartier)가 "이 아이디어가 우리가 가지고 있는 유일한 것이라고 한다면, 그 아이디어보다 위험한 생각은 없다"고 말한 것은 그러한 이유에서다.

2가지를 선택할 수 있는 기회를 가진 사람은 세 번째 기회도 선택할 수 있다는 말이 있다. 선택할 수 있는 기회가 많은 사람일수록, 결정권을 가질 가능성이 커진다는 것이다. 초록 안경은 결정에 앞서 당신 앞에 놓인 기회들을 더 깊이 관찰하고 더 잘 알게 하고 더 많이 생각하게 한다. 또 미래의 기회가 어떻게 실현될지, 미래의 기회를 어떻게 다루어야 할지를 깨닫게 하여 당신이 좀더 쉽게 미래를 선택할 수 있도록 돕는다.

남들보다 먼저 움직일 수 있도록 돕는다

미래의 기회는 당신이 발견하기 전부터 실현되기 위해 존재한다. 하지만 명심할 것은 미래의 기회가 아직 '예상되고 있는 미래'에 속하지 않는 것들이라는 점이다. 예를 들어 소니(Sony)의 워크맨(Walkman)은 영국 작가 옥타브 유잔느(Octave Uzanne)가 1894년에 발간한 책에 이미 언급되어 있었다.

기회를 미리 발견한다는 것은, 미래의 어느 날엔가 하게 될 생각을 먼저 생각하는 것을 의미한다. 기회를 능동적으로 이용하는 것은, 미래의 언젠가는 무조건 하게 될 이 생각들을 먼저 실행에 옮기는 것이다. 우리 삶의 무대는 제한되어 있다. 초록 안경은 우리의 삶을 경험과 성공으로 더욱 풍부해질 수 있게 도와줄 것이며, 결국 더 많은 성공을 이룰 수 있도록 도와줄 것이다.

경쟁자들의 생각과 움직임을 예상하게 한다

초록 안경은 실현 가능한 놀라운 일들을 보여주기 때문에, 리스크와 돌발상황을 보는 붉은 안경의 기능 중 일부를 가지고 있다고 할 수 있다.

미래의 기회는 글자 그대로 허공에 떠 있는 기회를 의미한다. 그러므로 당신은 뚜렷한 목적의식을 가지고 경쟁자들이 미래에 계획할 만한 그 기회를 지금 체계적으로 발전시켜야 한다. 초록 안경으로 당신은 경쟁자들보다 먼저 행동으로 옮길 수 있고, 이에 따라 먼저 성공을 달성할 수 있다.

위험과 위협을 기회로 전환한다

미래와 관련해 기회는, 기회인 동시에 위험이며 위협이다. 위험은 어떤 일을 능동적으로 추진할 때 수반되는 것이고, 위협은 어떤 변화를 수동적으로 경험할 때 일어나는 것이다. 초록 안경으로 기회를 먼저 인식함으로써, 위험과 위협도 기회로 전환시킬 수 있다.

위협을 먼저 알아차린다면, 위협을 늦게 알아차릴 때에 비해서 좀 더 쉽게 위협을 제거할 수 있는 기회를 갖게 된다. 시간이 흐를수록 위협은 점점 더 커져, 없애거나 극복하기가 점점 더 어려워지게 된다. 붉은 안경 부분에서 좀더 자세히 다루겠지만, 위협을 기회로 바꾸는 방법은 여러 가지가 있다. 비록 위협을 인식하는 데까지 시간이 많이 흘렀다 하더라도, 초록 안경은 우리의 내면에 잠재된 상상력과 판타지를 이끌어내도록 도와줌으로써, 위협이 기회의 씨앗이 되도록 만들어줄 것이다.

관점을 바꾸면 위협이 다르게 보인다. 위협은 끝이 아니라 오히려 마지막 가능성이다. 건강, 삶, 죽음, 지혜 등 여러 요소들을 이용하면 현대 사회의 노령화 역시 기회로 만들 수 있다.

위험 역시 초록 안경을 통해 기회로 바꿀 수 있다. 위험을 먼저 관찰한 사람은 그 위험을 피하거나 최소화할 수 있는 기회를 잡을 수 있으며, 그 위험을 더 나은 전략을 얻기 위한 자극으로 이용할 수 있다. 즉 초록 안경은 붉은 안경과 더불어 미래의 위험을 미리 인식하는 도구로, 기업의 리스크 분석과 관리에 적극적으로 활용될 수 있다.

미래를 유연하게 다룰 수 있게 만든다

미래의 기회가 많으면, 변화에 유연할 수 있고 좀더 안전한 미래를 보장받을 수 있다. 기회를 실현할 수 있는 방법을 더 많이 알고 있다면, 미래를 약속하는 여러 발전상을 잘 이해하고 이용할 수 있을 것이다.

미래의 기회를 더 많이 볼 수 있는 사람은 미래에 대해 긍정적이며 안정적이다. 반면 현재 삶에 대한 어떠한 대안도 없는 사람은 미래를 단지 위협으로 볼 수밖에 없다.

전략 구상과 실행의 실마리를 제공한다

미래의 기회는 미래의 개연성 높은 가정을 비전의 요소와 목적, 프로젝트와 가이드라인, 시스템으로 바꿀 수 있는 힘을 지닌다. 또한 미래의 기회는 적절한 결정과 적절한 미래전략 구상과 실행의 결과로 이어진다. 더 다양한 옵션을 가진 사람이 더 좋은 결과를 얻을 수 있다.

동기를 부여하고 자신감을 향상시킨다

미래의 기회를 더 많이 보는 사람, 좀더 나은 성공 기회를 가진 사람, 위협을 긍정적인 기회로 바꿀 수 있는 가능성을 인식한 사람은 자신감을 가지고 미래를 바라볼 수 있고, 성공에 대한 더 많은 동기를 얻는다. 기회는 당신 자신과 당신 기업에 강력한 에너지를 준다. 반면 기회를 인식하지 못하는 기업이나 기관, 가정, 개인에게는 미래에 대한 부정적인 전망이 나타난다.

현재의 위협에도 불구하고 동료들에게 미래의 기회가 공동으로 실현할 만한 가치가 있음을 보여줄 수 있으면, 당신은 긍정적이고 적극적인 팀을 이루게 될 것이다. 미래에 대한 긍정적인 전망은 현재의 난관을 극복하게 하는 아주 중요한 동기부여 요소가 된다. 리더십 전문가 존 맥스웰(John Maxwell)의 말처럼, 미래에 대한 희망은 현재에도 큰 힘을 발휘하는 것이다.

초록 안경의 사고대상

앞서 푸른 안경에서 살펴봤듯이, 5가지 미래안경은 각각의 사고대상을 가지고 있다. 이 사고대상들은 미래를 체계적으로 사고하는 데 도움을 준다. 초록 안경의 사고대상은 2가지이다. 기회에 대한 질문과 미래의 기회들이 그것이다. 그중 미래의 기회는, 다음의 〈도표 9〉처럼 미래에 대한 가정을 기반으로 만들어진다.

도표 9 초록 안경과 사고대상

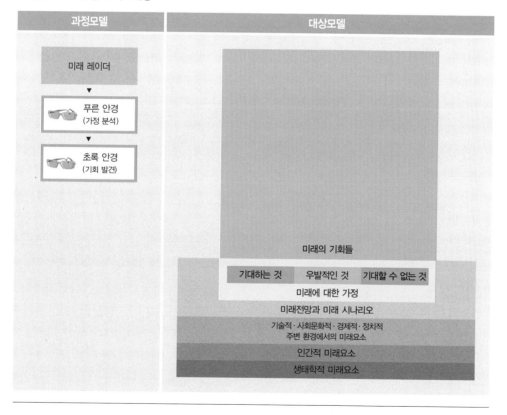

기회에 대한 질문

기회에 대한 질문들은 우선적으로 문제 제기의 틀 안에서 제시된 탐색분야를 결정한다. 이는 당신과 당신 기업이 중요하다고 여기는 분

표 12 기회에 대한 질문들

실현분야	질문
전략과 경영	• 우리는 어떤 미션을 갖고 있는가? • 우리의 포지셔닝을 어떻게 할 것인가?
시장과 사업분야	• 어떤 시장을 개척할 것인가? • 어떤 사업분야를 촉진할 것인가?
마케팅, 세일즈 그리고 합병	• 새로운 고객을 어떻게 유치할 것인가? • 고객을 어떻게 관리할 것인가?
제품 및 솔루션	• 제품 품질과 솔루션을 어떻게 개선할 것인가? • 어떤 신제품과 솔루션을 발전시키고 제공할 수 있는가?
인간과 문화	• 최고의 능력을 어떻게 시장에 접목시킬 수 있는가? • 우리의 사업분야에서 어떻게 우리가 최고의 팀이 될 수 있는가? • 흥미와 능률을 동시에 이룰 수 있는 문화를 어떻게 만들어 낼 것인가?
시스템과 프로세스	• 더 많은 산출로, 어떻게 높은 효율성을 달성할 수 있는가? • 적은 자원 투입으로 어떻게 고효율을 달성할 수 있는가?
파트너와 공급자	• 어떤 새로운 파트너들이 우리에게 경쟁력우위를 제공하는가? • 우리의 네트워크를 어떻게 성공요소로 연결할 수 있는가?
재정과 자원	• 자본비용으로서 납득할 수 있는 재정을 어떻게 확충할 수 있는가?

야에서 미래에 어떤 기회가 있는지를 찾는 작업으로 연계된다. 결과적으로 수많은 좋은 아이디어들은 워크숍이나 기획회의 등에서보다는 예상치 못한 시간이나 장소에서 많이 나온다.

기회에 대한 질문들을 통해서 당신은 기업의 중요한 분야에서 비교적 유리한 실현 가능성에 대해 근본적으로 요구되는 지식을 얻을 수 있다. 기회에 대한 질문들로 당신은 무엇을 위해 미래의 기회들을 알고자 하는지 확실히 결정할 수 있다. 대형범선 선장의 경우라면, 가능한 목적지, 항해전략, 범선 구성방법 등에 대한 질문들이 이에 해당된다.

또한 기회에 대한 질문들은 실현분야와 관련이 깊다. 이 실현분야는 기업의 성공과 존립에 필수적인 발전요인에 대한 대체적인 분류를 의미한다. 〈표 12〉처럼 각각의 실현분야에서는 하나 또는 여러 가지 기회에 대한 질문이 도출된다.

실현 가능한 미래의 기회들

필자는 미래의 기회에 대한 개념을 다룬 책들을 참고하고 현장에서 토론을 거친 후, 미래의 기회를 3가지 개념으로 요약해보았다. 첫 번째는 환경의 유리한 특성, 두 번째는 성공의 조건에서 유리한 특성, 세 번째는 실현 가능성에서 유리한 특성이다. 이 중에서도 필자는 세 번째 정의를 선호한다.

'기회는 유리한 실현 가능성이다'라는 정의는 다른 2가지 정의를 전제조건으로 포함하고 있다. 기회는 항상 어떤 것을 실현할 수 있는 가능성이다. "우리는 중국시장에 진출한다.", "우리는 물류기업을 설립한다." 이러한 기회는 환경에 유익하고 이로써 당신에게도 유리하다.

미래의 기회들은 다음에서 보여지듯 여러 가지 형태로 나타날 수 있다.

- 예상했거나 예상하지 못했던 미래의 결과
- 미리 예상하여 기회로 바꿀 수 있는 위협
- 미래를 구축하는 옵션, 즉 비전 후보군

당신은 언제나 여러 종류의 위협과 맞닥뜨릴 수 있다. 새로운 시장에서는 새로운 경쟁자라는 위협을 만난다. 하지만 새로운 시장에서 만난 경쟁자를 동업자로 만들어, 위협을 기회로 바꿀 수도 있다.

미래의 기회는 머지않은 미래에 현실화될 수 있음을 포함하고 있기 때문에, 우리는 미래의 기회라는 개념을 사용한다. 혁신은 흔히 기회와 비슷하게 사용되지만, 필자는 혁신을 '기회를 확인할 수 있는 현실로 바꾸는 과정'이라고 본다. 또한 아이디어라는 개념은 기회라는 의미와 전적으로 부합된다고 보기 힘들다. 아이디어는 실천 가능성이라는 의미에만 제한되어 있지 않기 때문이다. 기회는 아이디어의 부분적 개념이다.

〈표 13〉은 미래의 기회들에 대한 여러 형태를 개관한다. 미래의 기회들을 설명하기 위해, 당신은 개별요소에 대해 하나 또는 여러 가지 표현들을 사용할 수 있다. 이러한 방법에 따라, 기회는 다음과 같이 나타난다. "우리 팀(행위자)은 인공지능(원천자료나 수단)을 활용해 독자적으로 투자를 결정하는(결과) 소프트웨어(실현분야)를 개발한다(행위)."

표 13 미래의 기회 구축 프로세스

요소	내용		
원천자료	• 미래요소 • 놀라움	• 미래 프로젝트 • 그 밖의 것	
행위자	• 나 • 우리 기관	• 우리 팀	
실현분야	• 전략과 경영 • 마케팅, 세일즈, 합병 • 인간과 문화 • 파트너와 공급자	• 시장과 사업분야 • 제품 및 솔루션 • 시스템과 프로세스 • 재정 및 자원	
행위	• 완수하다 • 종료하다 • 도입하다 • 늘리다	• 변화하다 • 제거하다 • 복제하다	• 개선하다 • 통합하다 • 선택하다
수단	• 전략 • 기술	• 가이드라인 • 방법	
결과	• 다른 것들 • 더 나은 것	• 새로운 것 • 별것 아닌 것	

기회의 실현 가능성을 높이는 초록 안경 사용법

기회가 어떻게 발전하는지를 보기 위한 초록 안경은 특별한 사고의 기술을 요구한다. 초록 안경은 당신의 고유한 세계의 미세한 관점으로 미래를 관찰한다. 내부 지향적인 그 관점은 당신에게 있어 실현 가능한 미래를 향하게 된다. 그리고 당신은 혁신적이고 능동적으로 사물들을 읽을 수 있게 된다.

초록 안경을 통한 사고방식은 기본적으로 낙관적이고 창조적이며 상상력이 풍부하고 진보적이고 전환적이다. 그래서 결과적으로 초록 안경은 미래의 가능성을 밝혀준다.

자기경쟁력을 높이는 기회로 만들어라

경제적 관점에서 미래의 기회들은 경쟁력의 주춧돌이다. 미래의 기회들을 많이 아는 사람은 경쟁력의 기초를 완성한 사람이다. 그리고 경쟁력을 완성하고 실현한 사람은 또 다른 미래를 위한 기초를 완성한 사람이다.

경쟁력을 강화하고 향상시키려면 미래의 기회가 가진 잠재적 가능성을 미래의 기회에 대한 평가와 선택의 기준으로 삼아야 한다. 잠재적 가능성은 개개인들에게 행운을 갖추는 것과 같다. 경쟁자들이 실천하기 어렵거나 모방하기 어려운 경우, 미래의 기회로 당신의 경쟁력이 올라간다. 이때 당신의 강점을 강화하고 부족한 점을 보완하여 경쟁력을 더욱 향상시킬 수 있다.

좋아지고 있음을 믿어라

푸른 안경은 현실적이다. 이 때문에 미래에 세계와 시장이 어떻게 발전할지 상상하는 것은 별 의미가 없다. 이에 비해 초록 안경은 우리에게 훨씬 낙관적 관점을 요구한다. 그 결과 당신이 구축하려는 미래를 가능한 한 더 넓고 멀리 밝힐 수 있게 된다.

우리의 현재는 과거에 예상했던 미래보다 훨씬 발전되어 있다. 관광객들까지 수영을 즐기는 라인강은 불과 한 세대 전만 해도 유럽의 하수처리장이라 불렸다. 독일의 숲은 예상과는 달리 죽지 않았다. 3차 세계대전도 아직 발발하지 않았다. 과거 생각과는 달리 청소년들의 현재도 그다지 어둡지 않다.

물론 미래의 발전 가능성에 대해 회의적인 시각들도 많이 있다. 미래의 상황이 현재보다 악화될 것이라고 생각하는 사람은, 자신과 주변 환경 그리고 세계를 개선하기 위한 노력이나 시도 자체를 하지 않는다. 하지만 초록 안경은 근본적으로 낙관적인 사고를 요구한다. 최소한 목적 달성이라는 측면에서만 봐도 초록 안경은 낙관적이다.

잠재의식을 자극하라

미래의 기회들은 전혀 계획적이지도 않고, 눈에 보이지도 않으며, 흔히 예상하지 않거나 목표하지 않은 곳에서 생겨난다. 많은 훌륭한 아이디어는 체계적으로 기회를 찾고 발전시키는 천재적 발견자나 기업에서 나온다기보다는, 산책을 하거나 목욕을 하거나 꿈을 꾸는 가운데 생겨난다.

그럼에도 불구하고 체계적으로 미래의 기회를 찾는 일은 2가지 이유에서 의미가 있다. 오늘날 급격히 변화하는 시장에서 천재적 영감을 바라기란 매우 힘든 일이라는 것이 첫 번째 이유다. 또한 미래를 관찰하면서 잠재의식을 깨워, 좀더 나은 미래의 기회들을 발견하고 또 발전시킬 수 있기 때문이라는 것이 두 번째 이유다.

초보자의 무한 가능성을 잊지 마라

푸른 안경으로 가정 분석을 하면서, 우리는 준비되고 실력을 갖춘 상태가 되는 것과 많은 경험을 쌓는 것이, 미래경영에서 유리하다는 사실을 알게 되었다. 거듭 강조하지만, 경험은 성공의 요소이다. 미래경영의 경험이 많을수록 미래경영의 질이 향상되는 것이다!

하지만 기회 발견이란 부분, 즉 초록 안경의 관점에서 보자면 경험의 가치는 정반대로 나타난다. 경험이 많은 사람일수록, 새로운 미래를 예상할 수 있는 가능성이 적어지기 때문이다. 심리학에서는 이를 '부정적 전이(negative transfer)'라고 한다. 과거에 학습한 경험이 새로운 지식과의 연결을 방해하는 것을 뜻하는 말이다. 실제로 대부분의 사람들은 자신의 분야에서 겪은 경험과 익혔던 방법, 기준으로 삼았던 원칙을 다른 영역에도 적용시키려 한다. 안타깝게도 이는 스스로를 방해하는 결과를 낳는다. 초록 안경의 경우에는, 과거의 세계에서 미래의 변화된 세상으로의 부정적 전이가 일어난다.

당신이 현재라는 관점에서 멀리 벗어나 있을수록, 더 많은 기회를 얻을 수 있고 더 창조적인 가능성들을 발견할 수 있다. 그러므로 당신의 기업과 시장을 가능한 멀리서 바라보는 것은, 기회의 발견과 발전이라는 측면에서 당신에게 도전이 될 것이다.

비판을 줄이고 창조에 익숙해져라

혁신과 브레인스토밍을 위해서는 창조성과 비판을 분리해야 한다. 잘 알려진 바와 같이, 창조성과 비판은 서로를 '중화'시킨다.

물론 우리는 비판적인 사고의 필요성에 대해 귀가 닳도록 들어왔다. 방황하지 않으려면, 우리 앞에 제시되는 모든 것을 다 믿어서는 안 된다는 것도 맞다. 하지만 새로운 것을 창조한다는 관점에서 본다면, 일생동안 길러온 비판능력은 큰 단점이 된다. 특히, 긍정적인 인식체계에 익숙하고 증명하거나 반박할 수 있는 것들이 가치가 있다고 생각하는 경영자들은, 샛길로 빠진 엉뚱한 아이디어들을 비판 없이 받아들이는 일을 터무니없다고 생각한다. 안타까운 일이 아닐 수 없다!

초록 안경의 관점에서, 비판은 당신의 생존능력에 치명적인 손실을 가한다. 생각해보라. 미래의 기회들은 수많은 가능성과 상상력을 요구하기 때문에 특히나 발견되기 어렵다. 그런데 비판적인 사고를 통해 상상력을 차단한다면, 가뜩이나 발견하기 어려운 기회들을 찾아내는 것이 더욱 힘들어지지 않겠는가?

필자는 노련한 경영 컨설턴트조차도 그에게 창조성에 걸맞은 안내를 해주고 또 반복적으로 그것을 상기시켜주어도, 창조적인 방식을 유지하는 데 성공하지 못한다는 사실을 경험했다. 다른 것을 발견하고자 하는 관심이나 흥미는 억지로 끌어낼 수도, 심어줄 수도 없다.

기회를 발견하고 발전시키는 일은 엄청나게 창조적인 작업이다. 반대로 매력적인 기회들을 잘 다듬는 일은 최소한의 지적능력만을 필요로 할 뿐이다. 그리고 이는 측정할 수도 없는 잠재적으로 아주 큰 손해를 야기한다. 발견되지 못한 채 스쳐지나간 기회가 수백만 아니 수십 억 달러 이상의 가치를 지니기도 하는 것이다!

당신에게 있어 어떤 생각이 스쳐지나가고 묻히는 바로 그러한 순간

속에서, 성공적인 새로운 시대가 생각되어질 수 있다. 초록 안경을 통해 보는 관점은 옳음을 확신하는 것이라기보다 미래의 기회와 선택을 가능한 한 최대한 많이 알려주는 것이다.

이 점을 명심하기 바란다. 생각의 한계는 곧 성공의 한계다.

현재시장에서 강점을 강화하라

약점을 보완하는 것보다 강점을 강화시키는 것이 경쟁력을 향상시키는 데 더 중요한 역할을 한다. 이는 경쟁전략의 기본이다. 따라서 기업의 에너지, 즉 비용과 시간 그리고 정신력을 무엇보다도 현재의 잠재력을 확대하는 데 투자해야만 한다. 이는 미래시장에서의 성공을 위한 길이다.

물론 여기에는 현재의 시장과 미래의 잠재력이 있는 시장에서 강점을 강화시키는 전략이 수반되어야만 한다. 신속한 배송이 고객들을 크게 감동시키지 못한다면, 이러한 수고는 별 의미가 없다. 고객들이 아주 민감하게 반응하는 부분을 개선시킬 수 있는 방법을 찾는 것이 경쟁에서 의미 있는 일이다.

기회는 초기에 잡아라

미래의 기회는 일찍 발견할수록 그 가치가 더 커진다. 가장 먼저 발견된 것이 미래의 기회에 있어 제1의 발명, 발견 또는 고안이 된다.

〈도표 10〉의 S곡선에 따르면 처음 발견된 기회는 우선 소수의 사람들에게 천천히 확산된 다음, 점점 더 많은 사람들에게 더 빠르게 확산되고, 더 많은 사람에게 전달되면서 그 확산속도가 점차 느려지고, 결

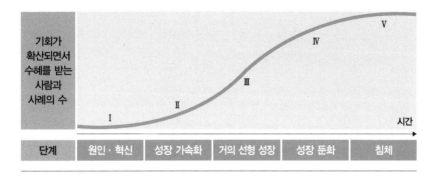

도표 10 기회 확산의 S곡선

단계	원인·혁신	성장 가속화	거의 선형 성장	성장 둔화	침체

국에는 더 이상 확산되지 못하고 멈추게 된다. 만약 기회를 잊거나 기회를 알고 전파하는 이가 사망한다면 확산속도가 줄어든다. 이러한 확산의 메커니즘은 리처드 도킨스(Richard Dawkins)가 문화적 진화를 설명하기 위해 만들어낸 '밈(Meme)'이라는 개념으로 설명할 수 있다. 밈은 유전자처럼 개체의 기억에 저장되거나 다른 개체의 기억으로 복제될 수 있는 비유전적 문화요소 또는 문화의 전달단위를 뜻한다.

또, 확산 과정에서 기회를 일찍 발견할수록 얻을 수 있는 효용은 더 커진다. 초기 단계에서는 기회의 이익을 향유하는 사람 수가 상대적으로 많고, 기회를 활용하는 데 비용이 비교적 적게 들며, 경쟁자의 수가 적거나 거의 없기 때문이다.

위험이 크면 성공도 크다

"큰 기회는 큰 위험을 내포하고 있으며, 그 반대도 성립한다." 이 원리는 아주 명백함에도 불구하고, 종종 간과되거나 무시되거나 배제된다.

단기간에 최소한의 노력으로 엄청난 성과를 이룰 수 있는 좋은 기회는 거의 없다. 위험부담 없이 10퍼센트, 20퍼센트의 수익률을 낼 수 있는 금융상품도 없다. 누가 봐도 명백히 좋은 기회는 시장을 주도하는 참여자들에 의해 아주 빨리 발견되고 활용된다. 그 밖에 남아 있는 기회 대부분은 전략과 실행에 상당한 위험이 따른다.

하지만 대부분의 사람들은 미래에 대비한 작업을 할 때 단순하게 일을 추진하고 현실을 회피하면서, 리스크가 적고 엄청난 성공을 거둘 수 있는 기회를 바란다. 상식적으로 생각해도 가능할 리 없는 일 아닌가?

더 많은 변화를 원하거나 야기할수록, 또한 혁신적인 기회일수록 리스크가 커질 수밖에 없다. 재정적 위험은 파산확률과 위험에 노출된 재정수단을 곱한 값으로 수치화할 수 있다. 이를 전략적 리스크로 치환해보면, 전략적 리스크는 실패할 확률과 유연성이 부족해 희생되어야만 하는 것을 곱한 값으로 수치화된다. 이 원리는 다음과 같은 점을 명확히 해야만 한다.

즉 효율성을 개선하기 위해 기회를 활용하는 것이, 가끔 기업의 유연성을 감소시켜 생존능력을 저하시킬 수 있다는 것이다. 왜냐하면 효율성을 높이기 위해서 사람들은 생산설비에 지나치게 의존하고 결국 거기에서 벗어나지 못하기 때문이다.

고전경영학은 효율성만을 고려하고 인정한다. 유연성의 가치에 대해서는 거의 장님에 가까워, 유연성이 떨어지는 것을 단점이나 리스크로 여기지 않았다. 결국 전략적 위험의 중요성이 재정적 위험보다 평가 절하되었고, 수년이 지난 후에야 유연성에 관심 갖는 것이 의미가 있음을 깨달았다.

전혀 새로운 미래라는 함정을 조심하라

벤저민 프랭클린(Benjamin Franklin)은 "기회를 찾는 것은 결코 기술이 아니다"라고 말했다. 하지만 기회를 '처음 알아보는 것'은 기술일 수 있다. 이는 우리가 살아가는 모든 영역에서 맞는 지혜이다. 한 가지 주의할 점은, 처음 기회를 알아본 사람들이, 그 기회로 인해 꼭 행복해지거나 부자가 되는 것은 아니라는 사실이다. 즉 기회를 먼저 발견하거나 생각해낸 사람들이 그 기회로 인해 행복해지는 것이 아니라, 그 기회를 가장 먼저 올바르게 현실화시킨 사람이 행복해진다는 이야기다.

그렇다면 기회를 올바르게 현실화시키기 위해서는 어떻게 해야 할까?

우선 실천 가능성으로서의 기회를 생각하는 것이 첫 번째 단계이다. 그리고 이를 실현화시키는 것이 두 번째 단계이자 매우 중요하고 필수적인 단계이다. 세상에서 전혀 보지 못했던 그런 기회라는 것에만 만족할 수 있다고 하면, 이익을 창출하는 것은 매우 어렵다. 전혀 새로운 기회인지 아닌지 정확히 알 수 있는 사람은 아무도 없으니까!

앞의 〈도표 10〉을 참조하여 미래를 이렇게 대할 수도 있을 것이다. '매년 5퍼센트는 혁신에, 95퍼센트는 확산에 집중한다.' 작가 괴테가 이미 알고 있었던 것처럼, 모든 미래의 기회는 다 눈앞에 있다. 그의 말을 들어보자. "모든 일들은 이미 생각되어진 것들이다. 중요한 것은 이를 적절한 시기에 한 번 더 생각하려고 시도해야만 한다는 것이다."

주변을 관찰하여 발견할 수 있는 미래의 기회는 이미 존재하고 있고, 깊이 생각할 수 있는 그런 미래의 기회는 이미 다른 사람들이 생각해보았던 것들임을 인식하고 출발하는 것이 현명하다. 이러한 미래의 기회는 일에서 삶에서 아직 실현시키지 못했더라도, 기회를 창조적으로 발전시키는 과정에서 충분히 새로운 것이 될 수 있다.

기회를 이용하지 않고 성공할 수는 없다

셀 수 없이 많은 관리자들이 해고되고, 수많은 기업들이 파산하고 있다. 대부분 미래의 기회를 잡는 데 실패했기 때문이다. 물론 커다란 손실을 야기하거나 기업의 생존을 위협하는 프로젝트를 출발시키는 것 역시 명백한 ○○○ 실패'다. 만일 그들이 아주 보수적인 견해를 견지하고 단지 최소한의 리스크, 최소한의 기회를 가진 일을 추진했다면, 동료나 주주들이 이를 받아들임○ ○어서 좀더 쉽게 넘어갈 수 있었을 것이다.

하지만 이러한 경우 경영의 실패요인○ ○○ 자체가 아니라 시장 안에서 찾는 것 ○○○ ○○○ ○○○ 실패한 사람들은 경쟁자가 미래의 기회를 활용해 성공한 후에야 비로 ○ ○정적인 의심'을 한다. 그리고 이러한 상황에 이르러서도 그들은 ○○ ○리와 기업의 생존을 위협할 수 있는 리스크가 큰 전략을 쓸 수 없다"며 이해관계자들을 설득하곤 한다. "경쟁업체가 단지 행운을 잡았을 뿐이며, 완전히 다른 결과를 낼 수도 있었다"고 강변하기도 한다. 하지만 이런 것은 책임경영과 전혀 관계가 없을 것이다.

지뢰가 가득한 시장, 즉 위험이 많은 시장에서 감성적이고 합리적인 길을 찾는 것은 '빠른 속도로 뒤쫓는 사람들(fast followers)'이 가장 즐겨 쓰는 전략이다. 1등이 되는 것이 중요한 게 아니라, 1등으로서 정확하게 일을 처리하는 것이 중요하다. 이러한 이유 때문에 경영자들 사이에서는 개척자가 나오기 힘든 것이다.

장기적인 성공을 원한다면 모방을 경계하라

단순히 이익 달성과 이익 극대화가 목적이라면 적당한 전략을 복제해서, 아니 좀더 그럴 듯한 말로 표현한다면 체계적인 모방을 통해서 있는 그대로 사용할 수 있다. 수많은 경우에서 볼 수 있듯이 체계적인 모방은 일과 기업을 성공으로 이끌 수 있다. 하지만 장기적으로 볼 때 모방만 가지고는 절대로 성공할 수 없다.

2005년부터 중국은 영국을 시작으로 유럽의 거의 모든 것을 복제하기 시작했다. 우선 바(Bar)를 복제했다. 칵테일 이름은 물론 제조법까지 모조리 모방했다. 2006년 말에는 중국이 유럽의 버스뿐만 아니라 다른 자동차들까지 거의 구분하기 힘들 정도로 복제하고 있다는 사실이 알려졌다. 중국의 CMEC사는 다임러크라이슬러의 2인승 초소형자동차 '스마트 포투(Smart Fortwo)'를 복제했고, 쌍환(雙環)자동차는 BMW의 SUV X5 디자인의 상당 부분을 도용했다. 심지어 중국의 자동차 판매업자들은 제조업자들이 찍어낸 BMW 자동차의 엠블렘을 고객의 손에 쥐어주기까지 하고 있다.

중국은 30여 년 전 일본과 똑같은 과정을 밟고 있는 것이다. 일본은 모방으로 시작했지만 수많은 분야에서 세계 최고의 기술국으로 거듭났다. 100여 개쯤 되는 중국의 자동차회사들도 앞으로 예전처럼 모방만으로 자동차를 만들지는 않을 것이다.

모방은 어쩌면, 성공을 약속할 수 있다. 하지만 그 성공은 일시적일 뿐이다. 더욱이 모방은 명예와 명성과 자부심은 약속하지 못한다. 정말 성공만 얻는 것으로 괜찮은가? 적어도 이 책을 읽고 있는 당신이라면, 그렇지 않으리라 믿는다.

미래의 기회를 단순화하라

이론이나 현장에서도 미래의 기회는 가능한 한 아주 단순해야 한다는 것을 확고히 요구한다. '미리 발견되었더라면 훨씬 더 큰 가치를 지녔을 기회임에도 불구하고 왜 미리 알아채지 못했을까?'라는 의문이 들 정도의 기회들이 있다.

독일의 문호 프리드리히 실러(Friedrich Schiller)는 단순함을 '성숙함의 결과'라고 적절하게 표현했다. 하지만 기회가 단순하다는 것은 대부분 그 기회를 실현시킬 수 있다는 것을 꼭 담보하지는 않는다. 기회라는 것은 그 표현에 내포된 원칙에 따라 단순해야 하지만, 그러한 기회를 실현하는 것은 큰 도전이 되고 있다. 기회는 단순하고 명확하나, 그 기회를 실현하는 것은 그 기회 제공자들에게 상당한 시간과 노력을 요구한다.

변화와 경쟁력우위 사이의 균형을 맞춰라

변화와 경쟁력우위 사이에서 균형을 맞추는 일은 항상 유효하다. 단순해 보이지만 쉬운 일은 아니다. 모방을 하든 창조를 하든 모든 경쟁자가 쉽게 할 수 있는 일은, 대단한 미래의 기회는 아니다. 또한 기회를 이용하는 것이 쉬울수록, 그 기회로 얻는 경쟁력우위는 점점 더 낮아질 것이다.

경영진의 직급 수준이나 영업 수준에서 기회를 실현하는 데 어느 정도의 도전은 유용한 미래의 기회를 위한 기본적인 전제조건이다.

제한된 조건 안에서 기회의 가치를 평가하라

경험상, 기회의 5~10퍼센트 정도만이 당신의 미래전략에 기본적인 토대로서 적합하다. 기회를 활용하는 것은 고전적 효용가치 분석기법으로 측정할 수 있다. 추정된 미래의 효용과 요구되는 최소한의 미래비용을 비교하여 도출하는 것이다.

경제적 관점에서 기회의 명목상 효용성은 경쟁력 강화에 기여한 정도에 따라 평가된다. 대부분의 경우 기회의 명목상 효용성을 자산가치나 현금가치 등으로 정확히 평가하는 것은 거의 불가능하다. 기술적으로나 경제적으로나 일반 엔진을 하이브리드 엔진으로 바꾸는 것은 그렇게 어려운 일이 아님에도, 수많은 부작용을 측정하지 않고서 하이브리드 엔진으로 바꾸었을 때 기대되는 장기적 이익을 평가하기는 쉽지 않다.

이미 널리 알려져 있듯이, 고객과 경쟁자의 반응이라든가 미래에 발명되는 최첨단의 기술 등은 이 같은 불안하고 위험한 요소들을 가늠하게 한다. 이러한 불확실성은 장기적 이익을 파악하는 데 어려움을 야기하지만, 평균 이상의 이익을 가져오는 요인이 되기도 한다.

기회를 위한 비용은 절대가치 또는 다른 기회를 놓침으로써 발생하는 기회비용이며, 돈이나 시간 또는 노력으로 환산된다. 절대투자총액과 부채상환기간 등도 기회를 위한 비용의 중요한 요소로 고려된다. 당신이 찾아낸 기회가 굉장한 성공을 가져다준다 하더라도, 비용이 너무 많이 들어서 자금 조달을 할 수 없다거나 당신이 보유한 유동성 자금이 여의치 못할 경우 투자금액이 제한될 수 있다. 부채상환기간은 얼마나 오랫동안 자산이 동결되어 있는지, 이로 인해 얼마나 많은 자본비용이 묶여 있는지를 알려준다.

실제효용 또는 순효용은 명목효용에서 실제비용을 차감한 것이다. 투자총액은 종종 KO(Knock-Out) 평가기준에 따른다. KO 평가기준은 어떤 조건을 충족시킬 경우 다른 기준에 관계없이 의사결정하는 기준을 말한다.

워크맨, 포스트잇, 텔레비전의 발견은 '시도와 실수' 없이는 불가능했다. 제한된 시간 내에 150여 가지 기회를 완벽하게 테스트하기는 불가능하다. 단지 그중 5~10개 정도의 기회만을 테스트할 수 있을 것이다. 실제 현업에서 실험하는 것은 세 번째 실행되는 기회에 대한 평가 단계에 적합한 작업이다. 이는 신속하고 확실한 피드백을 마련해준다. 만약 이미 가진 기회를 포기해야 한다면, 가능한 한 빨리 포기하는 것이 좋다.

개인적, 정신적 차원에서도 똑같은 모델을 적용할 수 있다. 단지 개념만 다르게 정의하면 된다. 경쟁력 강화는 개인적인 측면에서 보자면 행운을 찾을 가능성이 높아지는 것이고, 자선단체의 측면에서 보자면 미션을 달성하는 데 기여도가 높아지는 것이다.

어떤 미래의 기회들을 경쟁자들에게 남겨놓을지를 잘 결정하라

미래의 기회는 절대 그냥 사라지지 않는다. 당신이 이용하지 않는다면 당신의 경쟁자가 이용할 수 있다. 미래의 기회를 실현하는 것이 의미가 있다면, 그 기회는 늦든 빠르든 누군가에 의해 현실화된다.

미래의 기회를 이용하지 않았을 때의 변화나 그 이후의 상황에 대해서도 고려해야 하는 것은 아쉽게도 상식 밖의 일이다. 따라서 그 기회가 당신이나 당신 조직에게 정말로 유용한 것인지, 그 기회가 지나치게 부담스럽거나 채택되기 힘든 것은 아닌지에 대한 의문에 억압받을 필요 없이 미래의 기회를 발전시켜야 한다. 당신에게 오는 모든 기회를 고려하라. 그러면 당신의 경쟁자는 아마도 좀더 자유로워질 수 있을 것이고, 그로 인해 그 기회를 덜 고려할 수도 있을 것이다.

의견을 고루 수렴하고 정리하라

"미래의 기회를 성공적으로 실현할 수 있는가?"에 대한 질문을 평가하기 위해서는, 당신은 무엇보다도 여러 의견들을 수렴해 논의의 주안점들을 정리한 표를 만들어야 한다. 성공에 대한 긍정적인 의견들이나 부정적인 의견들을 모두 수렴해 상호비교하도록 하고, 필요할 경우에는 의견에 경중을 두어야 한다.

찬반 의견들의 차이점을 정리하면 바로 성공의 기대치를 보여주게된다. 여기서는 성공의 가능성에 대해서는 언급하지 않겠다. 푸른 안경과 초록 안경의 정의에 따르면, 관찰되어진 것에 대해 사람들이 어떠한 영향도 미치지 않을 경우에만, 개연성에 대한 판단기준을 적용할 수 있기 때문이다. 미래의 기회를 실현시킬 수 있다는 성공적인 기대는 영향력을 미칠 수 있는 외부의 기준에 전혀 영향을 받지 않지만, 크건 작건 간에 자기 자신의 고유의 활동성이나 잠재력 그리고 능력 여부에 따라서는 달라진다.

극도로 보수적인 관점까지 고려하라

만약 혁신적인 미래의 기회를 실현하는 것이 중요한 문제일 경우에, 대부분의 경영진과 전문가로 이루어진 팀들은 다시 한 번 기회의 실현성에 대한 안정성문제에 매우 의식적으로 접근하게 된다.

사람들은 처음부터 사고의 틀을 벗어나 아주 넓게 사고하기를 원한다. 사고의 범위가 그렇게 충분히 넓지 않기 때문이다. 그리고 기회에 대한 평가가 중요한 문제일 경우, 실제 현장에서는 극도로 보수적인 관점이 접목된다. 물론 충분한 효용성을 얻을 수 있고, 경쟁력 강화에 명백히 도움이 되며, 신속히 실현될 가능성이 있고, 적절한 투자를 요구하며 충분히 예상되는 리스크는 아주 기꺼이 활용되는 평가수단이다.

그러나 이때 아주 넓게 생각해본 혁신적인 미래의 기회는 극도로 보수적 관점에 의한 평가기준에 바로 희생되기도 한다. 당신은 작업을 하면서 직면하는 이 같은 보수적인 자세에 대해 미리 고려해야 한다. 아주 멀리 떨어진 미래를 위해 많은 시간과 돈을 투자하는 것은 예외의 경우라고 할 수 있다.

그럼에도 미래를 더 넓게, 더 멀리 밝히는 것은 중요한 의미를 갖는다. 그럼으로써 훗날 주의를 기울여야 하는 상황에서도 혁신에 대한 중요한 척도를 확실히 만들 수 있기 때문이다.

당신에게 맞는 기대치를 찾아라

자주 발생하는 오해 중 하나는 초록 안경으로 금방이라도 특허를 얻을 수 있는 기회, 노벨상을 수상할 만한 정도의 발견, 그리고 모험적인 혁신을 기대한다는 것이다. 물론 이 모든 것은 이루어질 수도 있지만 발생확률은 낮다. 이러한 발견을 미래의 목표로 삼아서는 안 된다.

아직 실현시키지 못한 것, 그리고 틀림없이 도움이 될 수 있는 것 모두 당신에게 맞는 미래의 기회이다. 하지만 그 미래의 기회로 당신이 참여한 시장에서 새로운 것, 더 나아가서 세계 최초의 것이라는 명성을 얻을 수 있는 행운은 극히 드물다.

현실적으로 생각하고 지난 10년을 되돌아보라. 10~20년 사이에 당신의 기업에서, 당신이 속한 시장에서 어떤 혁명적인 미래의 기회를 발견하고 현실로 만들었는가? 이 질문에 대한 답은 당신이 추구하는 미래가치의 최대치를 보여줄 것이다. 더불어 당신의 기대치에 겸손함을 갖추는 것이야말로 미래경영의 아주 좋은 원칙이 된다.

실전을 위한 체크리스트

다음은 당신이 실제 현장에서 업무를 수행하는 데 필요한 초록 안경을 활용하는 방법을 단계별로 서술한 것이다. 먼저 기업을 경영하고 관리하면서 어떻게 이용해야 하는지 제시해보았다.

• 미래를 위한 팀과 함께 기회를 발전시켜라.

- 기회를 찾아 구축하고자 하는 분야를 정하라. 〈표 12〉에서 당신이 선택할 수 있는 분야의 사례를 찾을 수 있다.
- 기회에 대한 정확한 질문들을 통해서 어떤 기회가 필요한지 명확히 하라. 역시 〈표 12〉에서 이에 상응하는 예들을 찾을 수 있다. 기회에 대한 질문은 미래안경으로 수행하는 당신의 작업에 관한 질문에 해당한다. 당신은 아래와 같은 사고에 대한 질문으로, 당신의 미래에 대한 질문을 획득할 수 있을 것이다.

ⓐ 우리가 좀더 개선시켜야만 하는 사업분야에서 중요한 성공요소는 무엇인가?

ⓑ 최근 우리의 발전을 가장 저해하는 요소는 무엇인가? 이 부문에서 나타나는 새로운 기회들은 가치가 충분히 있는가?

ⓒ 우리 기업이 미래의 전략적 경영활동을 어떻게 해야 하는가에 대한 답변을 얻기 위해서, 백만 달러를 지불할 수 있는가?

- 미래에 대한 가정에서부터 미래의 기회를 발전시켜라. 푸른 안경의 미래가정에서 획득된 실현 가능성, 위협, 결과를 모두 포함한 기회를 확인하는 일은 초록 안경이 책임질 부분이다. 〈표 14〉의 미래에 대한 가정과 기회를 연계한 매트릭스는 미래의 가정과 구축하려는 사업분야가 어떻게 구체적으로 연결되어 있는지 뚜렷하게 보여준다. 이미 존재하는 사업분야뿐만 아니라 새로운 사업분야까지 들여다볼 수 있다.

기회 매트릭스에서 관찰분야 '기술과 방법'에 해당하는 "단순화와 편리함을 추구하는 경향이 강해진다"는 가정은 구축분야 '시스템과 프로세스'에서 기회로 이어질 것이고, 시스템과 프로세스

표 14 가정에서 발전시키는 기회 매트릭스

기회 매트릭스			구축하고자 하는 분야											
			기존 사업분야							새로운 사업분야				
			전략과 경영	마케팅과 세일즈	제품과 솔루션	인간과 문화	시스템과 프로세스	파트너와 공급자	재정과 자원	새로운 시장	새로운 목표그룹	새로운 수익	새로운 방법	?
관찰분야	고객과 요구 범위	미래에 대한 가정 1												
		미래에 대한 가정 2			●					●				
		미래에 대한 가정 3					●							
	기술과 방법	미래에 대한 가정 4									●			
		미래에 대한 가정 5			●									
		미래에 대한 가정 6						●			●			
	시장과 경쟁사	미래에 대한 가정 7							●					
		미래에 대한 가정 8										●		
		미래에 대한 가정 9			●									
	법과 규칙	미래에 대한 가정 10												
		미래에 대한 가정 11								●				

를 간략히 수행하는 프로젝트로 발전할 것이다. 구축분야 '인간과 문화'에서는 단순화 가능성을 인지하도록 구성원들을 교육하고 단순화를 조직문화로 만들 수 있는 기회를 발견할 수 있다. 또한 구축분야 '제품과 솔루션'에서는 생산품의 종류를 줄이고 더 간단하게 모듈화하는 기회를 얻을 수 있다.

• 각각의 미래요소에서 미래의 기회를 발전시켜라. 미래의 모든 트렌드, 기술, 테마 들은 변화를 이끌어내는 에너지이며, 미래기회

의 중요한 원천이다. 〈표 7〉의 미래요소에 대한 체크리스트에 담긴 미래의 기회를 알아채기 위해서는 오랜 시간 충분히 생각해보아야 한다.

당신이 구상한 미래를 〈표 15〉와 같이 미래요소와 기회의 매트릭스를 이용하여 체계화하라. 그러면 당신은 미래요소를 폭넓게 살필 수 있고, 미래요소 각각을 확인할 수 있으며, 주제를 가지고 여러 요소를 묶어서 생각해볼 수 있다. 창조적 기회는 넓은 영

표 15 미래요소에서 발전시키는 기회 매트릭스

기회 매트릭스			구축하고자 하는 분야											
			기존 사업분야							새로운 사업분야				
			전략과 경영	마케팅과 세일즈	제품과 솔루션	인간과 문화	시스템과 프로세스	파트너와 공급자	재정과 자원	새로운 시장	새로운 목표그룹	새로운 수익	새로운 방법	?
관찰분야	기술적 미래요소	미래에 대한 가정 1									●			
		미래에 대한 가정 2					●							
		미래에 대한 가정 3												
	경제적 미래요소	미래에 대한 가정 4									●			
		미래에 대한 가정 5			●		●						●	
		미래에 대한 가정 6												
	사회문화적 미래요소	미래에 대한 가정 7							●					
		미래에 대한 가정 8		●								●		
		미래에 대한 가정 9												
	정치적 미래요소	미래에 대한 가정 10					●						●	
		미래에 대한 가정 11												

역, 깊은 고찰, 우연한 조합에서 나올 수 있다.

- 질문을 통해 기회를 발견하라. 미래를 위한 팀에게만 미래의 기회를 질문하지 마라. 다른 구성원들, 고객들, 각 분야의 전문가들, 컨설턴트들, 파트너들까지 끌어들여라. 그러면 더 많은 아이디어를 충분히 얻을 수 있고 미래작업에서 시간과 노력을 상당히 줄일 수 있다.

- 유사한 것에서 기회를 발견하라. 역사적 상황, 공상과학소설이나 영화, 다른 분야, 다른 지역, 자연환경 등 지금 상황과 유사한 다른 분야의 다양한 것을 살피다보면 좋은 기회를 찾을 수 있다. 과거에 비슷한 도전을 했던 사람들의 전략을 분석하면 전략적 기회를 도출할 수 있고, 현실성 있어 보이고 상상의 기초가 되는 공상과학소설이나 영화를 참고하면 다양한 아이디어나 기회를 얻을 수 있다.

  자신과 비슷한 분야에서 한순간 모든 것을 혁명적으로 바꾼 기술이나 전략, 솔루션, 사업모델, 경영모델에서도 많은 것을 배울 수 있으며 다른 나라, 다른 지역의 문화와 시장에서도 얻을 수 있는 게 많다. 자연환경은 생명공학기술뿐만 아니라 기존의 것들을 혁신적으로 바꾸고, 자기 구성이나 전문화 등의 원리로 기업전략 수립이나 조직 구성 시 자극이 되는 등 기회를 발견하는 데 여러 면에서 도움을 준다.

- 감정 이입을 통해 기회를 발견하라. 이러한 시도는 인류학의 참여관찰부터 혁신적 디자인회사 IDEO가 고안한 여러 가지 감정이입법에 이르기까지 너무나 많이 있어왔다. 하지만 고객의 입장

이 되어 고객의 시선으로 세상을 바라보는 조그만 노력으로도 충분할 때가 있다. 그리고 GE의 이사장을 지낸 오언 영(Owen D. Young)의 말처럼, '다른 입장이 되어보려고 노력하고 다른 이의 생각과 행동을 이해하는 사람'은 미래가 그를 위해 무엇을 준비했든 아무 걱정할 필요가 없다.

- 미래의 기회를 분류하라. 미래기회의 역할과 의미를 기준으로 비전요소, 미션요소, 전략적 가이드라인, 목표, 프로젝트, 프로세스, 시스템, 대안전략 등으로 범주화할 수 있다. 이는 미래전략을 수립하는 데 중요한 역할을 하기도 한다.

- 미래기회의 개관을 만들어라. 구축하고자 하는 분야, 기회에 대한 질문들, 미래의 기회들, 각각의 기회들에 대한 긍정적 의견과 부정적 의견들, 구성요소 각각의 영향 평가, 평가의 평균치, 표준편차를 이용한 미래의 기회들에 대한 분산 등으로 미래의 기회들을 도식화하면 이해하기도 쉽고 설득하기도 좋다.

- 미래의 기회를 평가하라. 미래에 대한 질문들을 통해 그것이 얼마나 적합한지, 경쟁력 강화에 얼마나 기여하는지 등으로 미래의 기회를 평가할 수 있다. '기회의 실현 가능성을 높이는 초록 안경 사용법'에서 또 다른 평가기준들을 찾을 수 있을 것이다. 또한 미래의 기회들 각각에 대한 여러 사람의 의견을 비교하고 대조하여 평가할 수도 있다.

만일 당신 자신을 위해 초록 안경을 사용하고 싶다면, 단순화시킨 다음의 방법을 활용할 수 있다. 앞에서 설명한 경영자를 위한 방법을 사용하는 것도 괜찮다. 이때 문서화하여 확실히 정리해놓아야 한다.

- 기회에 대한 당신의 질문을 설정하라.
- 기회에 대한 질문에 어떤 답이 어울리는지 확정하라.
- 당신이 설정한 미래의 가정에서 어떤 미래의 기회가 나오는지 확인하라.
- 〈표 7〉의 미래요소에 대한 체크리스트에 있는 미래요소들로부터 미래의 어떤 기회들을 알 수 있는지 확인하라.
- 친구들, 동료들 그리고 가족 구성원들에게 당신의 미래에 대해 질문하고, 그 답으로 미래의 어떤 기회들을 예측하는지 확인하라.
- 직업 만족도나 성공 기여도에 따라 미래의 기회들을 평가하라.
- 미래의 기회에 대한 개관을 복식부기 기장방식으로 작성하라.

핵심정리 – 초록 안경

목표 실행 가능한 기회들을 인식하게 한다.

작업 단계와 핵심질문
- 기회 발견
- 우리는 어떤 미래의 기회들을 가지고 있는가?

의미와 목적
- 미리 실행하고 더 많이 성취할 수 있다.
- 성공의 기회를 빠르고 효율적으로 발견하게 한다.
- 경쟁자가 무엇을 할 수 있는지를 더 잘 볼 수 있다.
- 위험과 위협을 기회로 전환할 수 있다.
- 미래의 발전들을 더 잘 이용할 수 있다.
- 당신의 미래전략을 위한 요소들을 만들어낼 수 있다.
- 당신은 의욕과 자신감을 배가시킬 수 있다.

사고수칙과 원칙
- 자기경쟁력을 높이는 기회로 만들어라.
- 개선될 수 있다는 것을 믿어라.
- 당신의 잠재의식을 자극시켜라.
- 초보자의 무한 가능성을 잊지 마라.
- 비판을 줄이고 창조에 익숙해져라.
- 현재시장에서 강점을 강화하라.
- 기회는 초기에 잡아라.
- 큰 기회는 큰 위험부담을 수반하고 그 반대도 성립한다.
- 전혀 새로운 미래라는 함정을 조심하라.
- 기회를 이용하지 않고 성공할 수는 없다.
- 장기적인 성공을 원한다면 모방을 경계하라.

- 미래의 기회를 단순화하라.
- 변화와 경쟁력우위 사이의 균형을 맞춰라.
- 제한된 조건 안에서 기회의 가치를 평가하라.
- 어떤 미래의 기회들을 경쟁자들에게 남겨놓을지를 잘 결정하라.
- 의견을 고루 수렴하고 정리하라.
- 극도로 보수적인 관점까지 고려하라.
- 당신에게 맞는 기대치를 찾아라.

사고대상
- 기회에 대한 질문
- 실현 가능한 미래의 기회들
- 미래의 기회들이 수반하는 위험

전통적 방법
- 영향 분석
- 형태학
- 창조적 방법
- 강조

행동양식
- 당신의 미래 팀과 함께 기회를 발전시켜라.
- 기회를 찾아 구축하고자 하는 분야를 정하라.
- 기회에 대한 정확한 질문들을 통해서 당신이 원하는 기회를 명확히 하라.
- 미래에 대한 가정으로부터 미래의 기회들을 발전시켜라.
- 각각의 미래요소들로부터 미래의 기회들을 발전시켜라.
- 질문을 통해서 기회를 발견하라. 주변의 모든 사람들까지 질문에 끌어들여라.
- 분석을 통해서 기회를 발견하라.
- 강조를 통해서 기회를 발견하라.
- 유사한 것에서 기회를 발견하라.
- 미래의 기회들을 분류하라.
- 미래기회의 개관을 작성하라.

결과 선택의 정도에 따라서 50에서 500개까지의 기회들을 포함하고 이를 체계적으로 평가한 기회 개관표가 완성된다.

비전을 만드는
노란 안경

원하고 동경하며 현실로 만들려는 비전이 없으면 기업이든 조직이든 개인이든 더 나은 미래, 더 좋은 미래를 만들기 위해 노력하려는 동기도 없을 것이다. 수많은 연구에 따르면, 기업의 탁월한 성과 역시 기업의 미래에 대해 많거나 적거나 명확한 생각, 즉 비전을 가지고 움직인 데서 기인한다.

CHAPTER
3

PRISM

"비전 없이는 계획을 세울 수도 삶을 살아갈 수도 없으며
다음 순간 나아갈 방향을 잡을 수도 없다."
– 호르스트 오파쇼브스키(Horst Opaschowski), 독일의 여가학자

전략적 비전은
나아갈 미래를 비추는 등대와 같다

자, 이제는 노란 안경을 써야 할 차례다. 대형범선 선장인 당신은 노란 안경을 쓰고, 초록 안경으로 본 수많은 목적지 중 하나를 최종 목적지로 결정해야만 한다. 노란 안경의 색깔은 태양을 향한 항해라는 아름다운 이미지에서 파생되었다.

선장은 '어떤 태양', 즉 '어떤 비전'을 향해 나아가기 원하는지 스스로 결정한다. 당신은 노란 안경을 통해 당신이 실현하기를 원했던 미래를 본다. 당신이 초록 안경으로 인지했던 미래의 기회들을 조합한 것이 바로 당신의 기업 또는 삶을 위한 '전략적 비전'이 된다.

수많은 연구들은, 기업의 탁월한 성과는 기업이 자신의 미래에 대한 명확한 생각을 갖는 데서 기인한다는 사실을 증명하고 있다. 따라

서 전략적 비전은 일과 삶에서 5년, 10년 그리고 그 이상의 시간이 지난 후 어떻게 펼쳐질지 하나의 그림으로 그려질 만큼 명확해야 한다. 그리기 쉬울수록, 기억하기 쉬울수록 오류를 줄여 효율적이고 간단하게 현실화할 수 있다.

여러 사람과 1,000개의 조각 퍼즐을 맞추는 일은 상당히 재미있다. 하지만 완성된 그림을 보지 못한 채 퍼즐을 맞추려 한다면 굉장히 비효율적으로 진행될 것이다. 이때 리더가 있다면 더 쉽고 효율적으로 맞출 수 있도록 퍼즐의 큰 그림, 즉 전략적 비전을 제시할 것이다.

사람들을 매료시키고, 그들에게 방향성을 제시하고, 그들의 전략과 동일시될 경우에, 전략적 비전은 성공한다. 전략적 비전은 '등대로서의 역할'을 함과 동시에 그들에게 정신적 초점을 맞출 수 있는 가능성을 제공하는 것이다

투자에서 생산현장까지,
노란 안경은 어떤 효과를 가져왔나?

비전은 수세기를 거치면서 세상의 흐름을 결정해왔다. 모세는 '축복의 땅'으로 가는 길을 비전으로 제시했고, 카를 대제, 나폴레옹 등 수많은 지도자들은 거대한 제국 건설을 비전으로 가졌다. 존 F. 케네디(John F. Kennedy)는 미국인을 달로 보내고 싶어 했으며, 로널드 레이건(Ronald Reagan)은 고르바초프(Gorbachev)가 베를린장벽을 허무는 것을 볼 수 있기를 원했다. 또한 애플은 컴퓨터의 대중화를 꿈꿨다.

이러한 많은 예들은 비전이 갖는 힘이 부정적이기보다는 긍정적이고, 파괴적이기보다는 건설적으로 사용될 수 있다는 사실을 상기시킨다. 즉 자신이 원하는 것이 무엇인지 명확히 알고, 그것이 마음에 와 닿도록 의사소통할 수 있는 방법을 아는 사람들이, 자신은 물론 많은 이들을 그 비전 아래 이끌 수 있는 힘을 가짐을 보여준다.

사례 1 쓰러지는 공룡 IBM에게 필요한 것은 비전이었다

루이스 거스너(Louis V. Gerstner)는 1993년부터 2002년까지 IBM의 CEO였다. 그가 CEO 자리에 올랐을 때, IBM은 설립 이래 가장 어려운 위기에 직면해 있었다. 핵심사업인 대형컴퓨터 사업은 이미 시대에 뒤떨어져 있었고, 머지않아 사업 자체의 운영을 포기해야 할지도 모르는 절박한 상황이었다. 더 이상 IBM에겐 어떠한 비전도 남아 있지 않다고 모두들 입을 모았다. 그런데 이 시기에 거스너가 한 말은 바로 다음과 같은 말이었다.

"IBM에게 마지막으로 필요한 것은 다름 아닌, 비전이다."

그리고 그는 곧 이어 아주 도전적인 전략적 비전을 제시했다.

"IBM은 대형컴퓨터 생산회사에서 IT 통합회사로 발전해야만 한다. 그리고 서비스에 특히 더 집중해야 한다."

거스너는 IBM의 모든 활동을 즉각 이 비전에 맞추었고, 이로써 '경제 역사상 가장 괄목할 만한 흑자 전환'이라는 놀라운 성과를 거두었다. 1993년 IBM 전체 매출의 15퍼센트에 불과했던 서비스 부문은, 그가 CEO에서 물러날 당시인 2002년에는 전체 매출의 45퍼센트를 차지하기에 이르렀다.

사례 2 다임러벤츠의 전략적 비전 변천사

앞서 '푸른 안경'에서 살펴보았던 다임러벤츠의 이야기를 다시 꺼내보자. 1987년부터 1994년까지 다임러벤츠의 회장이었던 에드자르드 로이터는 "자동차사업은 더 이상 성장하지 않을 것이며 위험과 기회를 서로 상쇄하기 위해서는 다른 영역으로 사업을 다각화해야 할 것"이라는 미래에 대한 가정을 확정했다. 그리고 '통합적 기술력을 갖춘 콘체른'이라는 비전을 제시하며 사업을 확장시켰다. 하지만 무리한 사업 확장을 통해 그룹 전체의 재정이 악화되었고, 결국 자회사 일부를 매각해야 했다.

로이터에서 위르겐 슈렘프로 회장 자리가 넘겨진 1995년, 다임러벤츠는 30억 유로 가량의 손실액을 기록했다. 그나마 세계 자동차시장에서 가장 강력한 브랜드 중 하나인 메르세데스(Mercedes)의 성과 덕분에, 이 정도 손실액에 그쳤던 것이다.

1995년부터 2005년까지 회장으로 있으면서 슈렘프는 집중경영으로 자동차부문을 다시 한 번 부상시켰다. 슈렘프 역시 야심적인 비전, 즉 "아주 다양한 브랜드의 생산라인을 갖춘 진정한 글로벌 플레이어이자 잠재적인 시너지를 극대화하는 세계 주식회사"란 비전을 내놓았다. 이 비전은 "소수의 거대 자동차회사만이 살아남을 수 있는 기회를 가질 것"이라는 미래에 대한 가정에 근거를 둔 것이다.

1998년 슈렘프와 경영진들은 크라이슬러와 다임러벤츠를 다임러크라이슬러로 합병시켰다. 더 나아가 미쓰비시(Mitsubishi)자동차에 상당한 규모로 지분참여를 했고, 현대자동차에도 소규모로 지분참여를 했다. 당시 슈렘프는 크라이슬러의 회장이었던 로버트 이튼(Robert Eaton)과 공동으로 기업을 이끌어가지만, 다음에는 홀로 이끌어나갈 것이라고 했다. 슈렘프의 말은, 이런 결정을 내릴 때 어떤 동기가 담겨 있는지를 암시하는 것이다.

우리는 여기서 독일의 경제학자 헤르베르트 기어슈(Herbert Giersch)가 합병을 "경영에서의 지적 결여"라고 지적했다는 사실을 떠올려야 한다. 기업을 시가총액으로 측정해보면, 다임러벤츠의 환상적인 전략은 결국 전례 없는 재정적 큰 파국으로 이어졌다. 다임러크라이슬러의 주식가치는 대략 3분의 1로 떨어졌다. 크라이슬러는 합병 이후 4만 개의 일자리를 잃었고, 주식가치 역시 급락했다. 합병의 목적이 주식가치 상승이었음에 불구하고 말이다. 주식시장이 급격히 성장하는 동안 다임러크라이슬러의 기업가치 3분의 2는 온데간데없이 사라져버렸다.

이러한 사례는 전략적 비전에서 발생될 수 있는 엄청난 여파를 보여주는 것이다. 동시에 비전이 무모하리만큼 혁신적인 모험이 아니어야 한다는 사실을 보여주는 것이다. 우리는 '보수적인 비전'이 최선일 수 있다는 사실을 명심해야 한다.

사례 3 트리어 시의 2020년 비전

새천년이 시작된 지 얼마 지나지 않아 필자는 독일의 가장 오래된 도시 중 하나인 트리어 시로부터 전략적 비전 작업을 의뢰받았다. 이 작업은 헬무트 슈뢰어(Helmut Schröer) 시장과 주요 부서의 리더들, 그리고 경제·사회·문화분야의 대표적 인사들과 함께 공동작업으로 추진되었다.

트리어 시의 전략적 비전은 5가지 미래안경과 엘트빌러 모델을 토대로 광범위하게 완성되었다. 2020년을 위한 목표를 세우고, 여러 개의 분야를 나누어 계획을 구체화했다. 〈표 16〉은 트리어 시의 비전 중 일부를 정리한 것으로 중장기 재정 및 투자계획, 토지 활용계획, 실행 가능한 부문별 계획들로 이루어졌다. 이로써 트리어 시는 일관성 있게 계획하고, 결정하고, 실행할 수 있는 체계를 확립하게 되었다.

표 16 트리어 시의 2020년 비전

분야	2020년을 위한 비전요소들
인간과 환경	• 10만 명의 주민이 거주하며, 연령구조와 소득구조가 안정된다. • 자녀가 있는 가족에게 매력적인 도시가 된다. • 트리어 시의 환경가치가 높게 평가된다. • 사회, 문화, 경제활동의 중심이 된다. • 교통 인프라가 요구에 맞게 잘 발달된다. • 경험할 수 있는 문화가 정착된다.
경제	• 세계적으로 널리 알려진 독일의 오래된 도시 중 하나가 된다. • 유럽에서도 매력적인 학문과 교육의 장이 된다. • 경제활동과 물류에서 경쟁력 있는 도시가 된다. • 오래된 기업이 많은 도시가 된다.
주민과 행정 관리	• 시 근교와의 공동 문화공간 및 공동 경제활동이 발전된다. • 행정기구는 기업처럼 효율적으로 조직되고 운영된다. • 주민들은 지역사회에 스스로 참여한다. • 트리어 주의 협력이 원활히 이루어지는 지방자치단체 중 하나가 된다. • 재정이 균형을 이룬다.

사례 4 코펜하겐 컨센서스의 500억 달러짜리 비전

만약 세계의 복지 향상을 위해, 특히 개발도상국의 복지를 향상시키기 위해 500억 달러를 사용할 수 있다면, 어떤 것이 가장 좋은 방법일까? 어디에 투자되어야 하는가?

《회의적 환경주의자 *The Skeptical Environmentalist Measuring the Real State of the World*》라는 책으로 유명한 비외른 롬보르(Björn Lomborg) 코펜하겐경영대학 교수는, 이 문제에 대한 답을 구하기 위해 2004년 코펜하겐 컨센서스(Copenhagen Concensus)라는 단체를 조직했다.

노벨상 수상자 3명을 포함한 8명의 세계적 경제학자들로 구성된 이 단체는 '오늘날 지구촌이 가장 시급히 해결해야 할 과제'와 '이 과제를 해결할 수 있는 가장 경제적인 방법'을 우선순위를 매겨 발표했다. 이들에 따르면, 에이즈의 치료와 감시, 감독이 가장 중요한 문제이며, 여기에 투자하면 2010년까지 2,800만 명 정도의 에이즈 발병을 막을 수 있을 것이라고 했다. 여기에 드는 비용은 약 270억 달러에 이를 것이며, 그 효용은 거의 40배에 달할 것이라는 게 그들의 주장이었다.

의외의 사실은 교토협약 같은 기후 보호조치가 낮게 평가되었다는 점이다. 코펜하겐 컨센서스가 발표한 '지구촌 핵심과제 10개'를 보면 에이즈, 영양실조, 무역 자유화, 말라리아, 기근, 깨끗한 물의 부족, 관개(灌漑), 이민, 유아 사망, 지구 온난화의 순으로, 지구 온난화가 가장 하위에 랭크되어 있다는 사실을 확인할 수 있다. 이는 온실가스를 감축하는 데 드는 비용이 막대하게 높은 반면, 온실가스 감축으로 얻는 경제적 효용은 질병이나 영양실조 같은 다른 문제를 해결함으로써 발생하는 효용에 비해 상대적으로 낮기 때문이었다.

코펜하겐 컨센서스는 인류 미래의 기회에 우선순위를 매기고 전략적 비전을 제시했다. 그리고 각국 정부와 국제기구에게 비전을 이루기 위한 행동방침을 밝혔다.

노란 안경의 8가지 역할

노란 안경을 통해 당신은 당신의 기업과 당신 삶의 장기적인 그림을 볼 수 있다. 합리적이고 경제적일 뿐 아니라, 감성적으로 관찰해도 노란 안경은 긍정적인 효과를 갖고 있다.

노란 안경 단계에서는 비전과 함께 미션과 전략적 가이드라인도 정해진다. 미래의 발전에 따라 확실하게 작성되고 대부분의 직원들에게 알려진 전략적 비전은, 그 어떤 다른 방안보다도 기업의 경영성과에 심대한 영향을 미친다. 기업 또는 조직처럼 복잡한 시스템은 프로젝트, 프로그램, 그리고 여러 방안 등이 따로따로 활용되어서는 실행될 수 없다. 당신의 모든 활동은 본질적으로 미래에 대한 공통적인 이미지에 부합해야 한다. 기업이 어느 방향으로 성장해야 하는지 알지 못한 채 조직, 생산, 영업, 직원 만족 또는 고객 만족을 따로 개선시키는 것은 아무런 의미가 없다.

전략적 비전이라는 의미에서, 장기적 목표에 대한 이미지는 방향성을 제시한다. 비전은 목표의 정합성(整合性), 목표의 일관성, 목표의 조화성, 그리고 목표의 실현성과 해결책을 위한 중장기 행동지침을 이끌어낸다. 전략적인 기업경영 계획은 전략적 비전 없이는 의미가 없다. 자세히 기술되고 충분히 유연한 전략적 비전은, 기업경영이나 인생에 있어 전략적 계획의 효과를 충분히 얻을 수 있는 실천적 단계.

명확한 비전을 가지고 있다면, 아주 빨리 그리고 즐겁게 전진할 수 있다. 만일 당신의 팀이 공동의 명확한 비전을 가지고 있다면, 함께 소망했던 미래를 이루고 감격을 나눌 수 있을 것이다.

원하는 방향으로 조직을 이끈다

비전은 전략적이고 실천적인 의사결정을 위한 토대를 구성하며, 특히 좋은 전략적 비전은 등대 역할을 한다. 목표를 제시하고 지시를 통해 목표를 달성하는 것보다는, 전략적 비전을 제시해 목표로 이끄는 것이 더 쉽고 효율적인 방법이다.

전략적 비전을 통해 당신의 직원과 동료는 창조성과 성취능력을 공동의 목표와 프로젝트에 집중할 수 있게 된다. 사실 기업에서 혁신을 하거나 변화를 도모하고자 할 때 아주 탁월한 방법 중 하나는, 혁신을 주도적으로 이끄는 이들의 초점을 가능한 한 좁혀주는 것이다. 전략적 비전은 바로 그들로 하여금 공략해야 할 초점을 뚜렷하게 선택할 수 있게 하고, 동시에 모든 구성원들을 일사분란하게 이끌 수 있는 힘을 제공한다.

또한 조직에 속한 개개인들에게는 자신의 분야에서 자신이 해야 할 본분과 사명을 인식할 수 있게 해준다. 연구 개발자는 비전에 맞는 제품을 개발하고 문제를 개선하기 위해 노력할 것이고, 회계 담당자는 비전 달성에 도움이 되도록 대차대조표 작성 시 올바른 선택을 할 것이며, 판매 담당자는 고객들에게 최고의 성과를 유지하는 회사라는 이미지를 심어줄 것이다. 또한 각 책임자들은 비전 달성에 기여하기 위해 자기 분야의 일을 계획하고 실행할 것이다.

물론 이러한 조화는 이론적인 것이며, 현실에서 조화를 이루려면 많은 참여, 반성 및 성찰 그리고 의사소통이 요구된다. 하지만 분명한 사실은 비전 없이는 조화를 이루지 못할 뿐 아니라, 대부분 매우 많은 갈등을 야기한다는 것이다.

오늘날 우리는 그 어느 때보다도 많은 가능성을 가지고 있지만, 안타깝게도 우리가 스스로 조정할 수 있는 요소는 점점 더 줄어들고 있다. 그 때문에 걱정이 늘고 속수무책의 상황에 빠진다. 하지만, 포기는 이르다. 좋은 전략적 비전은 복잡성을 줄여주어 명확한 방향을 제시해주니 말이다!

전략적 비전은 직원들이나 동료들이 당신이 가고자 하는 곳으로 따라나서길 원하는지 그렇지 않은지 명확하게 알려준다. 수년간 이어져온 갈등들도, 명료한 인식을 갖고 일정한 방향으로 나아갈 수 있는 길을 제시함으로써, 비교적 쉽게 해결할 수 있다.

상상하는 미래를 실현한다

전략적 비전을 개발하는 것과 실현시키는 것, 이것은 가장 가치 있는 당신의 권리 중 하나이다.

정신이 물질을 창조해낸다. 전략적 비전을 개발하는 것은 원인과 결과를 상상으로 바꾸어보는 것을 의미한다. 마음속으로 생생하게 미래의 결과를 그려보면, 당신은 그 결과를 이끌어낼 수 있는 '원인'들을 만들어낼 수 있다. 인간의 정신은 이 세상에 나타나는 대부분의 중요한 영향을 초래하는 원인이다. 그 영향이 미치는 곳이 자신의 단독주택이건 기후 변화이건 간에 말이다.

　우리의 삶은 우리의 사고와 감정이 만들어낸 결과이다. 엄밀한 의미에서 정신적 훈련이 무엇을 의미하는지를 이해하기 위해서는 우리는 먼저 스포츠 훈련방법에 대한 현대적인 지식이 필요하다. '기록의 한계를 극복할 수 있다', '다음 허들을 넘을 수 있다', '상대팀을 이길 수 있다'고 생각하는 사람들은 최소한 그것을 이룰 수 있는 전제조건을 만들어낸 것이다. 그러므로 비전은 기업이나 더 나아가 국가 차원에서도 정신 훈련을 위한 최고의 단초가 되어준다.

도표 11 전략적 비전의 영향력

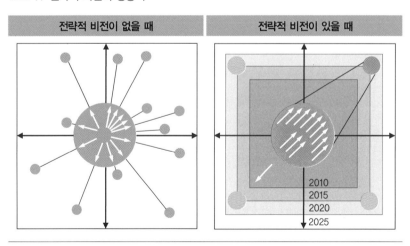

네덜란드의 사회학자이며 미래학자인 프레드 폴락(Fred Polak)은 '국민들의 비전의 합이 국가의 장래에 어떤 의미가 있는지'를 연구하며 일생을 보냈다. 그리고 그는 "문명을 성공시키는 일차적 요인은 사람들이 미래에 대해 가지고 있는 '집단적 비전'이다"라는 결론을 내렸다.

조직과 개인의 능력을 최대화한다

2인 공구회사를 5만 5,000명의 직원을 거느린 세계적인 기업으로 성장시킨 라인홀트 뷔르트의 이야기를 기억하는가? 그는 자신의 기업 뷔르트에 발전적이고 도전적인 비전을 지속적으로 제시했다. 특히 그는 뷔르트의 구성원들이 초심을 잃지 않도록 모든 노력을 기울였다.

기업은 끊임없이 만들어지고 존재하고 사라진다. 뷔르트에서 일하는 사람들은 늘 경쟁에서 정체되는 순간 후퇴할 거라고 생각했다. 도전적인 비전이 없었다면 약간의 성공에 만족했을 것이고, 작업 강도를 한두 단계 낮췄을 것이다.

간절히 원하는 비전 없이는 성과도 거둘 수 없다. 노란 안경은 조직과 개인의 잠재능력을 개발하고 발현할 수 있도록 도와준다.

올바른 결정을 유도한다

독일의 화학자 유스투스 폰 리비히(Justus von Liebig)는 1843년 '최소인자 결정의 법칙'을 내놓았다. 식물 발육은 가장 부족한 영양소에 의해 결정된다는 이론인데, 설명하자면 이렇다. 식물이 성장하는 데는 각 단계마다 필요한 성분이 있고, 정상적으로 자라나려면 모든 영양분을 골고루 공급받아야 한다. 그런데 어떤 단계에서 한 가지 성분이 부족하면, 다른 여러 성분들을 아무리 많이 제공해도 다음 단계로 성장할 수 없고, 결국 식물이 제대로 자라나기가 어렵다.

경영 컨설턴트 볼프강 메베스(Wolfgang Mewes)는 이 법칙을 토대로, 부족한 부문에 집중하는 경영전략을 창안해냈다. 이 전략에서 중요한 것은 가장 먼저 비전을 만들어야만 한다는 점이다. 장기적으로 추구하고자 하는 발전의 목표를 알아야 비로소 당신은 어느 시점에 무엇이 부족한지를 알 수 있다. 비전이 없으면 문제도 없다! 만일 기업을 어떤 방향으로 발전시킬 것인가를 알지 못한다면, 발전 과정에서 가장 강력한 방해요소가 무엇인지도 알 수 없는 것이다.

전략적 비전은 올바른 결정을 하고자 하는 당신을 도와준다. 확고한 전략적 비전이 있다면 당신 회사의 구성원 모두는 모든 결정, 기회, 아이디어 그리고 의문들이 자신과 기업을 비전을 달성하는 길로 이끌어주는지 아닌지 점검할 수 있다.

변화를 주도하도록 돕는다

전략적 비전으로 당신은 현재뿐 아니라 미래의 개발이 어떤 영향을 미칠지 점검할 수 있다. 또한 전략적 비전으로 시장과 경쟁자들에게 변화의 필요성이 알려지기 전에, 먼저 변화를 이끄는 기회를 얻을 수도 있다. 그래서 다른 이들이 변화의 필요성을 생각하기도 전에 당신은 그것을 행동으로 옮길 수 있다. 경쟁자들보다 먼저 현실화할 수 있는 사업을 알아차리는 사람은 자신이 원하는 만큼 도약한다.

전략적 비전은 미래를 향해 움직이는 위성과도 같다. 그 위성으로 당신은 미래의 주변 환경 변화에 따른 기회와 위험을 미리 인식하고 판단할 수 있다.

위기에도 확신을 잃지 않게 한다

아우슈비츠 수용소를 체험한 것으로 유명한 정신과의사 빅터 프랭클 (Viktor E. Frankl)은 저서 《죽음의 수용소에서*Man's Search for Meaning*》를 통해, 인간을 '의미를 찾아가는 존재'로 규정한다. 사람들을 용기 있게 만들기 위해서, 그리고 자살할 위험이 있는 사람을 삶의 기쁨을 추구하는 사람으로 만들기 위해서 그들에게 삶의 의미를 제시해야 한다는 것이다. 그들에게 미래는 현재보다 더 좋아질 것이라는 믿음을 주어야만 한다는 것이다.

프랭클이 이야기한 삶의 의미와 미래에 대한 믿음은 전략적 비전과 일맥상통한다. 신뢰할 만한 전략적 비전은 좀더 나은 미래를 기대하게 한다. 현재의 어려움과 의심을 견디고 감수할 수 있도록 돕는 것이다. 반면 좋은 시기가 올 때까지 기다리게 하는 모든 거짓된 시도는, 얼마 가지 못해 그 실체가 드러나고 원하는 효과와는 정반대의 효과를 내게 할 것이 자명하다.

만일 기업이 생존을 위협받는 위기상황에 직면해 있다면, 전략적 비전은 두 번째로 취할 중요한 조치라 할 수 있다. 가장 중요한 조치는 유동성을 공급해 기업의 존재를 안정시키는 것이다. 그다음으로 전략적 비전을 통해 구성원들에게 나아갈 방향을 명확히 제시하고, 가능한 빨리 그리고 효과적으로 위기에서 벗어날 수 있도록 해야 한다.

경쟁에서 차별화를 이룬다

전략적 비전의 효과에 대한 지식이 실제 현장에서 얼마나 적게 사용되고 있는지를 알면, 아마 놀라움을 금치 못할 것이다. 각 기업들이 장중하게 경종을 울리는 문장들을 소위 비전이라고 제시하고 있지만, 여기서 말하는 전략적 비전과는 거리가 있다. 바로 이러한 이유로 전략적 비전이 갖고 있는 수많은 긍정적 효과를 활용하는 것은, 큰 차별화를 이룰 수 있는 기회다!

당신이 많은 비전 후보들 중에서 열정을 불러일으키고 실현 가능한 전략적 비전을 개발한다면 시장에서의 차별화는 확대될 것이다.

장기적인 이윤을 창출한다

전략적 비전을 가진 기업과 가지지 않은 기업 중 어느 쪽이 시장에서 더 많은 성과를 거둘 것인가? 전략적 비전을 가진 사람과 가지지 않은 사람 중 어느 쪽이 인생에서 더 많은 성공을 거둘 것인가? 이러한 질문에 대한 연구 결과는 당신이 예상하는 그대로다.

미국의 기업연구가 짐 콜린스(Jim Collins)와 제리 포라스(Jerry Porras)는 "성공이 넓은 의미에서 재정적인 이윤과 반드시 일치하지는 않지만, 성공을 재정적 이윤에 맞추어 측정할 경우 전략적 비전이 뚜렷한 성과를 이끌어낸다"라는 연구 결과를 발표했다. 이는 전략적 비전을 가진 18개의 기업과 단기적 이윤을 목표로 한 18개 기업을 장기간에 걸쳐 비교한 결과다. 장기 이윤 창출이란 측면에서 측정한 결과, 비전을 가진 기업들은 그렇지 않은 기업에 비해 실제로 성과가 더 높았다.

노란 안경의 사고대상

노란 안경으로 전략적 비전뿐만 아니라 미션, 전략적 가이드라인 작업을 세밀하게 할 수 있다. 전략적 비전, 미션, 전략적 가이드라인, 이 3가지는 미래를 예측하고 추구하고 이루도록 노력하게 만든다.

노란 안경의 모든 사고대상은 미래의 하나 또는 수많은 기회에 근거를 두고 있다. 아주 작은 기회라도 높게 평가하라.

도표 12 노란 안경과 사고대상

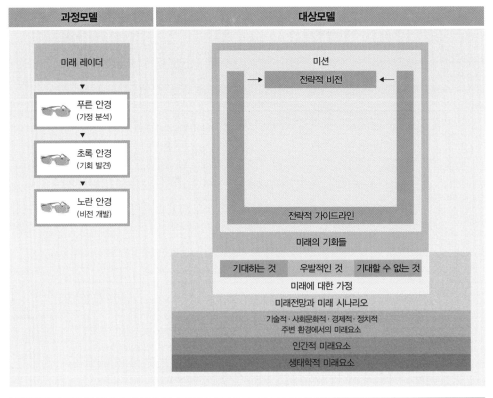

비전에 대한 질문

노란 안경으로 우리는 비전을 개발할 수 있다. 〈표 17〉은 전략적 비전을 개발하기 위해 핵심이 되는 질문들이다. 이 질문들은 각자의 현장에 맞게 구분하여 답해야 하며, 전략을 결정하는 데 바탕이 된다.

표 17 비전에 대한 질문들

실현분야	질문
전략과 경영	• 어떤 시장에서 활동하고 있는가? • 과거에 어디에 투자했는가? • 경쟁자들과 어떤 점에서 긍정적으로 다른가? • 어떻게 하면 최고 수준에 도달할 것인가?
마케팅과 세일즈	• 고객들이 우리의 서비스에 왜 기뻐하는가? • 어떻게 효과적으로 고객을 획득하고 유지하는가? • 우리는 왜 파트너와 사회에 매력적인가?
생산과 영업활동	• 고객들에게 어떤 특별한 효용을 제공하나? • 우리의 어떤 활동이 호응을 얻는가? • 우리는 어디서 이윤을 얻었고 어떻게 확대했는가?
인간과 문화	• 시장에서 가장 유능한 인재를 어떻게 확보할 수 있는가? • 우리는 어떤 문화를 자랑스럽게 여기는가?
시스템과 프로세스	• 무엇이 우리를 효율적이고 적극적으로 만드는가? • 우리는 좋은 유연성 척도를 어떻게 유지하는가? • 우리가 일하는 환경은 어떻게 보이는가?
파트너와 공급자	• 협력업체와 어떻게 협업하는가? • 어떤 파트너와 어떻게 협업할 것인가?
재정과 자원	• 질적, 양적 성장을 위해 어떻게 자금을 조달했는가?

전략적 비전

전략적 비전은 매혹적이고 공동으로 추구하며 실현 가능한 미래의 구체적인 이미지이다. 전략적 비전을 한 문장으로 요약한다면, 다음과 같을 것이다. "2018년 우리는 전 세계 맞춤화장품 개발자 중 가장 먼저 생산하고 유통하는 업체가 될 것이다."

전략적 비전은 미션, 전략적 가이드라인과 함께 조직의 미래를 위한 예측의 토대를 만든다. 그러므로 비전은 미래의 기회에 근거를 둔 비전요소들의 총체라고 할 수 있다. 1960년대 말까지 달에 인간을 보내고 귀환시키겠다는 비전을 구체적으로 구상하고 수립하기 전에, 존 F. 케네디는 그것이 현실적으로 가능하고 정치적·사회적·군사적으로 아주 많은 이득을 가져오는 일임을 알고 있었음에 틀림없다.

당신은 당신의 사업에서 세계 챔피언이 된다는 비전을 작성하기 전에, 언젠가 세계 챔피언에 도달할 수 있다는 기회를 먼저 인식해야 한다.

전략적 비전에 깊이를 더하는 미션

비전, 미션 그리고 가이드라인은 다음의 예로 구분할 수 있다.

- 비전 : 20××년에 우리 기업은 어떤 모습을 보여주어야 하는가?
- 미션 : 미래에 우리 기업은 무엇을 위해 존재해야 하는가?
- 가이드라인 : 우리는 향후 어떻게 결정하고 행동하기 원하는가?

미션은 비전을 실현하기 위한 틀을 만든다. 어느 시기까지, 어떤 수준까지 비전을 실현할지 한계를 두는 것이다. 미션은 기업이나 조직의 '영원한 임무'이며 '존재 이유'이다.

비전은 미션의 틀 안에서 창출하고자 하는 미래이다. 당신의 비전은 특별하고 탁월한 방법으로 미션을 다룬다. 미션이 경기라면 비전은 선수이다.

"우리는 사고로 인한 고객들의 경제적 부담을 줄인다." 보험사라면 이러한 미션을 내세울 것이다. "다른 경쟁자들보다 미래에 대해 더 많은 것을 볼 수 있도록 돕는다." 나와 같은 일을 하는 동료들이라면 이러한 미션을 가질 것이다. 하지만 개인의 미션은 대부분 명확하지 않다. 대부분의 사람은 단 하나의 목표만을 추구하면서 살지 않기 때문이다.

전략적 가이드라인

가이드라인은 비전을 달성하기 위한 노력을 유지하도록 하는 원칙이다. "우리는 매출액의 5퍼센트를 연구 개발에 투자한다." 이러한 것이 바로 가이드라인이다. 가이드라인은 3가지 차원으로 구분된다.

- 규범적이고 전략적 차원
- 문화적이고 전략적 차원
- 실천적이고 전략적 차원

미션 안에서 비전을 확립하는 노란 안경 단계에서는 규범적이고 전략적 차원, 문화적이고 전략적 차원의 가이드라인이 이용된다. 실천적이고 전략적 차원의 가이드라인은 보라 안경 단계에서 쓰인다.

전략적 비전을 강화하는 노란 안경 사용법

원하는 미래를 위한 노란 안경은, 고전적 의미에서의 미래연구에서는 의미가 매우 적다. 하지만 실제 미래경영에서는 절대적으로 필요하다.

노란 안경은 행위자가 원하는 미래에 대한 규범적인 이미지를 제공하여 미시적인 시각으로 세상을 보게 하며, 근본적으로 내부 지향적인 관점을 갖게 한다. 또한 노란 안경은 복합적인 특징을 띤다. 즉, 낙관적인 동시에 현실적이며, 창조적인 동시에 비판적이고, 직관적인 동시에 분석적이며, 경험적인 동시에 발전적이다.

의사결정의 가이드로 이용하라

노란 안경은 의사결정을 통해 특징지어진다. 노란 안경을 통해 본 가장 중요한 결과인 전략적 비전은, 추구하고자 하는 방향을 위하여 미래의 발전 가능성에 대해 철저히 우선순위를 정한 다음에 결론을 낸 결과물이다. 대형범선 선장이 노란 안경을 통해 가능한 목적지들 중 하나를 결정하는 것처럼, 다른 수많은 방향에 강력히 대응하면서 한 가지를 결정하는 것이 가장 중요한 문제다.

《성공하는 사람들의 7가지 습관The 7 habits of highly effective people》의 저자 스티븐 코비(Stephen Covey)의 말을 빌려 이를 표현하면, 노란 안경 단계에서는 어떻게 산을 오를지가 아니라 어떤 산을 오를지를 결정하는 것이 중요하다. 여기서 우리는 세네카의 이야기에 다시 한 번 귀를 기울일 필요가 있다. "자신이 가고자 하는 항구를 알지 못하는 사람에게는 어떠한 바람도 도움이 되지 않는다."

좋은 전략적 비전은 리스크와 돌발상황에서도 자유로울 수 있으며, 매혹적이고 공동으로 추구하고 현실화시킬 수 있는 미래에 대해 아주 간결하고 구체적인 그림을 보여준다. 하지만 명확한 의사결정과 방향 제시가 없는 비전, 즉 수많은 잠재적인 옵션과 방향을 포함하는 비전은 무용지물에 불과하다. 이런 비전은 로마로 향하는 서로 다른 3가지 길을 알려주는 교통 표지판과 다르지 않은 것이다.

따라서 당신의 미션과 전략적 비전, 그리고 가이드라인이, 노란 안경으로 인식한 기회나 옵션에 찬성 또는 반대 의사를 분명히 표명하고 동시에 의사결정을 하도록 하는 것은 불가피한 일이다. 그래야만 당신의 조직 또는 기업에 속한 사람들이 어디로 가야할지 방향성을 제시하는 명확한 그림이 생긴다. 노란 안경은 매일같이 일어나는 수많은 활동과 의사결정을 위한 본보기를 제공한다.

자기 긍정을 유도하여 실행능력을 높여라

"모든 강력한 구상은 현실이 된다"라는 사실을 《어린 왕자》의 작가 생텍쥐페리(Saint Exupery)는 알고 있었다. 붓다 외에 수많은 사람들은 '인생이 사고(思考)의 생산품'이라는 점, 즉 우리의 생각이 우리의 삶을 만든다고 이야기했다.

성공에 대한 기대감과 실패에 대한 우려감은 성과에 큰 영향을 미친다. 독일의 사회심리학자 옌스 푀르스터(Jens Förster)는 이런 실험을 진행한 적이 있다.

그는 금발의 여학생들에게 금발을 비하하는 유머를 던진 후 지능 테스트를 했다. 그 결과, 유머를 접하지 않은 금발의 여학생들에 비해 상대적으로 낮은 점수가 나왔다. 즉 자신에 대한 평가가 학생들의 자신감과 행동에 영향을 미치며, 유머에 등장하는 고정관념이 현실이 되어버린 것이다. 이에 대해 푀르스터는 다음과 같이 설명한다. "자신이 가진 조건을 긍정적으로 보면 속도와 창의성에 유리하게 작용한다."

실행능력을 높이려면 당신 스스로에게, 당신이 이끄는 사람들에게 매혹적이고 실현 가능한 미래의 전망을 제시하라.

미래의 가정과 기회에서 전략적 비전을 이끌어내라

대형범선 간부들은 항해를 위한 첫 번째 단계로 바다와 날씨가 어떻게 변할 것인지 가정부터 세웠다. 그리고 자신들의 판단에 따라 일어날 일, 일어나지 않을 일, 판단할 수 없는 일로 확실히 등급을 매겼다.

같은 방법으로, 당신이 추구하는 가치와 희망과 상응할 뿐만 아니라 개연성이 있다고 여겨지는 미래를 서술할 수 있기 위해서는 당신의 비전을 미래에 대한 가정에 맞추어야만 한다.

대형범선의 선장은 노란 안경으로 방향을 결정하기 전에 그의 동료들과 초록 안경으로 여러 가지 기회를 신중하게 생각한다. 비전이 생성되는 것은 진주가 생성되는 것과 비슷하다. 진주조개가 수십 년 안에 진주를 만들기 위해서는 어떤 '동인'이 필요하다.

이와 같이 초록 안경으로 인식한 기회는, 비전 개발을 위한 재료는 아니더라도 최소한 동인은 제공한다. 일반적으로 전략적 비전은 미래의 기회들을 묶은 전체 다발에서 나온다.

당신과 조직이 열망하는 미래를 끌어내라

몇 가지 예외를 제외하고, 미래전문가들은 비전을 자기 자신과 세계가 향후에 어떤 상태를 보일 것이라는 의미에서, '향후의 어떤 상황'으로 해석한다.

이때 미래의 상황은 현실화될 수 있어서 계속 새로운 비전을 필요로 한다. 오직 소수만이 이 비전을 영구적인 것이나 행위 또는 가치구조로 이해하는데, 물론 이는 의심할 여지없이 비전의 토대라 할 수 있지만 비전 그 자체는 아니다.

사람들은 비전을 얻고자 애쓴다. 비전은 자신이 열망하는 삶을 향한 뜨거운 동인이 되어줄 것이라고 믿기 때문이다. 그 감정은 권력이나 만족감 또는 황홀감 같은 것일 수 있다. 우리가 주목하는 경제적인 맥락에서, 전략적 비전은 기업 또는 개인이 힘써 얻으려고 하는 상태를 의미한다.

전략적 비전으로 조직을 체계적으로 조직하라

세계 각국의 수많은 사람들이 전략적 비전 없이도 살 수 있음을 증명하고 있다. 그중 상당히 많은 사람들이 행복해한다.

비전을 갖지 않으면 지금의 현실과 원하는 미래 사이의 괴리를 견디지 않아도 될 것이다. 예측 불가능한 미래에 긴장하며 정신적으로 고통을 느낄 필요도 없다. 실현 못한 것에 대한 후회와 슬픔에도 마음 편할 수 있다. 복잡하고 수많은 기회 가운데 하나를 선택해야 하는 고통에서 벗어날 수도 있다.

하지만 누구에게나 더 나아지고 싶고, 더 좋은 미래를 좇으려는 욕구가 있다. 가치 있는 비전을 즐기며 추구하는 사람들의 상당수는 스스로를 더 행복하게 만든다.

기업의 경우라면 어떨까? 만일 기업이 구성원들에게 도전적인 임무(미션)와 발전의 방향(비전)을 제시하지 않는다면, 그 기업은 도산할수도 있다. 노란 안경은 이처럼 조직을 체계적으로 조직한다.

전략적 비전을 시각화하라

'비전(vision)'은 '보다'라는 뜻의 라틴어 'videre'에서 유래한 말이다. 그 어원처럼 전략적 비전은 그림과 같이 시각적으로 볼 수 있어야 한다. 그 이유는 다음의 4가지로 이야기할 수 있다.

- 그림은 간단하고 빠르게 비전을 전달한다.
- 그림은 정확한 이해를 이끌어내고, 통일성을 높이고, 오해를 줄인다.
- 그림은 감성적 유인을 끌어내거나 거부 의사를 명료하게 드러내게 만든다. 이는 비전 달성의 전제조건이 된다.
- 그림은 감지능력을 향상시켜 당신과 사람들의 생각과 행동을 현재화시키고, 그 결과 영향력이 극대화된다.

〈도표 13〉은 어느 스위스기업이 직원들을 위해 전략적 비전을 시각화한 것이다. 이 그림들을 보면 경영자는 물론 청소부까지도 자신이 어디로 가야 하는지 알 것이다.

도표 13 시각화한 전략적 비전

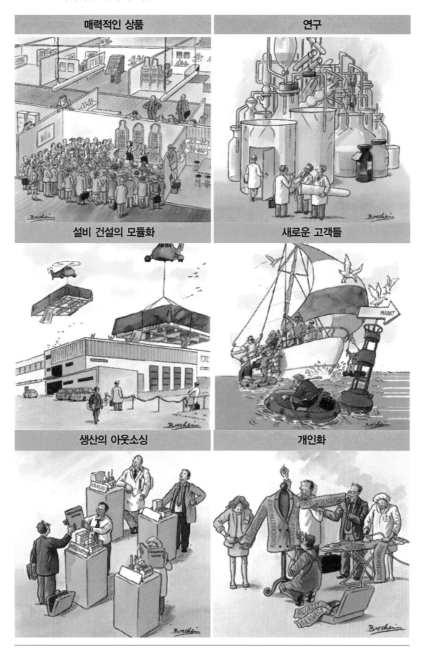

비전을 시제로도 시각화할 수 있다. 미래완료시제로도, 현재시제로도 비전을 이미 일어난 일처럼 생생하게 묘사할 수 있는 것이다.

- 2020년에 우리는 140여 개 특허분야에서 성과가 높고 열성적인 파트너를 얻게 된다. – 미래완료시제
- 2020년 우리에게는 140개 특허분야에서 성과가 높고 열성적인 파트너가 있다. – 현재시제

여기서 미래완료시제는 합리적인 느낌을 주는 반면, 현재시제는 조금은 과대망상이라는 인상을 줄 수도 있다. 그러므로 비전은 가능한 한 미래완료시제로 하되 마치 현실인 듯 이야기되어야 한다.

비전 개발은 당신의 몫이다

당신이 직접 기업을 위해 현실화되어야 하는 가치와 우선순위를 정하지 않는다면, 비전의 공백 상태가 상당 기간 지속될 것이다. 더 나아가 영향력이 큰 직원들의 가장 좋은 비전도 아니고, 기업의 존재에 의미가 있는 비전도 아닌 가상의 비전으로 연결되고 만다. 만약 이러한 비전이 현실로 이루어진다면, 당신이 원치 않았던 현실과 마주하게 될 것이다.

물론 비전 개발에 가능한 한 많은 직원을 투입해야 한다는 의견도 있다. 하지만 현장에서 경험한 바로는 그것은 별로 큰 의미가 없다. 게다가 대규모 비전 개발작업에는 다음과 같이 매우 심각한 단점이 있다.

- 수백·수천의 사람들에 의해 개발된 비전이 아무리 개개인에게 적합하다 하더라도 독특하거나 유일하지는 않다. 비전 개발작업이 대규모로 이루어지면 결국 차별성 없는 비전이 만들어진다.
- 비전은 주기적으로 수정되고 보완된다. 대규모 비전 개발 프로젝트에 투자할 경영진은 드물다.
- 모든 직원의 비전이 회사의 비전과 일치하기는 힘들다. 대규모 프로젝트에서 수차례 협의를 거쳐 개발된 비전에 일부 직원만이 만족할 것이다. 결속이 비전의 가장 큰 목적이 될 수는 없다.
- 대중의 지혜나 이해력으로 경쟁력을 분석하고 차별화하기는 어렵다. 민주적인 방법으로는 전략적 비전을 만드는 데 한계가 있다.

그렇기에 튼튼한 토대 위에서 전략적 비전을 초안으로 작성한 다음, 많은 사람들이 여러 방면에서 대화를 나누면서 많은 내용을 첨부하고 수정하며 삭제해야 한다.

자기 책임원칙에 충실하라

스스로를 책임지지 않는 사람은 한탄하고 의지하는 데 익숙하다. 스스로 하는 일은 아무것도 없고, 잘못은 항상 남에게 떠넘긴다. 하지만 스스로를 책임지는 사람은 아무리 상황이 어려워도 그 상황을 바꾸기 위해 무엇을 할 수 있는지 스스로 묻고 실행한다. 다른 사람에게 책임을 돌리고 의지하려 한다면 자신의 현재도 미래도 만들 수 없다. 그러니 자기 책임원칙에 충실하라.

비전으로 열정을 자극하라

수많은 대기업에서는 10년 단위로 비전을 내놓는다. 이 비전은 사업분야, 매출 규모, 이윤 등을 객관적으로 보여준다. 그러나 열정과 현혹으로 인해 가끔씩 실수가 나온다. 그리고 소규모회사의 경영진 역시 늘 더 많은 것을 추구해야 한다는 생각에 빠져 "우리의 목표는 성장"이라는 무의미한 목표를 비전에 넣는다. 막연한 성장은 목표가 아니다. 성장은 미래의 어떤 상황이 아니라 과정을 말하기 때문이다.

피터 셍게(Peter Senge) MIT 교수는 기업의 구성원들이 비전을 받아들이는 형태를 7가지로 나눠 제시한다.

- 참여
- 참여의식
- 진정한 동의
- 형식적 동의
- 마지못해 하는 동의
- 부(不)동의
- 냉담

여기서 셍게 교수는 열정을 언급하지 않는다. 그의 신중함은 충분히 옳다. 비전을 자신의 것으로 만들지 못할 경우, 사람들에게서 비전을 위한 진정한 열정을 이끌어내기가 쉽지 않다. 또한 열정의 반대는 냉담이기 때문이다.

모든 구성원이 공동의 비전에 열정을 보이거나 진정으로 참여하는 기업이, 경쟁자들에 비해 비용과 질적 측면에서 엄청난 장점을 갖는다는 것은 명백한 사실이다. 기업의 전략적 비전을 위해 모든 구성원의 참여를 어떻게 이끌어낼 수 있을까? 답은 간단하다. 기업의 전략적 비전이 '모든 구성원의 비전'이면 가능하다.

공동의 비전으로 조직을 집중시켜라

사람들은 자신에게 제시된 비전이 자신의 내적 비전과 조화를 이룸을 경험할 때, 그 비전에 감격할 수 있다. 외부의 비전을 극복해야 할 반대의 그림으로 여기다가, 그 비전을 자신의 비전으로 삼게 될 수도 있다.

많은 사람들이 목표 없이 살아가는 것처럼 보이는 것은, 아마도 그들이 자신들의 소망을 실질적인 행동으로 연결할 수 없었거나, 아이디어나 상상이 실현될 가능성이 있을까 하는 의문을 품거나, 나아가야 할 수많은 방향 중에서 아무것도 결정하지 못하는 데 그 원인이 있을 수 있다. 많은 기업들이 현실적인 전략적 비전 없이 그럭저럭 꾸려나가는 것 역시, 몇 개의 멋진 문장으로 비전을 완수했다고 믿는 데 그 원인이 있는 것이다. 이처럼 비전 개발이라는 과제를 수행하고 난 다음에도 어려움에 직면할 수 있다.

유대감은 비전의 가치를 부여하고, 비전의 힘을 결정한다. 이 유대감은 개개인의 비전을 하나의 방향으로 통일시키는 요소이다. 팀 역시 가야 할 방향에 대해 대체적으로 비슷한 생각을 가지고 있다. 팀의 비전은 개별 비전들, 즉 구성원들의 비전의 교집합이다. 경험에 따르면, 목표 없이 움직이는 개별 비전들의 힘은 약하다. 그러므로 노란 안경을 이용해, 의사결정을 할 수 있는 직원들의 비전을 조화시키는 것이 무엇보다 중요하다.

우리는 그동안 기업에서 떠나는 사람들을 자주 목격했는데, 이들이 떠난 다음에야 그들이 자신들에게 부여된 새로운 비전을 함께 짊어질 수 없어서 그만둔 것임을 분명히 알았다. 그러고 나서 이들은 다른 비전, 최선의 경우 자신의 비전을 따라가는 결정을 한다.

그러한 이탈과 참여의 과정을 겪고 난 뒤에, 모든 관계자에게 이익이 되는 순화 과정이 이루어지고, 그럼으로써 비전에 통일성이 생긴다. 단, 비전이 더 많이 통일될수록 특별함을 갖지 못하는 위험이 커질 수 있으니 주의하라.

비전 전달자들과 실행자들을 만들어라

당신이 경영진이라면 기업 구성원들의 머리와 마음을 사로잡아야, 당신의 전략적 비전이 가진 모든 장점이 완전히 실현된다. 이때 비전을 지원하는 사람들이 많을수록 비전의 영향력이 더 강해짐은 자명한 사실이다.

여기서 모든 경영진과 핵심적인 역할을 하는 전문가들은 각각의 차원에서 기업 공동의 전략적 비전을 알고 있어야 한다. 또 각각의 구성원들은 자기가 속한 분야의 전략을 알아야 하고 전체와의 연관성을 인식해야 한다. 기업의 규모가 크면 클수록 그리고 사업분야가 다양하면 다양할수록, 개별 단위의 전략적 비전을 개발하고 관리하는 일이 더 많이 분산되도록 해야 한다.

여기서 전략적 비전 개발자와 경영진은 비전을 전파하는 사람이어야 한다. 그러려면 그 비전을 자기 안에서 태우고 느껴야 할 것이다.

그러나 어쨌든 직원들을 이끌어가는 것은 특별한 도전이 된다. 성과를 좇는 모든 근로자가 처음부터 전략적 비전을 받아들이고 이해하고 비전 달성에 참여할 수 있다고 믿는 것은 모험과도 같기 때문이다. 확신을 가지고 이러한 작업을 하려면 여러 가지 매듭을 푸는 것이 필요한데, 나선형의 사고모델을 이용하여 매듭을 풀다보면 긍정적인 효과가 확대될 것이다.

주변이 요구하는 가치들에 주목하라

독일 도이체방크의 전 은행장 대변인인 알프레드 헤르하우젠(Alfred Herrhausen)의 지적처럼, 당신의 생각이나 행동 하나하나가 모든 이에 대해 책임이 있음을 항상 명심해야 한다. 좋은 비전은 어떤 방식으로든 공공의 안녕에 기여할 것이다.

노란 안경을 통해 보는 미래가 당신의 주변 사람들이 인식하는 가치와 요구에 부합한다고 확신하라. 그러면 당신의 고객들을 더욱 좋은 자세로 대할 수 있을 것이다. 당신은 고객의 효용성을 해치지 않고, 경쟁자나 세상에 직접 손해를 끼치지 않고 당신이 추구하는 것을 얻을 수 있다.

노란 안경은 조직이나 개인의 가장 큰 고민에 초점을 맞춘다. 이러한 자기중심적인 사고방식은 효용성이 있으면서 다른 사람들에게 방해가 되지 않는다. 하지만 극단적으로 자기중심적인 비전은 극단적인 효용성이 뒷받침되어야 이룰 수 있다. "시장을 지배한다"는 극단적 비전보다 "충성도 높은 10만의 고객을 확보한다"는 비전이 더 추구할 만한 가치가 높다.

이상적인 도전 강도를 인지하라

비전이란 단어는 혁명에 대한 동경심을 떠올리게 한다. 아주 무모하거나 모험적이거나 고도로 혁신적인 비전을 환상적이라고 여기는 사람들이 많다. 이들은 아주 멀리 떨어진 미래를 무지갯빛으로 보고 현실화될 것이라고 생각한다. 사람들은 성과를 올리기 힘든 시장에서도 성공의 보증수표를 가진 듯이 무모한 모험을 동경하곤 한다.

기업에서 이러한 동경은 위험하다. 첫째로, 경영진이 공동으로 추구했던 비전이 실질적으로는 새로운 것이 아닐 수도 있다. 둘째로, 위기상황에서 강력하게 자신의 위치를 잡아나가는 데 어려움이 따르게 마련이다. 셋째로, 변화된 경영환경에서는 개발을 중시하는 흐름에 맞는 시도 중 일부분만이 장기적인 성과를 낼 수 있다. 넷째로, 환상적인 비전으로는 새로운 제품이나 기술이 개발되지 않을 수도 있다. 이는 헬리콥터를 타고 지상의 세밀한 일들을 지휘하는 것과 별반 다르지 않다.

자신의 전문분야에서 최고의 비전이 나온다. 반대로 자기 분야에서 멀어질수록 비전은 위험도를 높이고 비용을 기하급수적으로 증가시킨다. 구성원, 고객들에까지 과도한 요구를 하게 된다. 고무장화에서 휴대전화기 업체로 변신한 노키아(Nokia), 파이프에서 이동통신으로 분야를 바꾼 만네스만(Mannesmann), 철강회사에서 여행서비스 회사 투이(TUI)로 모습을 바꾼 프로이사크(Preussag)의 무모하다 싶은 비전들은 예외이다. 이러한 급진적인 변화는 고통 없이 이루어지지 않는다.

미하이 칙센트미하이(Mihaly Csikszentmihalyi)에 따르면, 틀에 박힌

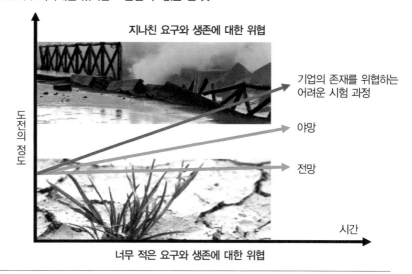

도표 14 시야에는 있지만 도달할 수 없는 먼 곳

도전의 정도

시간

지나친 요구와 생존에 대한 위협

기업의 존재를 위협하는 어려운 시험 과정

야망

전망

너무 적은 요구와 생존에 대한 위협

일과 도전 사이의 경계에서 행복감이 발생한다고 한다. 그는 이 행복감을 '몰입(flow)'이라고 말했다. 비전이 너무 적은 성과를 요구하면 사람들은 실행능력을 제대로 발휘하지 못한다. 반면에 비전이 너무 높은 성과를 요구하면 사람들은 그 비전을 거부한다. 두 비전의 경계에서 비로소 우리는 몰입하고 도전하고 혁신을 경험하게 될 것이다.

비전의 크기와 성공의 크기가 늘 비례하는 것은 아니다

포르쉐(Porsche)의 전 CEO 벤델린 비데킹(Wendelin Wiedeking)이 사업 다각화와 합병에서 잃은 수십 억 유로를 연구 개발과 자동차 판매에 지속적으로 투자했다면 어땠을까? 에드워드 로이터와 위르겐 슈렘프 역시 비데킹처럼 했다면 다임러벤츠는 어떻게 변했을까? 사람들은 이러한 질문을 던지며 흥미로운 사고게임을 한다.

다임러벤츠가 수십 억 유로에 이르는 손실액을 메르세데스를 좀더 안전하게, 좀더 친환경적으로 만드는 데 모두 투자했다고 상상해보자. 그랬다면 그들의 시장 지배력은 상상도 할 수 없을 정도로 강해졌을 것이다. 주식가치가 손실을 낸 것이 아니라 수십 억 유로 이상 상승했을지도 모른다.

다임러에서 다임러벤츠로, 다임러벤츠에서 다임러크라이슬러로, 다임러크라이슬러에서 다시 다임러AG로 바뀐 다임러의 역사는 규모가 엄청나다고 해서 반드시 좋은 비전을 제시했다고 할 수 없음을 명확히 보여준다. 때로는 가장 보수적인 비전이 최선일 수도 있다.

조직과 개인의 특성을 염두에 두라

개인의 인생이나 기업의 역사적 배경을 고려하면 전략적 비전이 명확해진다. 조심스럽게 삶을 살아온 사람이 엄청난 도전에 직면한다면, 파티를 주도하는 사람처럼 외향적으로 변하려고 할 것이다. 기업도 이와 다르지 않다.

과거는 미래를 억압하지 않는다. 하지만 한 사람의 역사, 한 기업의 역사는 시간이 흐르면서 가치관, 개성, 행동양식 등으로 형성되고 이 모든 것은 쉽게 떨쳐버릴 수 없다. 컴퓨터의 운영 시스템처럼 다른 가치, 다른 개성, 다른 행동양식으로 새롭게 바꿀 수 없다.

혁신의 강도는 고객이 받아들일 수 있을 만큼

세계 최초의 3리터 시리즈 자동차(3리터로 100킬로미터를 주행할 수 있는 자동차 – 옮긴이)인 폭스바겐(Volkswagenwerk)의 루포(Lupo)는 이미

1999년에 출시되었다. 하지만 판매성과가 저조해 2005년 생산이 중단되었다. 구조적인 결함과 실리적인 계산상의 결점도 있었기에, 극히 적은 운전자만이 이런 '금욕적인 자동차'를 원했을 뿐이다.

그런데 2007년, 자가운전자들이 생각을 바꾸기 시작했다. 극적인 기후 변화전망 때문이었다. 기후를 보호한다는 이유로 갑자기 수많은 사람들이 작고, 엔진 마력이 약한 자동차를 운전하고 비행기 여행을 줄이려 했다.

혁신을 받아들일 수 있는 고객의 능력을 과대평가하거나 혁신에 대한 과도한 욕심으로 고객에게 지나치게 부담을 주지는 말아야 한다. 혁신적인 비전을 구축하려 할 때 고객의 입장에서 한 번 더 현실 가능한지 생각해야 한다.

비전은 깊이 있게, 가능한 한 유연하게

노란 안경은 원하는 미래에 대한 명확한 이미지를 요구한다. 결정을 내리는 사람이 결정해야 할 비전을 정확히 알고, 달성할 수 있음을 논리적으로 증명하며, 의심의 여지가 없는 방향을 제시할 수 있어야 한다. 또한 서로 영향을 미치는 모든 것을 밝혀 원하는 미래의 전체 이미지를 투명하고 단순하고 깊이 있게 보여줄 수 있어야 한다.

미래는 예측 불가능한 세계이다. 전략적 비전, 미션, 전략적 가이드라인은 세부사항에 대해서는 자유로워야 하며 본질에 초점을 맞춰야 한다. 수정할 여지가 없으면 급변하는 환경과 시장의 소용돌이 속으로 휘말리고 만다. 비전을 바꾸고 새로운 현실에 맞추는 데 유연해야 한다. 유연성은 예측을 대체한다.

패러다임 변화를 감안하여 목표로 계획할 수 있는 기간은 최대 3년이라고 본다. 내적 패러다임 변화가 외적 패러다임 변화보다 더 자주 일어나고 있다. 패러다임 변화는 비전을 시대에 맞지 않는 것으로 만든다. 경영자가 바뀌어도 예전 비전 그대로라면 별로 매력이 없다.

비전 후보들로 차별화하라

비전 개발 팀이라면 수년 안에 기업을 어떻게 바꿔야 하는지 논의하면서 이러한 것들을 이야기할 것이다. 더 나은 품질, 더 나은 고객과의 관계, 새로운 시장, 새로운 기술, 미래를 이끌어가는 기업문화, 더 많은 이윤, 성장과 시장 주도력…. 하지만 현실은 여전히 비전을 개발하면서 단기적 재정성과에 초점을 맞추는 경우가 많다.

경제학자 조지프 슘페터(Joseph Schumpeter)의 말처럼, 이윤을 창출하는 근원적 요소는 도약이다. 경쟁자의 비전과 같을 때 사람들은 도약할 수 있는 기회를 비교적 쉽게 포기한다. 파산이라는 최악의 가능성도 있지만, 최고의 수익률을 달성할 가능성도 있다는 걸 받아들이지 않는다. 때로는 기업의 비전이 지루할 수도 있고 너무 쉽게 바뀌기도 한다.

경쟁자와 지속적이고 긍정적으로 차별화하는 것, 또한 차별화의 방향을 바꾸지 않게 만드는 것이 전략적 비전의 역할이다. 차별화는 구체적으로 인식하고 결정함으로써 생성된다. 만일 당신이 차별화되는 2개의 요소들을 서로 연결하고, 품질을 안정적으로 유지하기 위해 이 2개의 요소를 고려한다면, 당신의 비전은 유일하고 동시에 고유한 것이 될 것이다.

비전 후보는 미래의 발전을 가정하고 리스크와 돌발상황까지 견고하게 고려한 다양한 개개인의 비전들이다. 가공하지 않은 전략적 비전의 초안인 셈이다. 미래를 안정적으로 대비하려면, 단 하나의 비전이 아니라 3~10개의 다양한 비전 후보가 필요하다.

직급이 높아질수록 결정은 더 일반화된다

자기 자신만을 책임진다면 일을 비교적 쉽게 처리할 수 있다. 하지만 한 팀을 이끌고 있다면, 비전은 이미 협약이 된다. 또한 하나의 사업분야를 가진 중견기업이라면 수십 가지의 관심거리는 물론 세계가 어떻게 돌아가고 있는지도 고려해야 한다. 미국의 모터사이클 제조업체 할리데이비슨(Harley-Davidson)이 제시한 5가지 지침은 협약의 좋은 예이다.

- 우리는 진실을 말한다.
- 우리는 약속을 지킨다.
- 우리는 공정하다.
- 우리는 개개인을 존중한다.
- 우리는 호기심 많은 인재를 키운다.

그러나 이는 문화적 가이드라인을 제시한 것이며, 명백히 전략적 비전은 아니다. 아주 많은 사업분야를 가진 기업이 노란 안경으로 규범적 헌장을 제시하고자 한다면, 일반화 가능성이 더 높아진다. 그러나 거기에서 공동의 비전을 찾기는 어렵다.

다음은 글로벌 화학회사 바스프의 전략적 가이드라인이다.

- 우리는 우리의 자본금에 대한 배당금을 벌어들인다.
- 우리는 우리의 고객이 성공하도록 돕는다. 이익을 창출하고 성장하기 위해 향후 고객의 욕구에 우리의 활동을 더욱 강력히 맞추고, 고객과 우리를 위해 가장 좋은 사업모델을 개발하고 활용할 것이다.
- 우리는 우리의 분야에서 최고의 팀을 만든다. 바스프의 성공은 직원에게 달려 있다. 바스프의 성과는 직원들의 능력, 아이디어, 경험, 참여에 좌우된다.
- 우리는 살 만한 가치가 있는 미래를 위해 지속적으로 경제활동을 한다. 지속적인 발전은 경제적 성과를 환경보호와 사회적 책임에 연관시키는 것으로 이해한다.

비전 달성보다 현재의 영향이 더 중요하다

비전 달성은 성공의 기준으로 적절하지 않을 수도 있다. 더 중요한 것은 전략적 비전이 당신의 현재 상황에 어떤 영향을 미치는지, 또 그로 인해 당신과 당신의 동료들 또는 직원들에게 방향을 제시하고 의미를 제공하는지에 있다.

우리는 미래가 아니라 현재라는 시간대에서 활동한다. 그래서 비전은 현재 우리에게 어떤 영향을 미치는지에 따라 평가할 수밖에 없다. 만약 10년 이상 비전을 바꿀 필요가 없다면 환영할 만하다. 10년 후 비전이 달라진다고 해서 잘못된 건 아니다.

비전은 멀리 있어야 한다. 볼 수 있어야 하지만 닿을 수 있는 거리에 있으면 안 된다. 비전은 도전에 대한 정확한 척도를 의미한다. 매년 시간이 지나면서 사람들은 비전 달성에 근접한다. 하지만 비전은 반대로 흡인력을 잃어간다. 당신은 비전을 달성하기 훨씬 이전에 새로운 비전을 세워야 한다. 그러한 이유로 비전의 실현은 목표가 아닐 수도 있다.

실전을 위한 체크리스트

다음은 기업경영을 위해 노란 안경을 사용할 때 확인해야 할 세부 사항들을 서술한 것이다. 이를 앞에서 이야기한 노란 안경의 사용법과 상호연계하여 이해하는 것이 좋다.

- 미래를 위한 팀과 함께 비전 개발을 계획하라. 당신은 푸른 안경과 초록 안경으로 어렴풋하게 비전을 보았다. 이 비전을 더 명확하게 발전시켜야 한다.
- 우선 당신이 가정한 미래의 조건을 명확히 인식하라. 비전은 그 가정과 조화를 이루어야 한다.
- 비전의 기간을 정하라. 한 사업을 구축하는 데 소요되는 시간은 아이디어를 내고 나서 첫 번째 수익을 올릴 때까지 드는 시간보다 두 배가 더 걸린다. 이를 감안하여 일반적으로 비전의 기간을 10년으로 잡는다.

- 〈표 17〉을 참조하여, 비전에 대한 질문들을 정하라.
- 미션을 개발하고 점검하라. 미션은 임무를 확정하는 것이며, 그 위에서 비전이 개발된다. 한 번 결정된 미션을 변화시키는 것은 어려운 일이며, 대부분의 경우 예외상황에서만 이루어진다. 리스크와 돌발상황을 읽는 붉은 안경으로 미션을 다시 한 번 점검하고 견고하게 만들 수 있다.
- 〈표 11〉과 같이 비전 후보들을 개발하라. 유일한 비전이 아니라 다양한 비전 후보를 개발하면 그만큼 미래의 실현 가능성이 높아진다.

  비전의 매트릭스를 이용하는 것도 좋은 방법이다. 1단에는 비전에 대한 질문들, 2단에는 비전요소들을 적어라. 그 결과 나온 대안들을 점수를 매겨 우선순위를 정하고 비전 후보들을 정리하라. 순위가 높은 순서로 선택하고 실현 가능성이 부족한 후보들은 삭제하라. 비전 후보들은 3~10가지가 좋다.
- 비전 후보들을 평가하라. 평가방법에는 찬반 논의표, 가중치를 둔 논의표, 토마스 사티(Thomas L. Saaty) 피츠버그대 교수의 계측분석과정(Analytic Hierarchy Process) 등이 있다.
- 전략적 비전의 핵심을 정하라. 전략적 비전의 핵심은 최고로 가치 있는 비전 후보이다. 이는 조금 낮게 평가된 비전 후보들과도 잘 조합된다. 첫눈에 일관성이 없어 보여도 결국에는 전략적 비전 작업에서 환영할 만한 결과를 이끌어낸다.
- 전략적 비전을 확대하라. 〈표 17〉에 있는 비전에 대한 질문들로 전략적 비전에 어떤 내용이 가능한지 알 수 있다.

- 전략적 가이드라인을 정하라. 미래의 기회 위에서 어떤 원칙으로 비전을 완수할 것인가? 전략적 가이드라인은 이 질문에 답을 준다.

- 지속 가능한 비전을 수립하라. 전략적 비전 안의 명제들은 모순이 없어야 한다. 매트릭스를 활용해 비전요소들을 연계하여 모순되는 건 없는지 체계적으로 확인하고 해결해야 한다.

- 미래에 대한 가정에 입각하여 비전을 점검하라. 미션, 비전, 가이드라인 모두를 미래에 대한 가정과 비교하라. 매트릭스를 활용하면 좀더 쉽다.

- 리스크와 돌발상황을 고려하여 비전을 점검하라. 이에 대해서는 다음 장에서 이야기될 붉은 안경 사용법을 참고하면 도움이 될 것이다.

- 가치를 조정하라. 토론과 평가 과정에서 이루어지기는 하지만, 비전에 완벽을 기하려면 이를 염두에 둘 필요가 있다.

- 다른 이들과 함께 토론하라. 비전을 만드는 것은 경영진의 일이지만, 비전을 점검하고 많은 사람에게 옮기려면 조력자들이 필요하다.

- 비전의 핵심을 한 문장으로 요약하라. 그러면 비전의 핵심을 진정으로 이해하고 행동으로 옮길 수 있게 된다. 독일의 전 대통령 호르스트 쾰러(Horst Kohler)의 "아이디어의 나라, 독일", 마오쩌둥의 "전진을 위한 대도약", 다임러벤츠 에드워드 로이터의 "통합적 기술 콘체른"을 예로 들 수 있다. 구체적인 내용을 담을 수 있으면 좋지만, "IBM 2020"처럼 회사 비전의 목표기간을 내세우는 것도 한 방법이 될 수 있다.

- 비전을 시각화하라. 비전을 그림으로 표현하면 강렬하고 지속적으로 전달할 수 있다.
- 전략적 비전을 정착시켜라. 전략적 비전, 미션, 가이드라인을 작업할 때마다 떠올려라. 이 3가지는 중요한 결정을 할 때 도움을 준다.

전략적 비전을 가지고 삶을 경영하면 좀더 쉽게 살아갈 수 있다. 이때 중요한 질문들을 통해 비전을 개발할 수 있다. 〈표 18〉은 '나는 삶에서 무엇을 경험하고 싶어 하는가'라는 질문에 답하며 인생의 비전

표 18 인생 비전

분류	2015년/40세	2020년/45세	2025년/50세	2030년 이후/55세 이후
일	• 기업 설립 • 모든 부채 해소 • 재정적 독립	• 전시회에 1,000명 초청 • 라디오방송국 개국	• 일 년에 6개월만 근무 • 1만 명 앞에서 연설 • 대표로 취임	• 정계 인사들과 친분 쌓음 • 정계 진출 • 특허 출원
취미	• 피아노 연주 • 사파리 여행 • 스쿠버다이빙	• 요트 구입 • 오리엔탈 특급열차로 이스탄불 여행	• 라스베이거스 럭소(Luxor)호텔에서 생활 • 희망봉 주위를 요트를 타고 항해 • 한 마리 말을 소유	• 신비의 산 에어즈 록(Ayers Rock) 등정 • 아메리카 대륙 여행
인간관계	• 아들과 딸 독립시킴 • 성숙한 관계 맺기	• 기아 원조재단 설립	• 은혼식 축하 파티 • 10명의 노숙자 재활 지원	• 친한 친구 A, B와 나의 80세 생일 파티
지적 욕구	• 인도 여행 • 설득력 터득 • 에베레스트 등정	• 우주에서 지구를 관람 • 태권도 검정띠 획득	• 책 집필 • 모든 대륙에서 한 달씩 거주 • 타지마할 관람	• 한 달간 원주민과 생활 • 철학 공부 완성
육체와 정신	• 주택과 토지 소유 • BMI(body mass index) 23 달성	• 일 년간 안식년 • 질병 극복	• 마라톤 • 철인경기 참가 및 우승	• 태양이 비추는 곳에서 생활 • 100세 맞음

을 찾아가는 과정을 보여준다.

이 표를 가지고 무조건 당신이 원하는 미래의 탄탄한 이미지를 얻을 수 있는 것은 아니다. 이 표는 인생을 결정하는 전략적 비전이기보다는 희망을 구조화한 리스트이다. 하지만 현재 그리고 예측할 수 있는 미래에서 삶이 요구하는 유연성을 얻을 수는 있다.

독일의 시인 크리스티안 모르겐슈테른(Christian Morgenstern)의 말처럼, 목표를 모르는 사람은 같은 자리에서 우왕좌왕하게 된다. 거기서 한 발 나아가려면 다음의 사항을 따라야 한다.

- 당신의 비전에 대한 질문을 만들어라.
- 매트릭스를 이용하여 비전을 구체화하라.
- 가장 매력적으로 보이는 비전 후보 3가지를 정하라.
- 2가지 질문을 묶어 비교하여 비전 후보들을 평가하라.
- 비전 후보들을 정하고 원하는 미래를 설득력 있게 그림으로 그려라.
- 당신의 비전을 그림, 문양, 사진, 데이터 등으로 시각화하라.
- 당신의 비전을 미래에 대한 가정으로 조정하라.
- 당신의 비전을 리스크와 돌발상황을 고려하여 조정하라.
- 파트너, 친구, 또 다른 사람들과 당신의 비전에 대해 토론하라.
- 당신의 비전을 규칙적으로 보아라. 시각화한 비전을 자신과 다른 사람들의 눈에 잘 띄는 곳에 두어라. 진척상황을 확인하고 자극을 받을 수도 있다.

핵심정리 - 노란 안경

목표 원했던 미래와 방향을 결정한다.

작업 단계와 핵심질문
- 비전 개발
- 우리는 장기적으로 어떤 매혹적인 미래를 실현하길 원하는가?

의미와 목적
- 원하는 방향으로 조직을 이끈다.
- 상상하는 미래를 실현한다.
- 조직과 개인의 능력을 최대화한다.
- 올바른 결정을 유도한다.
- 변화를 주도하도록 돕는다.
- 위기에도 확신을 잃지 않게 한다.
- 경쟁에서 차별화한다.
- 장기적인 이윤을 창출한다.

사고수칙과 원칙
- 의사결정의 가이드로 이용하라.
- 자기 긍정을 유도하여 실행능력을 높여라.
- 미래의 가정과 기회에서 전략적 비전을 이끌어내라.
- 당신과 조직이 열망하는 미래를 끌어내라.
- 전략적 비전으로 조직을 체계적으로 조직하라.
- 전략적 비전을 시각화하라.
- 비전 개발은 당신의 몫이다.
- 자기 책임원칙에 충실하라.
- 비전으로 열정을 자극하라.
- 공동의 비전으로 조직을 집중시켜라.
- 비전 전달자들과 실행자들을 만들어라.

- 이상적인 도전 강도를 인지하라.
- 비전의 크기와 성공의 크기가 늘 비례하는 것은 아니다.
- 조직과 개인의 특성을 염두에 두라.
- 혁신의 강도는 고객이 받아들일 수 있을 만큼.
- 비전은 깊이 있게, 가능한 한 유연하게.
- 직급이 높아질수록 결정은 더 일반화된다.
- 비전 달성보다 현재의 영향이 더 중요하다.

사고대상
- 비전에 대한 질문
- 미션
- 전략적 비전
- 전략적 가이드라인

전통적 방법
- 구상 시 – 매트릭스 등
- 결정 시 – 찬반 논의표, 가중치를 둔 논의표 등

행동양식
- 미래를 위한 팀과 함께 비전 개발을 계획하라.
- 우선 당신이 가정한 미래의 조건을 명확히 인식하라.
- 비전의 기간을 정하라.
- 미션을 개발하고 점검하라.
- 비전 후보들을 개발하라.
- 전략적 비전의 핵심을 정하라.
- 전략적 비전을 확대하라.
- 지속 가능한 비전을 수립하라.
- 미래에 대한 가정에 의거해 비전을 점검하라.
- 리스크와 돌발상황을 고려하여 비전을 점검하라.
- 다른 사람들과 전략적 비전(미션과 가이드라인도 함께)을 토론하라.
- 한 문장으로 비전의 핵심을 요약하라.
- 비전을 시각화하라.

결과 시각화할 수 있는 포괄적이고 구조화된 전략적 비전이 도출되어, 미션으로 시도되고 전략적 가이드라인으로 포장된다.

리스크와
돌발상황에 대처하는
붉은 안경

우리가 사는 세계는 놀라움의 연속이다. 언제나 우리의 믿음과는 전혀 다른 일이 일어난다. 이는 미래에 대해 두려움을 불러일으키거나, 반대로 극단적으로 무시하게 만든다. 하지만 놀라운 미래를 현명하게 대처하지 못한다면, 기회를 잃고 비전에 치명적인 손실을 입게 된다. 전략을 수립하고 실행하는 데도 큰 문제가 발생할 것이다.

CHAPTER
4

PRISM

"노아가 방주를 만들었을 당시에는 비가 오지 않았다."

– 하워드 러프(Howard Ruff), 미국의 재정자문

미래는 당신을 얼마나 놀라게 할 것인가?

대형범선 선장은 풍랑이나 해적의 공격 같은 잠재적 리스크에 대비하기 위해 만반의 준비를 한다. 이는 위험을 미리 인식함으로써, 오히려 그 위험으로부터 이익을 얻기 위한 것이라고도 할 수 있다. 잠재적 리스크에 대비하기 위해 무엇이 필요한가? 바로 붉은 안경이다.

불확실한 미래에서 '확실한 것'은 한 가지이다. 바로 미래가 우리를 놀라게 할 것이라는 사실이다! 미래는 우리가 푸른 안경을 가지고 상상하는 것과는 많이 다를 것이다. 푸른 안경으로는 예측 가능한 미래, 즉 개연성 있는 미래만을 보기 때문이다. 하지만 미래는 결코 예측한 대로만 전개되지 않고, 예측하지 못했던 미래는 당신을 놀라게 한다. 아리스토텔레스도 말하지 않았던가. "비현실적인 것이 발생하는 것이 현실"이라고 말이다.

푸른 안경 단계에서 진행된 당신의 미래에 대한 가정은 현재로서는

'알 수 있는 것'이 아니므로, 결국 넓은 범위에서든 좁은 범위에서든 틀린 것으로 증명될 것이다. 강한 의지도, 최선의 방법도 그 사실을 바꿀 수는 없다. 누차 말하지만, 미래는 열려 있고 예측 불가능하며 계산할 수 없는 것이다.

만약 미래에 대한 가정이 근본적으로 잘못이라고 증명된다면, 그 위에 세워진 미래전략이라는 공상적 건물은 붕괴될 수도 있다.

당신은 노란 안경, 그리고 다음 장에서 이야기될 보라 안경으로 미래에 대한 분명한 전략을 세울 수 있다. 하지만 전략이 분명할수록 장애물은 점점 더 많아지고 불투명해진다는 사실을 명심하라. 전략이 분명하다는 것은, 예측할 수 없는 것들에 대한 고려가 부족하다는 의미로 해석될 수도 있다.

당신은 놀라운 미래가 어떻게 전개되고 어떤 결과가 나올지 확인하기 위하여, 그리고 미래에 대한 전략을 개선하고 안전하게 만들기 위하여 붉은 안경을 사용한다. 붉은 안경은 푸른 안경처럼 주변 상황을 분석하는 데 집중하지만, 푸른 안경과는 달리 개연성은 없더라도 일어날 수 있는 리스크와 돌발상황을 의도적으로 인식한다.

그리고 이렇게 인식된 리스크와 돌발상황은 다음과 같은 데 이용된다.

- 노란 안경이 찾아낸 결과, 즉 미션, 전략적 가이드라인, 전략적 비전을 개선하는 데 이용된다.
- 보라 안경이 찾아낸 결과, 즉 목표, 프로젝트, 프로세스, 시스템, 발전 기회, 대안적 전략을 개선하는 데 이용된다.

이제 당신은 당신의 인지능력의 한계를 넘어선 저 너머에 놓여 있는 리스크와 돌발상황을 적극적으로 찾아나서야 한다. 리스크와 돌발상황이라는 개념은 매우 비현실적이며, 푸른 안경에서는 단 한 번도 논의되지 않았던 것이다.

"레이저 기술이 면도날을 대체한다"는 명제는 미국의 면도날·면도용품 생산회사 질레트(Gillette)에겐 잠재된 돌발상황을 묘사한다고 할 수 있다. 면도날의 생산 자체가 중단될 수 있는 엄청난 돌발상황이지만, 이러한 미래는 푸른 안경에서는 고려되지 않는다. 그렇기에 붉은 안경이 필요한 것이다.

붉은 안경과 비슷한 미래분석 도구로는 미래경영의 전통적인 방식인 시나리오 기법과 와일드카드 분석을 들 수 있다. 이 2가지는 전혀 예측하지 못한 미래에 대한 분석·연구에 기여하고 있다. 특히 시나리오 기법은 푸른 안경, 초록 안경, 노란 안경에서 등한시하거나 혹은 완전히 간과해버린 관점에 강점을 갖고 있다.

온라인시장에서 신기술까지, 붉은 안경은 어떤 위험을 보았는가?

1부에서 이야기한 GBN의 기후 변화 연구 보고서와 로마클럽의 《성장의 한계》는 붉은 안경을 이용하는 데 유용한 예이다. 이 보고서들은 수많은 저술에서 무수히 인용될 정도로 미래의 리스크와 관련해서는 아주 중요한 이슈들을 언급한 바 있다. 몇 가지 예를 들자면,

〈표 19〉와 같다.

삶을 영위하거나 기업을 운영하는 데 있어, 대부분의 사람들은 극적인 리스크와 돌발상황에 관심을 갖는다.

이웃 국가가 정권 교체로 인해 갑자기 협력관계를 중단시킨다면, 어떻게 해야 하나? 컴퓨터게임이나 비디오게임에게 고객을 모두 빼앗

표 19 붉은 안경으로 읽을 수 있는 리스크와 돌발상황

분류	내용
생태계	• 멕시코 만류의 순환 변화와 갑작스런 기후 변화 • 전 세계에 영향을 미치는, 일본이나 미국에서의 대지진 발생 • 대서양의 슈퍼 쓰나미 • 1억 명 이상의 사망자를 발생시키는 전염병
기술	• 사이버 공격으로 컴퓨터 네트워크와 인터넷 마비 • 보이지 않는 것, 즉 투명화 가능성 • 냉 핵융합의 가능성 • 암호화기술의 한계 • CO_2문제의 해결책 발견
정치	• 저작권 철폐 • 유로화 실패 • 서양 국가에서의 반란 • 핵무기 사용
경제	• 세계주식시장 붕괴 • 세계경제공황 • 아프리카의 번영
사회	• 신구세대 간 갈등 • 노령화 국가에서의 베이비붐 • 극심한 저출산

긴다면, 놀이공원 경영자는 어찌해야 하는가? 은행이 아닌 다른 분야에서도 금융서비스를 제공해 입지가 좁아진다면, 은행은 어떻게 해야 하는가? 부작용 없는 다이어트약이 개발되어 살을 빼기 위해 등록했던 회원들이 더 이상 재등록을 하지 않는다면, 헬스클럽 운영자는 어떻게 해야 하는가? 화폐 개혁이 단행되어 자산의 일부를 손해 보게 된다면, 예금자들은 어떻게 해야 하나?

다음의 사례들은 당신이 위와 같은 리스크와 돌발상황에 대한 대처법을 찾는 데 실마리를 제공해줄 것이다.

사례 1 뢰베, 신기술 간과로 파산 직전에 이르다

2003년, 독일의 가전기업 뢰베(Loewe)가 위기에 직면했다는 기사가 언론을 통해 보도되었다. 새로운 평면모니터 기술을 인식했으되, 과소평가했기 때문이다. 그해 6월, 독일의 TV모니터 시장에서 평면모니터가 2002년에 비해 152퍼센트의 매출 증가율을 달성한 반면, 브라운관모니터는 27퍼센트가 감소했다.

뢰베를 비롯한 기업들은 급격한 시장 변화에 당황했다. 결국 뢰베는 평면모니터를 선도적으로 공급한 회사 중 하나인 일본기업 샤프(Sharp)의 자본 참여로 파산 직전에서 겨우 살아남았다.

사례 2 전통적 통신사를 위협한 새로운 VoIP 기술

VoIP(Voice over Internet Protocol)와 같은 새로운 기술은 전통적인 통신사들을 상당히 위협하고 있다. VoIP는 IP네트워크에 데이터뿐 아니라 음성까지 실어보냄으로써 별도의 전화망이 없어도 통화가 가능한 인터넷전화이다.

　머지않은 미래에 집 전화와 휴대전화 대부분이 이처럼 인터넷서버를 통해 사용될 것이고, 이로 인해서 통신사업 분야 중 한 부분이 사라질 수도 있을 상황이다. 하지만 독일의 통신회사인 도이치텔레콤(Deutsche Telekom · DT)은 이러한 위협을 인식하고는 있었지만 진지하게 받아들이지는 않았기에, 장기간 아무런 대응도 하지 않았다. 2005년에만 DT의 전화가입자 수가 약 150만 명이 감소했음에도 불구하고 말이다.

　2007년 3월, DT의 자회사인 컨설팅 회사 디테콘(Detecon)은 "DT가 2년 이내에 도산할 수도 있다"는 연구 결과를 발표했다. 이 속도는 상당히 놀랄 만한 수준이다. 아직 DT는 도산하지 않았지만 여전히 인터넷전화 사업자와 힘겨루기를 하고 있다. 앞으로 어떤 결과가 나올지는 지켜볼 필요가 있다.

사례 3 은행을 떨게 만든 인터넷 금융시장

　영국의 인터넷대출 전문업체 조파는 개인들의 금융거래를 돕고, 개인 투자자들을 서로 연결해주는 온라인시장, 즉 P2P 금융시장을 운영하고 있다. 2007년 초 그들이 발표한 자료에 따르면 조파의 가입자는 5만 명에 육박한다. 미국에서는 2006년 2월, P2P 전문업체 프로스퍼가 출범되었다.

　두 회사는 대출자와 투자자를 경매방식으로 직접 연결하여, 은행을 중개자로 이용하지 않고 거래가 이루어지도록 한다. 은행들이 그동안 차지했던 금융거래 매매 차액의 대부분이 고객에게 돌아가는 것이다.

대출자는 이자를 1퍼센트(은행의 대출 이자와는 약 3퍼센트의 차이가 난다)만 지불하고, 투자자는 0.5퍼센트를 그 대가로 받는다.

두 회사의 차이점이라면, 운영방식에 있다. 프로스퍼는 경영개념을 조파에 비해 보다 확대하였다. 조파가 고객의 투자자금을 적어도 50명의 대출자에게 분산함으로써 신용제공자의 위험부담을 어느 정도 줄여주는 반면, 프로스퍼는 금융거래를 완전히 자유롭게 운영하도록 하여 고객 스스로가 위험을 책임지도록 한 것이다.

이러한 인터넷 플랫폼이 전 세계로 뻗어나간다면, 전통적인 은행은 예금업무와 신용업무에서 심각한 경쟁에 직면할 것이다. 독일의 인터넷 금융시장은 거래가 비교적 한정되어 있었으나, 2007년 초에는 P2P에 기반을 둔 기업이 6개나 설립되었다. 모든 법적 근거를 들어 P2P 같은 사업은 불가능하다고 회피한 은행들은, 그 대가를 톡톡히 치러야 할지도 모른다.

사례 4 위기 시나리오를 통해 오일쇼크를 기회로 바꾼 셸

다국적 에너지기업 로열더치셸은 앞으로 일어날 돌발상황에 대한 안전장치로 시나리오 기법을 도입한 선구자 중 하나이다. 1970년대 초, 셸의 기획부 시나리오 기획 담당자인 피에르 왁(Pierre Wack)은 '급격한 유가 상승 가능성'이라는 시나리오를 제기했다. 배럴(159리터)당 약 2.8달러 정도인 유가가, 이유를 알 수 없는 갑작스런 가격 변동으로 6달러에 이를 것이라는 심상치 않은 예견이었다. 이는 주요 석유수출국들이 조직한 단체 오펙(OPEC)도 전혀 예측하지 못한 내용이었다.

이 시나리오는 리스크와 돌발상황에 유연하게 대응할 수 있는 여러 가지 수단을 강구하는 계기이자 새로운 출발점이 되었다. 셸은 회사에 취약하게 작용할 수 있는 문제점들을 목록화하고 대안을 마련했다. 그중 한 가지는 유조선회사와 "유조선의 최대 선적량을 꼭 채우지 않아도 된다"는 조건을 명기해 장기계약을 체결하는 방안을 확정한 것이다. 이러한 계약이 없었다면, 유가 상승으로 석유 수요가 갑자기 감소할 경우, 유조선 탱크가 거의 비어 있더라도 탱크 전체를 사용한 대가를 지불해야만 했을 것이다.

셸의 대비책에서 우리는 사실 간단한 방법, 즉 유조선회사와의 계약서에 단 한 문장을 추가한 것에 주의를 기울일 필요가 있다. 그 문장은 "유가가 배럴당 6달러일 경우, 셸은 특별해약권을 보유한다"는 것이다. 1973년, 오일쇼크가 발생해 실제로 유가가 배럴당 6달러 이상으로 상승했을 때, 셸은 이러한 조치들과 미리 준비한 또 다른 대안들을 활용하여 다른 6개의 대규모 석유회사들보다 훌륭하게 위기를 극복할 수 있었다.

오일쇼크 발생 이전에 셸은 소위 '일곱 자매(seven sisters)'라 불리는 7개의 메이저 석유회사 중 연간수익에서 거의 늘 꼴찌를 기록하고 있었다. 하지만 오일쇼크를 통해 셸은 연간수익 1위로 급부상했고, 이후 12년 동안 단 한 번을 제외하고는 1위 자리를 놓치지 않았다. 오일쇼크라는 위기가 셸을 세계적으로 성과가 가장 좋은 석유회사로 발돋움시킨 것이다.

사례 5 영국을 자극한 도킹 전투 시나리오

1871년 체스니는 가상역사소설 《도킹 전투, 그리고 그때 빌헬름 황제가 등장했다》를 발표했다. 이 소설은 미래 시나리오를 의도적으로 활용한 최초의 작품이라고 할 수 있다. 주요 내용은 1872년, 즉 소설이 발표된 시점에서 1년 후에 독일이 영국을 침입한다는 것으로, 독일제국 건국과 영국에 대한 독일의 승리가 그려진다.

소설에는 다음과 같이 묘사되고 있다.

> 영국군이 전 세계에 포진해 있었다. 그들은 인도에서 반란을 진압했고, 캐나다를 미국으로부터 보호했고, 나폴레옹 3세의 간섭으로부터 아일랜드를 지켰다. 그러는 사이에 독일은 수뢰와 같은 새로운 무기를 발명하였고, 이것으로 북해에 주둔해 있던 영국 함대를 재빠르게 제압하였다. 도킹 전투에서 영국의 마지막 저항은 결국 실패로 끝나고 말았다. 그리고 드디어 올 것이 오고야 말았다.

독일이 영국을 정복하는 것으로 시나리오는 끝이 난다. 이 소설은 영국을 극도로 자극하는 원인이 되었다. 영국 총리는 타당성이 부족하다는 생각에 흥분했다. 그러나 도킹 전투에 대한 논의는 더욱 확산되었고, 논의가 걷잡을 수 없이 확대되면서 영국의 군사전략에 대해 근본적으로 심사숙고하게 되었다. 결국 군사전략은 변하게 되었고, 자국 방어에 대한 중요성이 더욱 강조되었다.

사례 6 경쟁업체의 공격에 대비하는 시뮬레이션게임

어느 세계적인 자동차 관련 업체의 이야기다. 이 업체는 경쟁업체의 공격 가능성을 확인하기 위해, 또한 경영에서 나타날 수 있는 맹점(Blind Spots)을 감소시키기 위해 경쟁 시뮬레이션게임을 활용했다.

여러 번의 게임을 거치며 이 업체는 실제의 경쟁자들은 물론, 가상의 경쟁자들의 공격전략을 파악하고 자신의 방어전략을 완성해냈다. 역동적인 경쟁 시나리오라는 형식을 통해 경쟁활동으로 야기되는 손실을 확인할 수 있었고, 또한 자신의 사업영역을 강화할 수 있는 기회도 개발했다.

경쟁 시뮬레이션게임에 대한 여러 각도에서의 논의, 다양한 경쟁 시나리오에서의 잠재적인 시사점에 대한 평가 등은 기업의 전략과 경쟁 포지션을 안전하게 만들 수 있다.

사례 7 국가 차원의 사이버 방어 훈련

미국 국방부 산하에 있는 미국국가안전보장국(National Security Agency · NSA)은 세계에서 가장 규모가 크고 강력한 국가정보기관이다. 2000년부터 NSA는 매년 소위 '사이버 방어 훈련'을 실시하고 있다. 이 훈련의 목적은 사이버 공격에 노출되어 있는 컴퓨터 네트워크를 안전하게 지키고, 리스크를 조기에 인식하며, 이를 관련 부서와 기관에 알리는 데 있다. 그러는 동안에도 이메일과 인스턴트 메시지 교환, 데이터서버, 인터넷 등 네트워크의 고유업무는 유지되어야 한다.

미국뿐만 아니라 다른 선진국에서도 국가의 인프라를 보호하기 위해 이와 비슷한 프로젝트를 만들어 실행하고 있다. 이들이 찾고자 하는 잠재적인 리스크는 공격 자체가 아니라, 공격 이후에 전개되는 상황이다.

독일에서는 국가기관과 대기업도 통신망에 대한 대규모 테러 공격에 대해 모의실험을 했다. 일반인들을 살해하겠다며 위협을 가하는 테러리스트의 요구는 비교적 쉽게 대응할 수 있다. 그러나 그 위협의 목적이 전기나 통신, 교통, 의료시설의 마비 등 공공생활에 있다면, 국가적 위기로 확산될 수 있다.

이러한 사이버전쟁에서 공격을 성공적으로 이끌 수 있는 사람은 거의 모든 것을 요구할 수 있을 것이다. 예를 들어 코소보나 아프가니스탄처럼 법이 제대로 작동되지 않는 나라에서 작전을 수행할 경우, 모든 전투 병력을 철수시키라는 요구도 할 수 있을 것이다.

붉은 안경의 8가지 역할

붉은 안경은 미래에 일어날 명백한 사실을 알기 위해 필요한 것은 아니다. 붉은 안경의 역할은 무엇보다도 미래의 안전을 위협하는 리스크와 돌발상황을 보다 민감하게 느끼게 해주는 것이다. 그 내용은 다음의 8가지로 이야기할 수 있다.

예측 불가능한 것을 고려한다

푸른 안경에서 설명했듯이, 미래는 지속적으로 예견할 수 없다. 이 때문에 미래는 근본적으로 열려 있는 것이다. 만일 5가지 미래안경 중 푸른 안경만 사용할 수 있다면, 당신은 위험성과 안전성에 대해 충분히 심사숙고하지 못할 가능성이 크다. 결국 '잘못된 안정성'에 빠져 미래경영에 실패하게 될 것이다.

즉, 푸른 안경은 리스크나 돌발상황을 고려하지 않는다. 이러한 푸른 안경의 단점을 수정해 개선하는 것이 붉은 안경이다. 푸른 안경으로 미래를 좀더 '멀리' 내다볼 수 있다면, 붉은 안경으로는 습관적인 사고의 틀을 깨고 '더 넓은 미래'를 볼 수 있다. 그 미래는 일어날 확률이 거의 없다고 여겼던 일까지 포함한다. 그러므로 붉은 안경은 '신중하게 고민하지 못한 확실성'을 '신중하게 고민한 불확실성'으로 변화시키는 도구라 할 수 있다.

불확실한 미래에 대한 효과적인 소통수단

붉은 안경은 미래가 얼마나 불확실한지, 무엇이 미래를 불확실하게 만드는지 인식할 수 있도록 돕는다. 돌발적이고 놀라운 미래에 대한 전망과 시나리오는, 당신이 미래의 불확실성에 대해 심사숙고하도록 만들어준다.

개연적이지 않지만 발생 가능한 미래의 무한한 다양성은, 알기 쉬운 전망 몇 가지나 시나리오를 통해 감소될 수 있다. 이 전망과 시나리오는 돌발적이고 놀라운 미래에 대한 이해를 돕는 모델이 된다. 여기서 전망은 한 가지 질문에 대한 대답을 이끌어내는 미니 시나리오 역할을 수행하는 반면, 시나리오는 다양하고 많은 질문에 대한 답을 동시에 제공한다. 이러한 이유로 시나리오는 모든 전망을 포괄한다고 할 수 있다.

개연성 있는 미래의 복잡성을 감소시키고 미래에 대한 소통을 원활하게 만드는 푸른 안경의 가정처럼, 붉은 안경을 통해 본 전망과 시나리오는 돌발적이고 놀라운 미래에 대한 소통을 가능하게 한다. 또한 다양하고 혼동되기 쉬운 데이터를 조직적이고 일관성 있게 통합하고, 사고 과정과 논의 과정을 단순화하고 소요시간을 줄일 수 있도록 돕는다.

미래에 대해 더 많은 것을 보게 한다. 그리하여 덜 놀라게 한다

누차 강조하지만, 미래는 복잡다양하다. 붉은 안경은 이러한 미래에 대한 전망을 더욱 넓히고, 주변 환경에서 발생 가능성이 높은 미래를 인식하도록 지원한다. 붉은 안경으로 당신은 어떤 일이 발생할 수 있는지 더 많이 볼 수 있다. 그리하여 미래에 발생하는 일에 대해 덜 놀라게 된다!

면도칼이 레이저 면도기로 대체된 것처럼, 자사 제품이 갑자기 나타난 획기적인 기술 때문에 쓸모없는 것이 될 수도 있다는 것이나, 혹은 두 경쟁사가 서로 합병할 가능성이 있다는 등의 시나리오를 한 번이라도 생각해보았다면, 이러한 결과에 덜 당황하게 될 것이다. 시나리오로 생각하는 데 머물지 않고 대안전략까지 고민한다면, 변화에 덜 당황할 뿐만 아니라 다른 사람들보다 더 적절하게 대처할 수 있다.

붉은 안경은 시야를 넓히면서, 수평적인 사고를 할 수 있도록 해준다. 미래를 사고하고 전략을 세우는 데 필요한, 돌발적이고 놀라운 미래에 대한 시나리오에서 붉은 안경의 3가지 강력한 효과는 다음과 같다.

- 수립된 패러다임 스트레칭(Stretching) : 당신은 당신의 전략을 근본적으로 바꾸지 않고도 더 많은 대안을 볼 수 있다.
- 수립된 패러다임 팽창(Expanding) : 당신은 당신의 전략과 태도를 지속적으로 바꾸는 게 아니라, 상황에 따라 변화시켜야 한다.
- 수립된 패러다임 크래킹(Cracking) : 당신은 수립된 패러다임을 폐기하고 새로운 패러다임을 찾아나서야 한다.

이처럼 붉은 안경은 인식과 사고의 장벽을 극복하는 수단으로 작용한다. 그럼으로써 상상력을 높이고, 미래의 가능성에 대해 창조적이고 모험적으로 생각할 수 있도록 자극한다.

놀라운 발전을 미리 인식한다

붉은 안경으로 리스크와 돌발상황을 조기에 인식하게 하는 첫 번째 요소는, 당신이 붉은 안경을 사용하고 있다는 사실을 깨닫는 것이다. 붉은 안경을 이용해 돌발상황을 심사숙고하고 또 상상하는 노력은, 이전에는 닫혀 있다고 생각했던 미래를 인식하게 만든다.

조기 인식의 두 번째 요소는 푸른 안경의 아트락토 기능과 비슷하다. (아트락토가 기억이 나지 않는다면, 99페이지를 다시 펼쳐보라.) 푸른 안경의 목적은 미래에 대한 가정을 미래의 정보를 획득하기 위한 아트락토로 활용하는 것으로, 이를 통해 그 가정의 정당성이 옳은지 그른지를 확인할 수 있는 더 많은 징후를 알아차리게 하는 데 있다.

마찬가지로 놀라운 결과와 전개에 대한 전망과 시나리오는, 그러한 일이 야기될 수 있는 개연성이 많은지 적은지에 대한 암시를 주는 아트락토 역할을 한다. 이 암시는 약한 신호로, 혹은 징후로 나타난다.

만약 주 고객의 파산을 잠재적 돌발상황으로 고려하고 있다면 당신은 대화 속에서, 신문에서, 라디오에서, 텔레비전에서, 또는 인터넷에서 이야기되는 신호와 정보들에 신중하게 주의를 기울일 것이다. 이러한 붉은 안경의 아트락토 기능은 당신이 돌발적 미래에 덜 당황할 수 있도록 돕는다.

미래전략을 안전하게 만든다

붉은 안경을 통해 보는 전망과 시나리오는 가능성 있는 미래에 대한 시뮬레이션이지만, 개연성 없는 미래에 대비하는 동시에, 다양한 미래환경에서 어떻게 잘 헤쳐갈 수 있을지에 대한 길도 제시해준다.

사실 우리의 일반적인 반응능력과 반응속도로는 돌발상황에 대응하기가 힘들다. 따라서 붉은 안경의 최우선 목표는 쉽게 처리할 수 없는 돌발상황에 대처하는 법을 배우는 것이다. 이를 일찍 배우지 못한다면, 실제로 돌발상황이 발생할 경우에 그 상황을 다룰 수 있는 경험과 시간이 부족해 애를 먹을 수 있다. 발생 가능성이 있는 돌발상황의 영향에 대해 미리 생각하고 준비한다면, 돌발상황에 직면했을 때 더 나은 방법으로 대응할 수 있고, 대안전략을 개발하고 실행하는 데 필요한 시간을 어느 정도 감소시킬 수 있다.

1964년, 정신의학자 제럴드 캐플란(Gerald Caplan)은 정신질환의 예방책을, 〈표 20〉에서 보여주는 것처럼 3가지로 분류하는 방안을 개발해냈다. 이는 모든 의학 관련 분야에서 사용되고 있으며, 세계보건기구(World Health Organization · WHO)에서도 채택하고 있다.

붉은 안경은 3가지 예방 중 특히 1차 예방과 2차 예방에 도움이 된다. 반면 다른 미래안경들은 광의의 의미에서 건강을 증진시키는 데, 즉 건강발생론(Salutogenese)에 도움이 된다. 건강발생론은 의학 사회학자인 아론 안토노프스키(Aaron Antonovsky)가 질병발생론(pathogenese)과 대치되는 개념으로 만들어낸 것이다. 안토노프스키는 병에 걸리는 이유나 방법을 문제시하는 대신, 병에 걸리지 않은 사람들이 건강할 수 있는 이유나 방법에 관심을 집중했다.

표 20 예방의 단계

단계	의학부문	기업부문으로 확장
건강발생론 (최초의 예방)	• 건강 강화와 증진	• 수익 확대 • 존재력 증진
1차 예방 (건강한 단계)	• 질병 예방 및 지연 • 예방 치료 • 예방 접종	• 리스크 방지 • 예방전략 투입
2차 예방 (입원 전 단계)	• 질병의 조기 발견(검진) • 질병의 최소화 • 조기 치료	• 리스크 조기 인식 • 긴급전략 투입
3차적 예방 (증상이 뚜렷한 단계)	• 병의 후유증 감축 • 말기 치료 • 재활 • 재발 방지	• 리스크 파장 감소 • 긴급전략 투입 • 회생 및 구조조정

즉 질병이라는 '위험'에 집중하는 붉은 안경과 달리, 다른 안경들은 위험이 일어나기 전의 상태나 위험이 아예 없는 상태에 집중한다고 할 수 있다.

〈표 20〉은 의학부문의 예방 단계를 기업부문에 대입한 내용도 정리하고 있다. 이를 보면, 예방전략은 돌발상황이 발생하기 전에, 즉 예방 접종을 하기 위해 투입된다. 예를 들어, 마이크로소프트의 소프트웨어인 폴더셰어(Foldershare)를 구입하는 것이 이에 해당되는데, 폴더셰어를 미리 구입해야 마이크로소프트의 또 다른 소프트웨어인 그루브(Groove)를 우선적으로 구입하는 기회를 확보할 수 있다. 이 소프트웨어 패키지는 서버 없이 P2P 원리로 작동하며, 원거리 네트워크 이용자 간 데이터 동기화를 위해 사용된다. 이와 비슷하게 질레트는 잠재적으로 자사를 위협할 수 있는 팔로마(Palomar)와 협력관계를 맺었다. 팔로마는 면도칼을 위협한 레이저 면도기를 개발한 회사다.

2차와 3차 예방에서 사용되는 긴급전략은, 이미 계획은 수립했지만 돌발상황이 발생할 경우 투입되는 전략이다. 미래를 예견하고 책임경영을 하는 기업이 위기 시 투입하는 PR계획이 바로 여기에 속한다.

한 번이라도 의미가 있는 전략적인 돌발상황을 경험한 국가, 조직, 개인은 훗날 이러한 예측 불가능성에 대해 비교적 잘 안전을 확보하고, 또한 돌발상황에도 미리미리 대비하게 된다. 1923년 도쿄에서 발생한 지진이 14만 2,000명의 생명을 앗아갔던 것을 기억하는가? 그런데 최근 전망에 따르면, 도쿄 인구의 엄청난 증가에도 불구하고 앞으로 대지진이 발생할 경우 1만 1,000명 정도만이 희생될 것이라고 한다.

인간은 본질적으로 경험을 통해서 배우고, 그다음으로는 예측을 통해서 배운다. 경험은 예측을 잘할 수 있도록 더 많이 노력하게 하고, 늘 리스크와 돌발상황에 대비하도록 한다.

참고로, 시스템을 다루는 학문에서 붉은 안경은 시스템의 '민감성 분석(어떤 모델에 있어서 투입요소의 변화가 양적·질적으로 어떤 영향을 미치는지 밝히는 연구 – 옮긴이)'이란 개념과 연관되어 있다. 민감성 분석은 어느 시스템의 민감성을 개별 매개변수의 변화에 대비해 측정하고, 그 바탕 위에 형성되는 시스템의 견고성을 담보해준다.

불가피한 변화를 더 빨리 만난다

심리학에서는 개인의 현실적 변화가 리스크와 돌발상황에서 주로 나타난다고 가정한다. 노란 안경이 매력 있는 비전을 제시한다면, 붉은 안경은 변화에 대비하는 것을 지원한다.

일반적으로 사람들은 자신이 이제까지 경험하지 못한 새로운 상황에 계속 직면할 수밖에 없다. 이에 따라 사람들은 자신의 태도를 스스로 변화시킨다. 잠재적 돌발상황은 긍정적인 변화를 위해서 필요한 위기상황을 시뮬레이션할 수 있도록 도와주고, 또한 이런 방법으로 변화에 대비할 수 있도록 한다.

많은 기업에서 직원들의 주의를 환기시키거나 경고하기 위해서 의도적으로 잠재적 위협(꼭 돌발상황인 것만은 아니다)을 강조한다는 사실은 이미 잘 알려져 있다. 그러나 이 방법은 정치인들이 권력을 유지하기 위해 사용하는 수단과는 다르다.

더 많은 미래의 기회를 발견한다

개연성이 낮지만, 일어날 가능성이 있는 놀라운 미래를 상상함으로써 당신은 미래의 기회를 발전시키기 위한 토대를 만들어낸다. 붉은 안경으로 생각해낸 리스크와 돌발상황은, 다시 초록 안경으로 분석하여 그 안에서 기회를 볼 수 있다. 만약 당신이 경쟁자가 신상품모델을 도입할 수 있다는 사실을 알아차린다면, 이 가능성을 당신 자신을 위한 미래의 기회로서 이용할 수 있다는 사실을 쉽게 생각할 수 있을 것이다.

돌발상황의 전개 시나리오는 특히 미래에 대한 여러 가지 옵션을 발생시키는 데 기여한다. 만약 비현실적이고 먼 미래를 눈앞에 그려야 한다면, 우리 뇌는 '가능성 있다고 여겨지는 미래가 유용하고 특별한 성과를 올릴 수 있는 것'으로 증명될 수 있는 대안적 전략을 수월하게 개발해낼 것이다.

이러한 가정을 해보자. 출장을 가야 하는데 모든 비행기는 격납고에, 모든 기차는 기차역에, 모든 자동차는 차고에 있어야 해서 당신은 한 발짝도 움직일 수 없다. 그러면 당신은 어떻게 일을 할 것인가? 사실상 출장경비는 의사소통에 필요한 경비가 대부분을 차지한다. 그래서 사업상의 출장이 곧 비디오폰, 화상회의, 심지어는 낡은 방식인 전화로 대체될 것임이 명백해진다.

이렇게 붉은 안경으로 새로운 길, 새로운 해결책, 새로운 선택을 위한 전제조건들이 만들어질 수 있다.

위기경영을 개선한다

많은 나라에서 기업의 위기경영이 법적으로 규정된 이후로, 기업현장에서 위기경영은 당연한 것으로 운영되고 있다. 위기경영을 전개하기 전에는 위험도가 정확히 인식되어야 하는데, 그 위험도는 징후나 조짐, 희미한 신호에 따라 예감될 수 있다.

위기경영과 붉은 안경은 유사한 면이 있지만 동일하지는 않다. 위기경영은 미래의 변화에 대해 방어적인 태도를 취하게끔 유도한다. 반면 붉은 안경은 무엇보다 미래의 돌발상황에 관계되기 때문에, 단지 긍정적이거나 부정적인 태도를 보이게 만들 뿐이다. 그러므로 위기 극복을 책임져야 하는 경영자가 붉은 안경을 활용해 계속해서 위기에 적절하게 대응한다면, 위기 속에 숨어 있는 기회 또한 인식할 수 있다.

붉은 안경의 사고대상

붉은 안경은 불연속성과 돌발상황을 찾는 데 집중하며, 그 일은 돌발상황에 대한 질문과 함께 시작된다. 다음의 〈도표 15〉는 돌발상황이 당신의 미래에 대한 가정을 불확실하게 하지만, 그 돌발상황을 연구한다면 미래전략을 확실하고 확고하게 만들 수 있음을 보여준다.

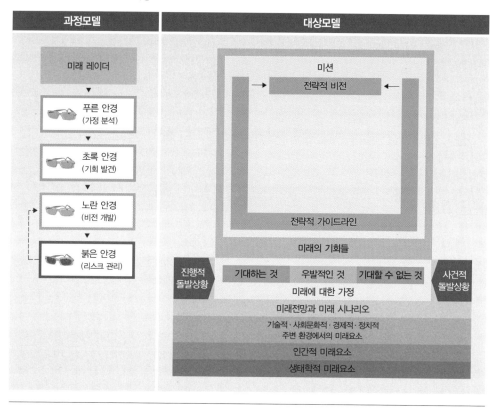

리스크와 돌발상황에 대한 질문

리스크와 돌발상황에 대한 질문은 파장이 클지도 모르는 몇 가지 잠재적인 돌발상황에 주의를 기울이게 할 것이다.

기업의 사업모델과 개인의 인생 설계도는 너무나 다양해서, 리스크와 돌발상황에 대한 질문 역시 제각각이다. 리스크와 돌발상황에 대한 올바른 질문을 찾는 일은, 미래에 대한 가정을 세우면서 사용했던 미래의 결정요소와 관찰분야의 방향을 잡는 것에서부터 시작한다.

리스크와 돌발상황에 대한 질문은 고객의 태도, 중요한 기술들, 시장의 역학관계와 경쟁관계, 법과 규정, 자연환경 등의 변화에서 생겨나며, 그 예로 다음의 몇 가지를 들 수 있다.

- 우리 제품에 대한 고객들의 수요가 어떻게 갑자기 급격하게 감소할 수 있는가?
- 우리의 주요 생산 제품이 새로운 기술로 대체되는 일이 어떻게 발생하는가?
- 단기간에 경쟁관계가 어떻게 급격히 변화될 수 있는가?
- 우리에게 심각한 문제가 되는 법적·규범적 조건이 어떻게 변화될 수 있는가?
- 우리의 사업이 자연과 환경에 문제가 되는 일은 어떻게 발생할 수 있는가?

이 질문들에서 알 수 있듯이, 리스크와 돌발상황이 미치는 영향의 범위를 가장 중요하게 다루는 데 모든 것이 달려 있다. 돌발상황에서 무엇이 정확히 발생하는지를 아는 것보다, 당신이 어느 부분에서 어떻게 타격을 입을지를 아는 것이 더욱 중요하다.

리스크와 돌발상황

리스크와 돌발상황은 미래를 투시하는 의사결정자의 사고영역에는 거의 나타나지 않는다는 점에서, 푸른 안경이 이야기하는 '나타나지 않는 것'이란 개념과는 차이를 보인다. 필자는 비(非)기대를 의도적으로 가능성이 있는 것, 또한 약간이나마 기대할 수 있는 개연성 있는 것으로 인식하고자 한다. 푸른 안경을 가지고 우리는 시장이 확대되거나 축소되는 것을, 2가지 극단적인 전망을 통해 관찰하고 난 후에 미래에 대한 가정을 전개할 것이다.

'알려진, 혹은 알려지지 않은 대체기술로 시장이 붕괴될 수도 있다'는 것은 개인과 기업가들에게 붉은 안경을 활용해 이 문제에 대해 고민하도록 '강요'하는 중요한 생각이다.

푸른 안경으로는 점진적이고 지속적인 발전 과정과 기능이 고려되고, 붉은 안경으로는 비연속적인 발전 과정과 기능이 고려된다. 이 2가지 사고방식에서는 각기 다른 태도와 수단이 필요하다. 필자는 돌발상황을 다음과 같이 정의한다.

돌발상황이라는 것은 그 주변 환경에서는 개연성이 낮지만, 잠재적으로는 큰 파장을 유발하는 사건이나 발전 과정을 담은 전망이나 시나리오다.

이 정의는 푸른 안경의 사고대상과 거의 비슷하게, 돌발상황이 전망이나 시나리오의 형식에서도 생각되어진다는 점을 분명하게 한다.

돌발상황은, 돌발상황에 대한 당신의 반응속도를 크게 능가할 정도로 빨리 변화하기 때문에 '놀라운 것'이다. 또한 전혀 상상하지 못했거나, 결코 일어날 수 없는 것으로 간주한 상황이 나타났을 때도 놀라움을 느끼게 된다.

사건적 돌발상황

돌발상황은 크게 2가지로 나누어볼 수 있다. 다음의 〈표 21〉에서 개관한 것처럼, 돌발상황은 사건적이거나 진행적으로 구분되어 나타난다.

표 21 사건적 돌발상황과 진행적 돌발상황

기준	사건적 돌발상황	진행적 돌발상황
정의	• '사건'이란 형식으로 갑자기 나타나는 돌발상황	• 대체되는 미래를 야기하며 점진적으로 나타나는 돌발상황
사례	• 2006년, 에어버스의 납기 지연문제 공개 • 2004년 12월 26일, 인도양의 쓰나미 • 2001년, 9·11 테러 사건 • 1989년 11월 9일, 베를린장벽 붕괴 • 1986년 4월 26일, 체르노빌 원자로 폭발 사고	• 음반이 없는 음악시장의 등장 • 노동시간이 재차 연장된 노동시장(거의 10년 전에 공표된 것으로, 2003년에 발생한 과거로의 트렌드 회귀)
영향	• 빠르고 잠재적이며 지속적인 균형의 저해	• 천천히 그리고 대체로 지속적인 균형의 변화
조기 인식 가능성	• 징후의 결핍이나 최소의 징후(희미한 신호) 때문에 조기 인식 불가능	• 인식 가능한 징후로 인해 근본적으로 조기 인식 가능
반응시간	• 이용 불가	• 이용 가능
전통적 방법	• 와일드카드 분석(저해요소 분석) • 창의적 기술 • 유추 해석	• 대안적 미래에 대한 시나리오 분석 (푸른 안경에 대한 보완)

앞서 이야기한 가상의 도킹 전투는 사건적 돌발상황의 시나리오를 묘사한다. '사건'은 놀라운 전개를 야기한 근원이라 할 수 있다.

베를린장벽의 붕괴는 핵무장에서부터 EU의 조세정책 및 재정정책에 이르기까지, 수많은 변화를 촉발시킨 전환점이었다. 세계적인 인터넷망 월드와이드웹(World Wide Web)의 발전은 자동차의 판매 증가, 증권거래소와 원자재 상품거래소의 발전을 이끈 획기적인 변화를 내포하고 있었다. 필자는 HTML에 바탕을 둔 월드와이드웹으로 인터넷이 지속적인 발전을 한 것을 '새로운 창조'로 존중받아야 한다고 본다. 인터넷이 이끌어낸 통신의 단순화는 컴퓨터 기술의 전형적인 발전 흐름과 일치하기 때문이다.

사건적 돌발상황은 저해요소, 즉 와일드카드 분석으로 대비할 수 있다. 발생확률은 극히 낮지만 발생 후 충격이 엄청난 사건을 가정하고, 구체적인 시나리오를 만들어, 결과를 미리 생각해보는 것이다.

진행적 돌발상황

대안적인 미래에 대한 사고는 진행적 돌발상황에 상응한다. 100년 이상 계속된 노동시간의 단축이나 독일 신(新)경제의 실패는 진행적 돌발상황에 가깝다. 1993년 동독의 노동자들은 파업을 통해 노동시간을 주당 35시간으로 감축하려고 했으나 실패했다. 그 후 10년이 흐른 2003년, 기업들은 사실상 노동시간을 다시 연장했다. 이처럼 진행적 돌발상황은 이미 나타난 조짐, 약한 신호 또는 징후를 통해 조기 인식과 예견의 가능성을 열어놓는다.

〈표 21〉에서처럼 진행적 돌발상황은, 처음 나타난 당시에는 사람

들의 생각만큼 영향력이 크지 않다. 이미 1962년에 사람들은 인터넷과 유사한 것을 고안했고, 1964년에는 많은 연구를 통해 분명히 현실화를 예견했다. 1969년에 실현된 아르파넷(ARPANET·미 국방부가 개발한 인터넷의 모체 – 옮긴이)은 그 당시에 이미 공공연하게 가동되었다. 그럼에도 불구하고 셀 수 없이 많은 기업과 개인이 불과 몇 년 내에 인터넷이 시장과 세계에 혁명을 일으킨 것에 놀랐다.

〈도표 16〉은 금융시장의 각 분야에서의 대안적인 미래를 반영한 8가지 놀라운 발전을 보여주는 '시나리오 주사위'다. 이 주사위는 3개의 축과 각 축에 해당되는 돌발상황에 대한 질문들로 이루어져 있으며, 세 축의 가장자리에서는 극단적인 답이 도출된다.

- 인터넷 금융 활용도 축 : 몇 퍼센트의 사람들이 은행업무를 위해 인터넷 금융을 우선적으로 이용하는가? 20퍼센트 이하인가, 90퍼센트 이상인가?
- 금융 컨설팅 시장 축 : 미래에 금융 컨설팅 비용은 어떤 기준으로 지불되는가? 컨설팅이 당연시되는가, 아니면 컨설팅이 오로지 판매의 수단이 되겠는가?
- 금융 서비스 공급환경 축 : 금융 서비스 공급시장은 얼마나 강하게 분열되어 독립적일 수 있는가? 대규모 금융 서비스 제공업체가 금융 서비스를 공급할 것인가, 아니면 분야를 막론하고 모든 기업이 동등하게 금융 서비스를 제공할 것인가?

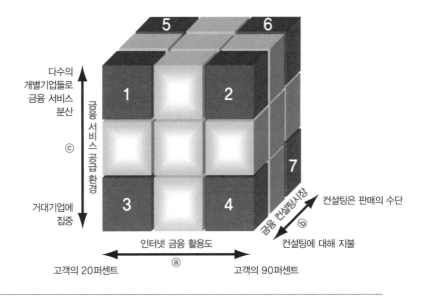

극단적인 답의 3가지 조합을 통해, 아주 비개연적이지만 추측 가능한 미래의 시나리오들이 만들어진다. 우선 우리가 봤을 때 주사위 오른쪽 뒷면 상단에는 다음과 같은 조합이 생긴다.

ⓐ 인터넷 금융 활용도 90퍼센트

ⓑ 금융 컨설팅은 판매의 수단

ⓒ 다수의 개별기업들이 금융 서비스 제공

이는 '기존 은행의 몰락'이라고 표현할 수 있는 시나리오다. 이러한 미래에서는 다양한 분야의 금융 서비스 공급자들이 또 다른 공급자들에게 금융 서비스를 제공하고, 기존 은행들은 단지 소소한 경리업무를 중심으로 운영하게 될 것이기 때문이다. 개인적인 금융 컨설팅에서는 아주 작은 부문만이 가치 있는 상품과 금융문제에 대한 해결에 집중될 것이며, 이는 주로 판매 수수료라는 방식으로 대가를 지불하게 된다.

다음으로 우리가 봤을 때 주사위의 왼쪽, 앞, 아래쪽, 이 3가지 답을 조합해보면, 어떤 결과가 나올까? 3가지는 다음과 같은 조합을 만들어낸다.

ⓐ 인터넷 금융 활용도 20퍼센트
ⓑ 금융 컨설팅의 대가 지불
ⓒ 거대기업에 집중

이런 조합은 앞의 조합과는 반대로 '콘체른적 금융 컨설팅업자의 붐'이라고 표현할 수 있는 시나리오를 보여준다.

왜냐하면 이 같은 미래에서는 금융 서비스가 개별적으로 영위되고 지불되는 개인사업 수준에 머무르기 때문이다. 금융거래량이 매우 많기 때문에 컨설팅 비용은 인하 압력을 받게 되고, 이에 따라 백오피스 프로세스 비용은 콘체른의 규모에 따른 장점으로 인해 극단적으로 낮아질 수밖에 없다.

비전과 전략에 확신을 주는 붉은 안경 사용법

당신은 미래에 발생 가능성이 높은 돌발상황이 어떤 결과를 초래할지, 미리 시험해보기 위해 붉은 안경을 사용한다. 이 안경으로 먼 거리에서 미래를 수동적으로 관찰하면서, 목적 달성에 회의적이고 숙명적인 태도로 미래를 생각할 수 있다. 당신은 앞으로 다가올 미래의 돌발상황을 상상하기 위해서 창조성과는 반대되는 형식을 필요로 한다.

'위험'과 '위협'을 구분하라

유감스럽게도 현장에서 일하는 많은 사람들은 자신의 활동이나 업무에서의 옵션을 생각할 경우에 시나리오를 들먹이지만, 마치 모든 전문가의 견해인 것처럼 "시나리오가 목적 달성에 별로 도움이 되지 않는다"고 말한다.

붉은 안경을 '위험성'과 혼동해서는 안 된다. 이탈리아어 'Risiko'라는 단어는 위험과 모험이라는 뜻이다. 프랑스어로 위험을 뜻하는 'risquer'는 스스로 또는 무언가를 위험에 빠뜨리거나 위험을 무릅쓴다는 말로, 그 의미가 더욱 분명하다. 그러니까 위험은 적극적인 행위를 요구하는 것이다.

일반적으로 위험은 사업경영이나 사업경영을 넘어서는 부가적인 행위에서 발생한다. 위험은 항상 의도적이고 적극적인 행위에 의해 뒷받침된다. 즉 수동적 존재로 인해 내맡겨질 수 있는 위험을 의미하는 '위협'이라는 단어와는 구분이 되는 것이다.

불연속적으로 생각하라

사람들은 장기적인 관점으로 미래에 대해 심사숙고하면서 현재의 발전을 기록해나간다. 그럼에도 불구하고 전략적이고 중요한 불연속적 변화는, 통계학적 전망모델이나 계량경제학적 전망모델로도 예측할 수 없다. 불연속적 변화는 인과관계의 규칙성으로는 설명될 수 없을 뿐더러, 이 변화에 영향을 받는 '제3의 변수' 역시 계량화할 수 없다는 것이 그 이유다.

일상의 투영적인 사고로는 돌발상황을 전혀 볼 수 없다. 붉은 안경은 더 많은 비연속적인 사고를 요구하고 있고, 우리는 우리의 뇌가 불연속적으로 사고하게끔 강요해야만 한다.

미래에 대한 과정이 완전히 틀렸다면, 우리는 어떻게 해야 하나? 우리의 미래전략을 기본토대부터 흔들어놓기 위해서는, 어떤 일이 발생해야만 하는가? 우리가 단기간에 성공을 이루기 위해서는, 어떤 일이 발생해야만 하는가?

이러한 질문들은 우리가 놀랍고, 예상치 못했고, 비개연적인 미래를 볼 수 있도록 돕는다.

개연성이 아니라 비개연성에 주목하라

가정을 분석하는 푸른 안경과는 반대로 붉은 안경은 개연성을 찾는 사고가 아니라, 비개연성을 찾는 사고를 요구한다. 앞서 말했듯이, 돌발상황은 미래에 있어 유일하게 '확실한 것'이다. 당신은 미래에 대한 가정이 본질적으로 잘못되었고, 또 미래가 당신이 상상했던 것과 전혀 다르다는 전제에서부터 출발해야 한다. "가장 놀라운 미래는 어떤 돌발상황도 나타나지 않는 미래일 것"이라는 허먼 칸의 이야기를 새겨들을 필요가 있다.

비현실적으로 보이는 엄청난 돌발상황은, 부풀려놓은 전망과 익숙한 사고모델을 극복하는 적절한 척도를 요구한다. 인터넷이 장기간 접속되지 않는 상황을 생각해보자. 이러한 상황은 거의 상상할 수 없고, 극적인 상황이라고 느껴지지도 않을 것이다. 하지만 하루 종일 이메일을 열어볼 수 없어서 불안함을 느껴본 사람이라면, 인터넷 접속 불가의 상황이 전 세계적인 재앙을 야기할 수도 있음을 쉽게 이해할 수 있을 것이다.

현재 전 세계 인터넷망은 13개 루트서버로 유지되고 있는데, 그중 10개가 미국에 있다. 이론적으로 미국이 인터넷의 가장 중요한 부분을 차단할 수 있는 가능성을 가지고 있는 것이다. 어떤 돌발상황이 떠오르는가?

현실적인 것을 거부하라

많은 사람들이 비개연적인 것에 관심을 별로 두지 않는 경향이 있다. 그들은 개연성을 찾고, 그 개연성에 집중하는 데 익숙해져 있다. 하지만 비개연적인 일은 점점 더 많이 발생하고 있고, 이를 미리 생각하는 것은 변화보다 더 자주 요구된다. 그러므로 '현실적인 것'에 집중하라는 주변의 요구를 거부하라!

물론 당신이 비개연적인 돌발상황을 예견한다면, 지나치게 비판적이고 의심 많고 예민한 사람으로 보일지도 모른다. 또한 돌발상황에 대해 직관으로만 판단한다면 붉은 안경의 사용을 너무 일찍 마무리하거나 너무 일찍 포기하는 것처럼 보이기도 한다. 이러한 순간에 앞서 '붉은 안경의 효과' 부분에서 이야기된 여러 사례들을 다시 살피면서 의도적으로 붉은 안경을 다시 인식한다면, 일을 끝까지 해낼 수 있는 힘을 얻을 수 있을 것이다.

영국 철학자 버트런드 러셀(Bertrand Russell)의 다음 이야기가 당신에게 더욱 힘을 주길 바란다. "영리한 자들은 이렇게 의심을 하는데, 어리석은 자들이 저렇게 확신을 하는 것은 애석한 일이다."

미래의 스트레스를 균등하게 분배하라

미래에 대해 덜 놀란다는 것은, 돌발상황이 발생할 때 야기되는 미래의 스트레스를 미리 예측하고, 이러한 방법으로 미래의 스트레스를 현재화시키는 것을 의미한다. 당신은 고통스럽고 때로는 살인적인 극도의 스트레스를 감소시켜야 하고, 또한 이 스트레스를 당신의 일생에 가능한 한 균등하게 분배해야 한다.

붉은 안경은 스트레스를 초래한다. 앞으로 겪게 될 돌발상황을 예측함으로써, 미래에 받을 스트레스를 먼저 받는 것이다. 하지만 예상하지 못한 치명적인 스트레스를 한 번에 받는 것보다, 예상한 스트레스를 지속적으로 받는 편이 낫지 않겠는가!

이 점을 명심하기 바란다. 잠재적인 돌발상황에 대해 더 많이 알려질수록 그 돌발상황은 덜 위협적인 것이 된다. 또한 해결책과 대안전략은 더욱더 명료해질 수 있다.

돌발상황을 부정적으로만 보지 마라

돌발상황을 보는 안경을 붉은색으로 표현하긴 했지만, 그것이 원칙적으로 위협적이고 위험한 것만을 의미하는 것은 아니다. 사실 돌발상황은 부정적이었다가도 긍정적으로 변하고, 긍정적이었다가도 부정적으로 변한다.

개폐가 가능한 투명비닐봉지를 생산하는 사람들의 이야기가 좋은 사례가 되겠다. 그들은 '비행기의 모든 승객은 액체를 기내로 가지고 들어갈 때에 개폐가 가능한 투명비닐봉지에 넣어야 한다'는 예상치 못한 규정이 도입되는 돌발상황을 경험했다. 이러한 돌발상황이 투명비닐봉지 사용의 붐을 일으키지는 않았지만, 생산업자들에게 부정적인 것은 결코 아니었다.

핵융합 원자로의 출현 역시 긍정적인 돌발상황이라 할 수 있다. 이제 곧 인류의 에너지 문제와 지구의 기후문제가 해결될 수도 있을 것이다. 그런데 이 돌발상황을 부정적으로 인식하는 사람들도 있다. 원자력 발전소로 인해, '쓸모없는 발전소'로 인식되고 있는 기존의 발전소들이다.

미래학자 존 피터슨(John L. Peterson)은 부정적 와일드카드에 긍정적인 부가 효과가 있다는 흥미로운 사례를 발표했다. 급강하는 정자의 수가 인구밀도 감소에 도움이 될 수도 있다는 것이다.

위기는 종종 개선을 이끌기도 한다. 14세기, 중유럽 인구의 절반이 페스트로 사망하는 일이 있었다. 표면만 봤을 때는 부정적인 돌발상황이 아닐 수 없다. 하지만 아이러니하게도 이러한 상황이 긍정적으로 작용해 이득을 본 이들이 있었다. 바로 농부들이다. 인구의 절반이 사망하면서 노동력이 절대적으로 부족해졌고, 농부들은 지주들로부터 자신들의 입지를 강화하게 된 것이다. 그 후 농부들은 높은 임금과 낮은 소작료로, 부(富)를 확보할 수 있었다.

타당성이 있는 돌발상황을 찾아라

붉은 안경으로 탐지하는 돌발상황이 비개연적이어야만 한다면, 당신은 타당성이라는 요구조건에서 자유롭지 못할 것이다.

타당성이란 무엇인가? 만약 무언가 명백하고, 이해 가능하고, 믿을 만하고, 설득력이 있다면 그것은 타당한 것이다. 이 타당성은 특정한 돌발상황의 발생 가능성을 알 수 있는 척도가 된다. 잠재적 돌발상황이 더 명확하게 묘사되고 논리적으로 설명될수록, 전망이나 시나리오는 더욱더 타당성 있게 보인다.

2005년, 일본 도쿄 만에서 제4지반의 움직임으로 지진 발생 위험도가 명백히 높아지고 있음이 발견되었다. 전문가들은 강력한 지진이 발생해 도쿄 대부분이 붕괴된다면, 1만 1,000명의 사망자와 14조 원가량의 손실이 있을 거라고 예측했다.

이 시나리오가 실현된다면, 금융시장에서 일본 자금의 이탈이 초래될 수 있고, 이에 따라 금융시장이 위기에 빠질 수도 있다. 전문가들은 아직 이러한 일이 일어날 것이라고 확언하거나 가능성이 없다고 단언할 상황은 아니지만, 이러한 잠재적인 돌발상황에 어느 정도 타당성은 있다고 평가한다. 그들의 말에 따르면, 향후 50년 이내에 도쿄에서 강도 7의 엄청난 지진이 발생할 확률이 90퍼센트에 이른다고 한다.

돌발상황이 진지하게 받아들여지려면 도전적이면서 타당하고 상상 가능해야 한다. "단 몇 주 안에 악(惡)도 고난도 없는 새로운 세상이 열린다"는 주장은 개연적이지도 않고 타당하지도 않다. 이러한 돌발상황을 믿게 만들려면 손에 땀을 쥐게 하는 이야기를 제공해야 한다.

"인류가 초능력을 지닌 외계인의 존재를 인식할 수 있다"는 주장도 마찬가지로 개연성이 부족하지만, 적어도 완벽하게 선한 세상이 도래한다는 주장보다는 훨씬 타당성이 있어 보인다. 요즘에는 2주에 하나 꼴로 새로운 행성이 발견되지 않나!

더 많은 상상력을 요하는 돌발상황일수록, 그것에 대한 저항은 더욱 거세지고 우스꽝스러운 상상은 관리 프로세스에 의해 사라질 것이다. 시나리오가 너무나 모험적이면 경영 차원에서 돌발상황을 예측하는 프로세스 자체가 차단될 수도 있다.

돌발상황을 예측할 때는 적당한 도전에서 시작해 건전한 회의적 태도를 갖는 정도가 가장 적절하다. 극도로 불명확하고 비개연적인 돌발상황을 준비하는 것은 재정적으로 불가능하고 의미가 없기 때문이다. 돌발상황의 효용성은 도전의 정도에 따라 처음에는 증가하지만 어느 순간부터는 가파르게 감소한다.

증가하는 돌발상황을 인식하라

가능한 돌발상황의 수는 계속 증가하고 있다. 돌발상황과 그 영향을 인식하고 이해하는 일은 점점 더 자주 요구되며 점점 더 어려워지고 있다. 왜 돌발상황이 증가하는가? 그 이유는 다음의 4가지로 설명된다.

첫 번째 이유는 복잡성이 증가하고 있기 때문이다. 세계는 점점 더 복잡해지고 있다. 단순화를 추구하는 노력과 성공도 그 사실을 크게 변화시키는 못한다.

돌발상황은 '시스템의 복잡성'이라는 특징으로 정의된다. 전기회로를 예로 들면, 복잡한 시스템은 그리 놀랄 만한 것은 아니다. 하지만 컴퓨터는 똑같은 입력을 해도 항상 똑같이 반응하지 않는, 아주 복합한 시스템이다. 만약 많거나 적거나 좋은 결정을 스스로 내리는 인간과 컴퓨터를 연결한다면, 시장이나 사회와 같은 복잡하게 적용되는 시스템을 인식할 수 있게 된다.

그러나 이러한 시스템들은 어떤 방법으로도 정확하게 그 신호를 파악할 수 없다. 다르게 표현하면, 이러한 시스템들은 끊임없이 돌발상황을 만들어낸다.

두 번째 이유는 구성요소의 수가 증가하고 있기 때문이다. 시스템에서 능동적 요소와 수동적 요소가 많아지면 복잡성을 갖는 더욱더 포괄적인 돌발상황이 발생할 가능성이 높다. 그런 이유로 더 많은 사람들, 더 많은 기업, 더 많은 조직이 서로 영향을 주고받는 관계임을 인식하고 있더라도, 본질적 구성요소 전부를 보기는 점점 더 어려워 질 수밖에 없다.

세 번째 이유는 행위자들 사이에서 네트워크가 증가하기 때문이다. 그러면 정보 교환뿐만 아니라 상호 간 종속성과 흡인력이 커져 더 많은 돌발상황이 발생할 수 있는 요인들이 만들어진다. 이는 앞에서 말한 복잡성을 이끌어내는 몰이꾼에 다름 아니다.

인터넷이 발명되기 전에는 손실이 가중되는 돌발상황이나 (당연한 말이지만) 순전히 인터넷에 기반한 새로운 경쟁자가 없었다. 그러나 오늘날에는 인터넷사이트에 글을 올려 단 며칠 안에 광범위한 지역에 알릴 수 있는 가능성이 급격히 높아졌다. 이전에는 생각조차 할 수 없던 일이다.

네 번째 이유는 연쇄반응과 누적의 측면에서 설명할 수 있다. 돌발상황은 그 진행에서 예상 가능하거나 이해 가능한 연쇄반응을 보이지 않는다. 돌발상황이 누적되는 것은, 마치 어느 시리즈물 드라마에서 영아살인 사건이 결말에 가서는 새로운 보호조치를 이끌어내는 것과 비슷하게 작용한다. 즉 시간이 흐르면서 돌발상황으로 인해 초래되는 변화가 미치는 총체적인 영향에 대해서는, 결코 완전히 개관될 수 없다.

물론, 아예 방법이 없는 것은 아니다. 파국 이론(catastrophe theory)은 불연속적인 발전을 정확히 이해하고 계산할 수 있는 하나의 방법이 될 수 있다.

1973년 프랑스의 수학자 르네 톰(Rene Thom)은 파국 이론을 제안하며, 갑작스러운 큰 변화를 파국이라고 명명했다. 적재량을 겨우 500그램 초과한 무게를 더 버티지 못하고 교량이 갑자기 붕괴하거나, 지진, 홍수, 쓰나미 같은 자연재해가 인류 역사에 막대한 영향을 미치는 경우들이 모두 파국에 해당된다. 르네 톰은 아무리 급격한 파국도 그것을 일으키는 에너지는 이전부터 축적된 것으로, 반드시 전조적 현상이 나타난다고 주장했다.

하지만 지금까지 변수가 5가지 이상이면 파국 이론으로 예측할 수 있는 수학적 방법은 개발되지 않았다. 결국 누적된 돌발상황의 영향력을 완전히 개관할 수 있는 방법은 아직까지는 없는 셈이다.

돌발상황이 아니라 잠재적 영향에 대비하라

잠재적 돌발상황이 어떠한 영향을 미칠지는 첫눈에 알아차릴 수 없다. 돌발상황 대부분이 새로운 것이기 때문에, 사람들은 돌발상황과 그 영향을 미처 깊이 생각하지 못한다. 하지만 영향이 클수록 돌발상황과 더 깊이 관련되며, 더욱더 신속하게 돌발상황을 인식하고 대처해야 한다. 돌발상황 자체가 아니라 그로 인한 영향에 대해 준비하는 것이 중요하다.

당연하게 들리는 것들이 현실에서는 그렇게 쉽게 변화되지 않는다. 그러나 지금 당신이 지름길로 가고 있는지, 당신의 성공이 어떤 핵심적인 구성요소에 달려 있는지, 그 구성요소로 인해 전체적으로 손실이 예상되는지 아니면 부분적으로 손실이 발생할 것인지 자문해본다면 앞으로의 미래를 더 쉽게 변화시킬 수 있다.

기업뿐만 아니라 거의 모든 조직이나 개인에게 매출액과 한계수입 (하나의 상품을 더 팔 때 생산자가 얻을 수 있는 추가수입)은 너무나 중요한 부분이다. 리스크가 따르는 돌발상황으로 생각지도 못한 손해를 입을 수도 있다. 그러므로 사전에 돌발상황을 분석해야 하는데, 가장 신속하고 간단한 분석 방법은 '5 - 50의 질문'을 수립하고 그에 대한 답을 도출하는 것이다.

예를 들어, "만약 5주 동안 지속적으로 한계수입의 50퍼센트를 잃는다면 무엇을 어떻게 할 것인가?"라는 질문을 해볼 수도 있다. 만약 당신이 사업을 하면서 50퍼센트의 손실 발생은 감당할 수 있다고 여긴다면, 60퍼센트 또는 80퍼센트의 손실을 가정해보라. 돌발상황으로 인한 최악의 영향을 알 수 있다면, 그 돌발상황은 하찮은 것에 불과하다.

이렇게 돌발상황에서 살아남기 위한 당신의 모든 행위들은 예상 가능한 다른 모든 돌발상황으로부터 당신을 보호하는 역할을 할 것이다.

잠재적 돌발상황에 신중하라

일반적으로 돌발상황은 영향이라는 측면에서 과소평가되거나 과대평가되기 십상이다. 하지만 어떤 누군가는 돌발상황이 극적 결과를 초래하거나 아무런 문제없이 무시될 수 있음을 알아차렸을 수 있다. 당신은 항상 의문을 가지고 조심스럽게 행동해야 할 것이다.

돌발상황은 이렇게 아주 간단한 것처럼 보일 수도 있다. 그럼에도 돌발상황으로 인한 영향과 또 다른 요소들과의 상호작용으로 돌발상황은 매우 복잡하고 의미심장한 것일 수도 있다.

모든 돌발상황에 유연하라

돌발상황에 대한 분석의 범위가 끝이 없다면, 사람들은 가장 중요한 돌발상황에만 한계를 두지는 않을 것이다. 다음의 〈표 22〉는 돌발상황에 대비한 전략 개발에 꼭 필요한 요소들을 결정하는 데 도움을 줄 것이다.

〈표 22〉의 첫 번째 단에 돌발상황 분석에 적합한 관찰대상이 있다. 첫 번째 단의 첫 번째 줄에는 단기간에 결정된 전략요소가 보인다. 전략적 관점에서 가격을 아주 빨리 변화시킬 수 있는 가격모델을 단기적 전략요소의 한 예로 들 수 있다. 이러한 요소들에 대해 당신은 모터보트처럼 아주 빠르고 유연하게 대응할 수 있을 것이다.

그 아래에는 장기간에 걸쳐 결정된 전략요소의 영역이 있다. 여기

표 22 돌발상황 분석의 요점

관찰대상	시점	리스크에 강력한 준비	리스크 인지	높은 안전성 요구
단기적 전략요소	현재	–	• 예방적 대안전략 불필요	• 예방적 대안전략으로 전환
	미래	필요할 때 반응	• 필요할 때 반응	• 시급한 대안전략으로 전환
장기적 전략요소	현재	–	• 예방적 가능전략 전환 • 장기적 결정 회피 • 유연성의 가능성을 활용	• 가능한 모든 예방적 대안전략으로 전환 • 장기적 결정 최소화
	미래	필요할 때 반응	• 시급한 대안전략으로 전환	• 시급한 대안전략으로 전환
모든 전략요소	현재	–	• 조기 인식 시스템 설치	• 조기 인식 시스템 설치
	미래	–	• 연속적 조기 인식	• 연속적 조기 인식

에는 부동산, 정보기술, 특히 기업문화를 의미하는 요소들이 있다. 이러한 요소들에 대해 당신은 마치 아주 느리게 회전하거나 방향을 전환하는 유조선처럼 장기적인 관점에서 대응해야 한다.

두 번째 단에서는 현재에 실행할 수 있는 행위와 미래에 실행할 수 있는 행위 간의 시점을 구분한다.

세 번째 단에서는 리스크가 큰 경우의 전략을 서술했다. 이 전략은 대부분의 기업에서 법적 이유로 전혀 실행되지 않을 수 있다. 이에 반하여 오른쪽 끝단은 안정성을 중시한 전략을 이야기한다. 하지만 이러한 전략 역시 안정성을 중시하기 때문에 오히려 위험할 수 있다. 모든 위험에 대비해 안전장치를 설치하려 한다면, 각각의 기회를 망칠 수도 있기 때문이다.

리스크를 인지한 경우의 전략을 보여주는 네 번째 단은 가장 이상적인 경우를 보여준다. 이 전략은 나타날 수 있는 여러 위험에 대비해 안전장치를 설치하여, 경쟁에서 유리한 시장 지위를 확보하고 유지할 수 있는 기업가적 책임과 위험에 대비하는 태세를 충분히 갖추고 있다. 또한 이 전략은 장기적으로 결정해야 하는 전략요소에 집중한다. 경쟁력 차원에서 유연성이 희생되기 때문이다. 어떤 기업이든 유연성이 부족하면 부족할수록, 미래예측이 더욱 필수적이다.

예상 가능한 돌발상황으로 인해 장기적으로 결정되는 전략요소가 근본적인 원칙에서 어느 정도까지 흔들릴 수 있는지 검토되어야만 한다. 예를 들면 IT 시스템이 불연속적 시장의 발전으로 인해 낙후될 수 있다고 한다면, 대안전략을 개발해내는 것은 추천할 만한 일이다. 예방 차원에서 IT 시스템을 현대화하거나 긴급전략으로서 문제 발생 시 대체할 수 있는 시스템을 가동해 안정적으로 운영할 수 있다. 이처럼 유연성은 '예방의 요소'이지 성공의 요소는 아니다.

〈표 22〉의 모델로 당신은 장기적으로 결정되는 모든 전략요소를 자세히 살펴볼 수 있고, 이것으로 당신의 미래전략을 견고하게 하며, 돌발상황의 발생에 대비해서 전략을 더욱 확고하게 만들 수 있다.

극단적 미래에 대한 시나리오를 몇 가지로 한정하라

가능한 돌발상황 모두를 미리 생각해내고 심사숙고하는 일은 현실적으로 실행 불가능하고 또 필수적이지도 않다. 극단적인 미래에 대한 몇 가지 시나리오들을 고려하는 것만으로도 충분하다.

은행의 경영진은 머지않은 미래에 개인 고객의 90퍼센트가 은행업무를 온라인으로 처리할 것이고, 고객 상담비는 따로 계산되지 않으며, 거의 모든 기업이 부가적으로 금융 서비스를 제공하게 될 것이라고 예상한다. 은행이 생각하기 어려운 돌발상황을 예측한 이 같은 시나리오에서는 전통적인 은행이 활동할 수 있는 여지가 사실상 거의 없다. 그래서 은행의 경영진은 그러한 시나리오를 바탕으로, 살아남기 위한 대안전략을 찾을 것이다.

은행만이 아니라 거의 모든 사람들은 동시에 헤아릴 수 없는 수많은 시나리오에 대비해 안전방안을 마련하려 한다. 그러나 몇 가지 시나리오로 돌발상황이 발생할 여지가 있음을 인지할 수 있다고 해서,

시나리오 기법을 사용하는 많은 전문가들처럼 2~5가지 시나리오를 가지고 활용하는 것으로는 충분하지 않다. 적어도 돌발상황에 대한 대안적 미래를 담은 시나리오 8가지와 12가지 정도의 돌발적 사건을 불연속적인 미래분석에 포함시킬 것을 권한다.

돌발상황 인식을 방해하는 장벽의 영향을 줄여라

시스템과 이성적 사고에도 불구하고, 붉은 안경 단계에서는 심리적 요인이 강력하게 작용한다. 그 예로 '집단사고(groupthink)'를 들 수 있다. 집단사고는 집단 안에서 사고 과정을 공유하고 의견을 통일하여 신속하게 의견을 조율하는 것을 말한다.

만약 당신의 집단이 합리적이며 창의적이고 다양한 아이디어를 내고 발전시킬 수 있는 집단이라면 아무런 문제가 없겠지만, 불행히도 그렇지 않다면 변화의 속도가 빠르고 복잡한 오늘날의 세상에서 집단사고는 아주 치명적일 수 있다.

잠재적 돌발상황을 알아차리는 능력은 다양한 요소에 따라 달라진다. 그 요소로 〈도표 17〉에서처럼 기본적인 지식을 얼마나 가지고 있는지, 다른 이들이 현실적이라고 인식한 것과 본인 스스로 현실적이라고 가정한 것이 얼마나 잘 맞아떨어지는지, 무엇을 좋아하고(욕구) 무엇을 싫어하는지(반감), 얼마나 지적인지, 얼마나 많은 언어와 문자를 이해하는지, 육체적으로 또는 정신적으로 어떤 상태인지 등을 들 수 있다.

그러나 여기에는 맹점이 있다. 위의 모든 것들이 돌발상황을 조기에 인식하고, 자각하고, 그에 대해 상상력을 펼치고, 행동으로 옮기는 데

도표 17 돌발상황 인식의 심리적 영향

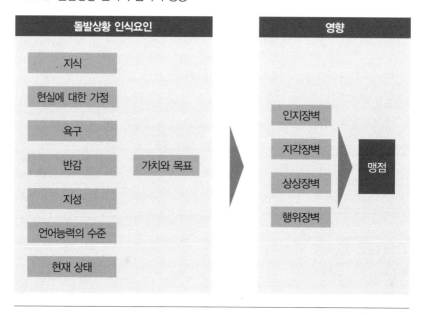

장벽으로 작용할 수도 있는 것이다. 그러나 이 요인들과 영향을 인지하고 조직 구성원 각자가 옳지 않을 수도 있음을 받아들인다면, 장벽을 낮출 수 있다.

내부 정보와 외부 정보 모두 고려하라

조직에 속한 전문가들의 시각은 미래의 돌발상황을 인식하는 데 충분하지 않다. 이를 보완하기 위해서는 다음의 〈표 23〉처럼 4가지 종류의 지식이 필요하다.

붉은 안경으로 의미 있는 작업을 하기 위해서는 전문적인 깊이뿐만 아니라 여러 분야의 학제적 지식이 필요하다. 학제적인 지식은 무엇보다 중요하다. 당신은 문외한, 아마추어 그리고 비전문가와 이야기

표 23 붉은 안경을 위한 전문지식

단계	핵심질문	필요한 전문지식
돌발상황의 인식	• 어떤 돌발상황이 발생할 수 있는가?	• 대부분 잘 모르는 낯선 환경에서의 지식
돌발상황의 특징	• 돌발상황이 정확히 어떤 작용을 하는가?	• 잠재적 돌발상황의 메커니즘과 속성에 대한 지식
전체 시스템에 미치는 돌발상황의 영향	• 시스템과 환경이 돌발상황으로 인해 어떻게 변화하는가?	• 일반적인 시스템의 메커니즘과 원리에 대한 지식
관찰자에게 미치는 돌발상황의 영향	• 돌발상황은 우리에게 어떤 결과를 가져오는가? • 우리가 이에 어떻게 반응하여야 이득이 될 수 있는가?	• 해당 시장과 기업, 분석에 있어 불확실한 다른 대상에 관한 지식

해야 할 뿐만 아니라 비전문적인 미디어와 컨퍼런스에서 산출된 정보도 평가해야 하기 때문이다.

그러므로 붉은 안경에 관해서라면, 전문분야에서의 경험에 지나치게 많은 가치를 부여하지 않는 것이 중요하다. 어떤 결과가 나오든, 그 과정을 분석하기 위해서는 학제적인 지식이 필요하기 때문이다. 돌발상황 분석에서는 대부분 당신의 기업이 가지고 있지 못한 지식이 요구된다.

모델화와 계산으로 돌발상황의 체계를 세워라

붉은 안경 단계에서 돌발적 사건이나 와일드카드 관찰 외에도 미래의 놀라운 발전을 확인하고 분석하는 일은 추천할 만하며, 이를 위해 시나리오 기법이 이용된다.

철학 그리고 기술과 관련하여 생각할 수 있는 매우 방대한 스펙트럼을 모두 포함하는 시나리오 기법은 무수히 많다. 이와 관련하여 아주 극단적인 학파가 2가지가 있는데, 필자는 이를 감성적 학파(intuitive School)와 수학적 학파(mathematical School)로 표현하고자 한다.

시나리오 기법 내 감성적 학파는, 시나리오가 갖는 도전 정도와 시나리오가 사용자들에게 미치는 일반적인 영향을 가장 중요하게 여긴다. 여기에서는 분명하고 적극적으로 내용을 이해시키고, 믿을 만하고 설득력을 갖춘 서술양식을 사용하며, 시나리오를 간단한 방식으로 구성함으로써 타당성이 담보된다.

그러나 타당성의 정도는 일관성의 측면에서는 조금 취약하다. 즉 시나리오 안에서 전망이 모순되지 않음을 이끌어내는 것에 불과하다. 감성적 학파는 산술적으로 증명되는 일관성에는 의도적으로 가치를 부여하지 않는다.

반면 수학적 학파는 감성적 학파와는 반대로, 현실적인 일관성 즉, 모순이 전혀 없어야 한다. 그래야만 시장구조 같은 시스템을 분석하는 데 정확성을 담보할 수 있다는 견해를 가지고 있다. 수학적 학파는 다음의 4가지를 전제로 한다.

• 검토되는 시스템의 모든 요소는 수량화할 수 있는 설명변수를 포함한다.

- 모든 요소 간의 모든 관계는 설명될 수 있다.
- 모든 관계의 내용, 수준, 방향은 기술되는 내용으로 파악할 수 있다.
- 모든 요소의 가능한 전개는 모두 고려할 수 있다.

이로써 미래에 대해 모순이 없는 시나리오를 완성할 수 있고, 그런 시나리오만이 질적으로 인정받을 수 있는 것이다. 일관성은 컴퓨터가 정밀하게 계산하여 모델을 만드는 것처럼 포괄적인 계산과 모델화를 통해서만 성립될 수 있다.

독일의 전략 개발전문가 크리스티안 노이하우스(Christian Neuhaus)는 수학적 학파들의 이러한 태도를 보고 '정확한 산출이 핵심'이라고 지적 했고, 감성적 학파들의 태도에 대해서는 '경영상 정신적 모델 구축이 핵심'이라고 지적했다. 또한 두 학파가 추구하는 방향을 대표하는 사람 들을 각각 '시나리오 실용주의자', '시나리오 문법학자'라고 칭했다.

실제 현장에서는 시나리오를 계산하거나 단순히 시나리오를 구축 하는 2가지 극단적인 기법은 최선의 방법으로 적합하지 않다. 우선 직 관적 논리에 바탕을 둔 감성적 학파의 시나리오는 정성적인 모델을 만들어내고 또 좀더 쉽게 파악할 수 있지만, 대다수의 경영자들이 제 기하는 비판적 사고에 대응한 방법론적 토대를 전혀 또는 거의 제시 하지 못한다. 그 때문에 영감을 주고 아주 유용하더라도 얼마 가지 못 해 허풍이라고 비난받을 수 있다.

계산을 바탕으로 하는 수학적 학파의 시나리오에도 단점이 있다. 첫 째, 미래에 이루고자 하는 일관성이 현재까지 단 한 번도 실현되지 않 았다는 것이다. 둘째, 이 시나리오는 산술적 계산으로 미래를 더 잘 반영하려면 더 좋은 컴퓨터가 필요하다고 많은 이들이 믿었던 1970년대의 세계관에서 기인하는데, 시나리오 안에서 비개연적 미래를 계산한다고 해서 근본적인 비판을 바꿀 수 있는 건 아니다. 셋째, 산술적 일관성을 확보하는 방식은 현장에서 간단한 방법으로 산출해내는 방식과 비교했을 때 비용이 더 많이 든다. 즉, 간단한 방법으로도 현장에 필요한 시나리오를 만들어낼 수 있는 것이다.

당신은 이미 푸른 안경으로 당신 주변 또는 시장의 발전 가능성을 인식했고, 더불어 극단적인 전망과 시나리오를 분석하고 평가했다. 만약 시장을 이미 잘 알고 있다면, 당신은 복잡한 시뮬레이션을 하지 않아도 된다. 경험이 풍부한 노련한 시장분석가는 시뮬레이션을 필요로하지 않는다. 다만 당신이 잘 알지 못하는 시장이나 잘 알지 못하는 대상을 분석할 때, 이 복잡한 모델화와 계산은 가치가 있다. 알지 못하는 것을 알아가는 것은 체계를 세우는 것이기 때문이다.

실전을 위한 체크리스트

붉은 안경은 무엇보다도 푸른 안경의 범위에서 기대하지 않는 미래로 아직 분석되지 않은 것들을 중요시한다. 그 때문에 붉은 안경 단계에서는 고전적 시나리오에 비해 일어날 가능성이 있는 돌발상황, 즉 와일드카드가 더 중요하다.

이러한 붉은 안경을 이용해 업무를 수행하고자 할 때 당신은 다음

사항을 점검해야 한다.

- 미래를 준비하는 팀을 만들어라.
- 돌발상황에 대한 질문을 수립하라.
- 돌발적 사건의 전망과 시나리오를 전개하라. 이때 다음의 8가지 방법을 활용하는 것이 좋다.

첫째, 분명히 발생할 모든 돌발상황을 적은 비용으로 밝혀내기 위해 돌발상황에 대한 질문에 직관적으로 답한다. 이렇게 함으로써 충분히 좋은 결과를 이끌어낼 수 있다. 여기서 특히 중요한 것은 상상력이 풍부하게 요구되는 아주 비현실적인 돌발상황을 생각하는 것이 아니라, 돌발상황으로 입을 본질적인 타격을 정확하게 확인하는 것이다.

둘째, 미래에 대한 가정을 뒤집는다. 당신이 수립한 미래에 대한 가정에 반대가 되는 것들을 그때그때 작성하라. 만약 당신이 "시장 규모가 매년 5~8퍼센트 성장한다"고 미래를 가정한다면, 그 가정에서 또 다른 잠재적 돌발상황, 예를 들어 1년 안에 2~30퍼센트까지 시장 규모가 감소하는 상황이 나타날 수도 있다.

셋째로 트렌드, 기술, 테마 등 미래요소들을 이용한다. 각각의 미래요소로부터 당신이 제기하는 돌발상황에 대한 질문의 답을 유도할 수 있다. 거기에서 당신은 초록 안경이 미래요소들을 분석하는 데 중점을 두고 있는 분석 틀을 이용할 수 있다.

넷째, 와일드카드를 평가 분석한다. 와일드카드에 대해서는 미래분석 기업 Z-punkt 주식회사의 과학담당이사 칼 하인츠 슈타인

뮐러(Karlheinz Steinmüller)의 《기술의 미래, 상상 그 너머의 세계 *Ungesamte Zukunft*》나 미래학자 존 피터슨의 《생각지도 못한*Out of the blue*》 같은 책을 참조하라. 거기서 언급된 와일드카드를 당신의 필요에 따라 정확하게 규정해야 한다.

다섯째, 진보적이고 비판적인 사람들에게 돌발상황에 대해 질문한다. 일상적이지 않은 주제를 다루는 칼럼니스트, 블로거 그리고 그러한 책들이 아주 적합하다.

여섯째, 기회를 발견할 수 있는 파노라마와 비전 후보군을 꿰뚫어본다. 당신 스스로 어떤 기회와 비전 후보군을 이용하고 싶은지 또는 이용하고 싶지 않은지 검토하고 경쟁자들이 성공적으로 활동하는 모습을 상상하라.

일곱째, '적'들과 함께 한다. 당신의 기업에 손실이 되는 방법을 고안하는 많은 사람들에게 일을 맡겨라. 이는 간단한 연구 프로젝트나 브레인스토밍으로 가능하며, 부정적인 돌발상황을 조기에 인식할 수 있는 가능성을 높인다.

여덟째, 전쟁게임을 지휘한다. 이는 역할게임이나 시뮬레이션이라 불리던 것으로, 경영상의 맹점들을 현저하게 줄일 수 있다. 우선 현실에서든 가상에서든 3명의 경쟁자 중 한 사람이 되어라. 경쟁자들은 당신에게 대항하여 무슨 일을 꾸밀 수 있을까? 이 모든 공격에서 손해를 입지 않고 오히려 이득을 얻으려면 그들에게 어떻게 대응해야 할까? 당신의 각각의 행동에 경쟁자들은 또 어떻게 반응할 것 같은가?

• 놀라운 발전이나 대안적 미래 시나리오를 전개하라. 당신 스스

로, 또 조직의 구성원들에게 푸른 안경으로 볼 수 없고 당신이 가정한 파노라마에도 나타나지 않은 대안적인 미래를 생각하게 만들어라. 구체적인 방법은 다음과 같다.

ⓐ푸른 안경으로 미래에 대한 가정을 분석하는 데 있어, 당신이 불확실성이 가장 높다고 등급을 매긴 3가지 가정에 대한 질문을 확정하라.

ⓑ각각 2가지 극단적인 대답을 정하라.

ⓒ극단적인 대답들을 시나리오 주사위 모델에 따라 8개의 대안적인 미래 시나리오로 조합하라.

ⓓ이 시나리오들을 '전망'의 형식으로 가능한 한 타당성 있게 설명하라.

ⓔ매트릭스를 활용해 당신이 수립한 시나리오 안에서 각각의 진술이 다른 모든 진술과 일치하는지 검토하고, 필요에 따라 이를 수정하여 모순이 없으며 수용 가능한 척도를 확정하라.

• '표준 돌발상황 5-50'을 가정하라. 예를 들면 이러한 것이다. "만약 5주 이내에 한계수익의 50퍼센트를 손해 본다면, 우리는 어떻게 해야 하는가?"

• 미래전략에 미치는 잠재적인 영향을 밝혀라. 사건적 돌발상황이나 진행적 돌발상황의 틀 안에서, 예견 불가능한 미래에 대비하는 미션과 가이드라인 그리고 비전을 안전하게 수행하려면 당신은 붉은 안경을 써야 한다.

만약 당신이 10~20개의 돌발상황이 담긴 목록을 가지고 있다면, 당신은 각각 개별적인 돌발상황에 대비해 이를 실행할 수 있다. 이

때 돌발상황이 더욱 분명해진다면, 우선 추측되는 영향의 정도에 따라 직관적으로 평가를 내려야 한다. 푸른 안경 단계에서처럼 미래를 위한 팀 구성원들과 델파이 식 질문 방식을 이용할 수 있다. 〈표 24〉는 영향 분석을 위한 원칙적인 사고구조를 보여준다.

표 24 미래를 위한 전략 내 돌발상황 분석

전략요소		돌발상황 A	돌발상황 B	돌발상황 C	돌발상황 D	돌발상황 E	돌발상황 F	돌발상황 G	돌발상황 H
규범요소	미션				●				
	전략적 비전		●				●		●
	전략적 가이드라인			●				●	
현실화요소	전략적 목표						●		
	프로세스		●						
	프로젝트						●		
	시스템					●			
조건요소	개발 기회		●						●
	대안적 예비전략								

- 현재 당신의 기업에 미치는 잠재적 영향을 파악하라. 만약 당신에게 현재 상황에서의 안전만이 중요하다면, 당신은 돌발상황의 영향을 진행 중인 미래전략이 아니라 현재 당신의 기업에 관련시켜야 한다. 더불어 〈표 25〉처럼 돌발상황을 이미 초록 안경에서 정한 미래의 기회 구축 프로세스와 연결하라.

표 25 기회 구축 프로세스에서의 돌발상황 매트릭스

기회 매트릭스			구축하고자 하는 분야											
			기존 사업분야						새로운 사업분야					
			전략과 경영	마케팅과 세일즈	제품과 솔루션	인간과 문화	시스템과 프로세스	파트너와 공급자	재정과 자원	새로운 시장	새로운 목표그룹	새로운 수익	새로운 방법	?
관찰분야	고객과 요구범위	돌발상황 1							●					
		돌발상황 2			●									
		돌발상황 3									●			
	기술과 방법	돌발상황 4				●								
		돌발상황 5							●					
		돌발상황 6		●								●		
	시장과 경쟁사	돌발상황 7												
		돌발상황 8				●								
		돌발상황 9									●			
	법과 규칙	돌발상황 10					●							
		돌발상황 11												

- 영향의 정도에 따라 돌발상황의 우선순위를 매겨라. 푸른 안경 단계에서의 전망 척도처럼 돌발상황을 1부터 9까지의 척도로 평가하라. 1~3은 영향이 미약한 돌발상황, 4~6은 중간 정도로 영향을 주는 돌발상황, 7~9는 영향의 정도가 큰 돌발상황으로 분류할 수 있다.

돌발상황이 발생할 경우 만약 그것이 이전에 무시했던 것이라면 엄청나게 후회할 수도 있다. 그러므로 그 전에 이러한 돌발상황에 주목할 필요가 있다. '잠재적 후회의 정도'가 돌발상황의 가치를 결정하는 것이다.

- 돌발상황에 대한 파노라마를 만들어라. 당신이 인식한 잠재적인 돌발상황과 그 강도에 따라 평가되는 영향에 대해 개관하여 표의 형태로 만들어라.
- 미션, 가이드라인, 비전을 개선하라. 실제 위협이 될 만한 돌발상황 각각의 영향에 대비하여 그와 관련된 미션, 가이드라인, 비전을 적당히 변화시키거나 개선함으로써 진행 중인 미래전략으로까지 연결시켜야 한다. 대안전략들을 어떻게 전개시킬지는 다음 보라 안경 단계에서 서술한 〈표 26〉을 통해 알 수 있다.

개인적인 삶을 경영하기 위해 당신은 붉은 안경을 몇 가지 중요한 단계에 집중할 수 있다. 그 결과는 반드시 문서화해야 한다.

- 당신이 설정한 돌발상황에 대해 질문하라. "만약 당신이 아주 많은 일을 하는데 갑자기 일이 끊긴다면 어떻게 생계를 유지해나갈 수 있겠는가?", "만약 당신이 당신의 목소리에 삶을 의지하고 사는데 오랫동안 목소리가 제 기능을 발휘하지 못한다면 어떻게 될 것인가?" 이렇게 개인적인 돌발상황에는 건강과 가족, 파트너십이 더해진다.
  또한 개인적인 돌발상황을 떠올릴 때는 기본적인 질문을 던져야 한다. "만약 갑자기, 게다가 장기간 일을 할 수 없다면 당신은 무엇을 하겠는가?"

- 생각 가능한 돌발상황을 몇 문장으로 묘사하라.
- 일, 가정, 사회적 관계, 심리적이고 감정적 성향, 물질적 자산, 삶의 주변 등에서 돌발상황의 잠재적인 영향을 밝혀라.
- 인식한 돌발상황에 맞게 미션, 가이드라인, 비전을 적절히 변화시키고 미래를 개선하라.

핵심정리 – 붉은 안경

목표 미래에 발생 가능한 돌발상황을 인지한다.

작업 단계와 핵심질문

- 리스크 관리
- 미래가 우리를 어떻게 놀라게 할 것이고, 우리는 그것을 어떻게 대비해야 하는가?

의미와 목적

- 예측 불가능한 것을 고려한다.
- 불확실성에 대해 쉽게 생각할 수 있고, 효과적으로 의사소통할 수 있다.
- 발생 가능한 미래를 더 많이 볼 수 있고, 그것으로 미래에 대해 덜 놀라게 된다.
- 놀라운 발전을 미리 인식한다.
- 미래전략을 안전하게 만든다.
- 불가피한 변화를 더 빨리 만난다.
- 미래의 더 많은 기회를 인식한다.
- 위기경영을 개선한다.

사고 수칙과 원칙

- '위험'과 '위협'을 구분하라.
- 불연속적으로 생각하라.
- 비개연성을 찾아라.
- 돌발상황을 수첩에 기록, 정리하라.
- 현실적인 것을 거부하라.
- 미래에 발생 가능한 스트레스를 균형 있게 분배하라.
- 돌발상황을 부정적으로만 보지는 말라.
- 타당성이 있는 돌발상황을 찾아라.
- 증가하는 돌발상황을 인식하라.

- 명백한 돌발상황을 찾아라.
- 돌발상황이 아니라 잠재적 영향에 대비하라.
- 모든 돌발상황에 유연하라.
- 유연성이 부족한 점에서 당신의 취약점을 파악하라.
- 극단적 미래에 대한 시나리오를 몇 가지로 한정하라.
- 돌발상황 인식을 방해하는 장벽의 영향을 줄여라.
- 내부 정보와 외부 정보 모두 고려하라.
- 모델화와 계산으로 돌발상황의 체계를 세워라.

사고대상
- 리스크와 돌발상황에 대한 질문
- 사건적 돌발상황
- 진행적 돌발상황

전통적 방법
- 시나리오 기법
- 와일드카드 분석
- 가정 변환
- 게임과 시뮬레이션

행동양식
- 당신 스스로 돌발상황에 대한 질문을 결정하라.
- 전망과 시나리오를 놀랄 만한 사건으로 전개시켜라.
- 놀라운 발전이나 대안적인 미래 시나리오를 전개하라.
- 표준적인 돌발상황 '5-50'을 가정하라.
- 현재 당신의 기업에 미치는 잠재적 영향을 파악하라.
- 미래전략에 미치는 잠재적 영향을 밝혀라.
- 돌발상황을 그 영향의 강도에 따라 우선순위를 매겨라.
- 돌발상황의 파노라마를 만들어라.
- 비전, 미션과 가이드라인을 개선하라.
- 생각 가능한 돌발상황을 몇 문장으로 묘사하라.
- 돌발상황을 초록 안경에서 정한 미래의 기회 구축 프로세스와 연결하라.

결과 전략상의 가장 중요한 돌발상황을 예방하기 위한 대안적 전략을 수립한다.

전략과 실행으로
비전을 실현하는
보라 안경

푸른·초록·노란·붉은 안경으로 얻은 성과가 구체적인 계획과 전략, 실행으로 이
어지지 않는다면, 모든 것은 허물어지고 말 것이다. 현실에서도 대단한 열정으로
연구하고 창출한 비전과 전략들이 얼마나 많이 모래더미 속으로 사라지고 잊히고
실패했는가. 그러니 보라 안경으로 당신은 미래를 위한 전략을 완벽하게 수립하
고 성과를 얻어내야 한다.

CHAPTER

5

PRISM

꿈꾸는 것은 쉽다. 그러나 그 꿈을 현실로 만들고 싶다면
전략, 프로그램, 구체적인 기술과 지식, 힘 등 많은 것들이 요구된다.
– 필립 맥그로(Philip McGraw), 미국 인생전략가

비전과 전략을 어떻게
경제적 성과로 연결시킬 것인가?

대형범선의 선장은 선원들이 범선에 오를 때, 장기간 항해하는 동안 비전을 이룰 수 있도록 실제적인 계획을 수립한다. 그 계획에는 목표, 프로젝트, 프로세스, 시스템 그리고 매일 반복되는 작업을 위한 가이드라인 등이 포함된다. 항해를 위해 갖가지 물품을 준비하고 여러 가지 계획을 세우면서 선장은 보라 안경을 사용하는데, 이 보라색은 건설적인 계획, 실행력을 떠오르게 한다.

이 보라 안경은 5가지 미래안경 중 가장 마지막으로 사용되는 것이다. 푸른 안경으로 전망을 떠올리고, 초록 안경으로 실현할 수 있는 미래의 기회를 인식하며, 인식한 기회 중 정말로 원하는 비전이 무엇인지 노란 안경으로 선택하고, 붉은 안경으로 일어날 수 있는 돌발상

황에 대해 점검한 후, 비전을 현실로 만들기 위해 보라 안경으로 어떻게 행동할지 계획하는 것이다.

이러한 보라 안경은 기업가와 경영자들이 사업을 계속 이어갈 수 있도록 이끌어준다. 하지만 유감스럽게도 그들 대부분은, 앞의 4가지 안경을 통해 미래를 보고 난 후 보라 안경을 사용해야 비로소 미래안경이 의미 있게 활용된다는 사실을 쉽게 잊는다.

만일 4가지 안경으로 얻은 성과가 구체적인 계획과 행동으로 연결되지 않는다면, 이 모든 행위는 단지 예술적 가치나 즐거움을 주는 것으로 그치고 말 것이다. 현실에서도 대단한 열정으로 연구하고 창출한 비전과 전략들이 얼마나 많이 모래더미 속으로 사라지고 잊히고 실패했는가. 그러므로 보라 안경을 사용해야만 당신은 미래를 위한 전략을 비로소 완벽하게 수립하고 실제 사업에서 경제적인 성과를 얻어낼 수 있다.

보라 안경에 대해서는 이미 많은 고민이 이루어졌고 이야기되었다. 그중에서도 사람들은 주로 다음의 것들을 염두에 두고 보라 안경을 사용할 것이다.

- 프로젝트 경영
- 전략적 계획
- 균형성과기록표(Balanced Score Card·BSC) 등의 운영계획
- 네트워크 기술
- 시간경영

그동안 보라 안경은 넓은 범위에서 미래에 대해 현실적인 관점을 제공해왔다. 그러한 이유로 기업가들과 경영자들 사이에서 신뢰를 받아왔으며, 보라 안경의 모델이 가진 본질적 특징에 집중할 수 있었다.

보라 안경에는 2가지 중요한 기능이 있다. 첫째, 미션의 범위 안에서 전략적 가이드라인을 고려하며 전략이 비전을 달성하는 데 도움을 준다. 둘째, 보라 안경은 잠재적 쇼크에 대한 해결책으로 대안적 예비 전략을 개발하고 실현시킬 수 있도록 돕는다.

사업계획에서 위기 극복까지, 보라 안경이 보여준 전략맵

보라 안경은 경영에 사용되는 표준적인 미래를 읽는 안경으로서, 그 사례가 수도 없이 많다. 그중에서 특히 전형적인 사례 몇 가지를 소개한다.

사례 1 맥도날드, 공급체인 경영 시스템으로 위기를 넘기다

BSE, 즉 광우병사태가 정점에 달했을 당시에 맥도날드(McDonald's)는 이미 오래전에 이러한 충격에 대응할 준비를 마쳤었다. 자사 제품의 품질을 유지하기 위해, 공급업자들과 긴밀한 협조체제를 구축한 공급망 관리(supply chain management·SCM) 시스템을 조기에 개발하고 도구화한 것이다.

공급망은 소위 채찍 효과에 민감하게 반응한다. 채찍 효과란, 생산자, 도매업자, 소매업자, 최종소비자로 이루어지는 경제적 네트워크에서 어떤 문제가 발생했을 때, 부정적 효과가 불필요하게 확산되고, 그 변동 폭이 경제활동의 전 단계에 있는 경제단위에 더 크게 나타나는 효과를 말한다. 매출분야에 아주 적은 변동이 발생한다 하더라도 채찍 효과로 인해 공급업체에는 항상 변동 폭이 더욱 강력하고 크게 나타나기 마련이다.

광우병사태가 발생했을 때도 이러한 채찍 효과가 나타났다. 하지만 맥도날드는 SCM 덕분에, 광우병사태로 무너진 공급망에서 발생한 쇠고기 부족사태를 단 4일 만에 안정화시켰다.

사례 2 위기에 대비하는 트리어 시의 예비전략

노란 안경 단계에서 살핀 바 있는 트리어 시는 5가지 미래안경을 포함한 엘트빌러 모델을 바탕으로 전략적 비전을 개발했을 뿐만 아니라, 잠재적 쇼크에 대비한 안전조치도 미리 마련했다. 트리어 시가 개발한 비전의 핵심은 '인구 10만 명을 유지하면서, 서로 이웃하고 있고 머지않아 크게 번창할 룩셈부르크와 긴밀한 관계를 맺고 협력하는 것'이다.

〈표 26〉은 트리어 시에서 신중히 연구되고 분석된 잠재적 돌발상황과 그에 대비한 대안적 예비전략의 일부를 보여준다. 대안적 예비전략의 대부분은, 전략적 비전을 수정 보완하여 개선하고, 아울러 전략적 비전이 잠재적 돌발상황에 대비해 더욱 견고하게 만들어질 수 있도록 이끌어준다.

표 26 트리어 시가 가정한 돌발상황과 대안적 예비전략

돌발상황	대안적 예비전략
룩셈부르크가 갑자기 긴밀한 협력을 거부한다.	• 노동시장, 삶의 조건, 그 밖의 실현 가능분야에서의 협력으로 서로에게 이익을 줄 것이라고 논리정연하게 협상을 전개한다. • 다른 주변 지역 그리고 인접 국가와 더욱 긴밀하게 협력을 추진한다.
시민의 수가 10만 명에서 7만 5,000명으로 감소될 위험이 있다.	• 미리 계획한 범위 내에서 녹지와 공지를 조성한다. • 미리 준비한 프로그램에 따라 거주 지역을 더욱 활성화한다.
대부분의 시민들이 공동체 구성원으로서의 책임을 거부한다.	• 재정 상태가 좋지 않다면, 행정 지원업무를 줄이는 등 꼭 필요한 수요에 맞춰 공공기관을 강력하게 조직한다. • 재정 상태가 좋다면, 행정 지원업무를 늘리는 등 공공기관에 더 많은 일을 부여한다. • 공동체 구성원으로서의 책임을 수행하도록 질적 자극을 제공한다.
트리어가 평균 이상으로 너무 고령화된다.	• 능동적으로 참여할 수 있는 '젊어지기 위한 프로그램'을 미리 연구한다. • 여타 상황에 대해 적극적으로 대응한다.
사회적 네트워크가 급진적으로 축소된다.	• 질적 자극으로 개인들의 적극적인 참여를 유도한다. • 재정능력이 있는 노년층의 참여를 이끌어내 그들과 사회적 지원을 필요로 하는 노년층 간의 균형을 이끌어낸다.
트리어 내 근로자 수가 급격하게 줄고, 세입은 30퍼센트 선으로 떨어진다.	• 현재 시점에서 정말로 중요한 과제에만 집중한다. • 룩셈부르크의 베드타운(bed town)으로 위상을 재설정하고 트리어 시의 삶의 질을 개선한다.
트리어 내 정치적 변화가 일어난다.	• 변화에 맞춰 시의회에서 처음부터 미래전략을 추진하도록 강제한다.

사례 3 기후 변화에 따라 대피계획을 수립한 투발루 정부

2007년 초, 21세기에 북극의 빙하가 모두 녹아 없어질 수도 있다는 발표가 있었다. 만약 기후 변화로 인해 해수면이 상승한다면, 태평양에 위치한 일부 섬나라들은 완전히 물에 잠겨 사라지는 위기에 직면하게 된다.

그중 한 나라인 투발루 정부는 "가까운 미래에 투발루는 결국 물속에 가라앉을 것"이라는 미래에 대한 가정을 수립했다. 투발루는 최고점 해발이 4미터에 불과한 인구 1만 1,000명의 작은 나라이다.

곧 투발루 정부는 뉴질랜드와 '뉴질랜드는 확실한 수입을 증명할수 있는 투발루 사람만을 매년 75명까지 받아들인다'는 협정을 맺었다. 정부는 그 밖에도 투발루의 모든 사람들을 피지섬으로 이주시킨다는 계획을 가지고 있다.

그들의 견해에 따르면, 피지섬 이주방안을 추진하기 위해 소요되는 비용은 선진국들이 부담해야 한다. 왜냐하면, 선진국들이 기후 변화를 야기했기 때문이라는 것이다.

사례 4 비전을 현실화한 전략맵

스위스의 한 대규모 소비재 생산업체는 비전에서 한 단계 내려와 목표를 설정하고, 목표에서 한 단계 내려와 프로젝트, 프로세스 그리고 이를 뒷받침하는 시스템을 이끌어냈다.

이 기업의 경영진은 2000년, 밀레니엄의 시기에 노란 안경을 가지고 전략적 비전을 개발했다. 국내시장을 대상으로 기업활동을 하던 것에서 확장하여, 유명 브랜드를 개발하고 유럽 전역을 무대로 움직이는 기업으로 탈바꿈한다는 것이었다. 이 비전의 정점은 생산활동보다 제품의 영향력과 국제화를 더 중시하는 것이었으며, 그다음으로 이들은 3년 이내에 생산단가를 30퍼센트 낮추고 수출 팀을 확대하는 방향으로 단계별 목표와 구간 목표를 확정했다.

이들은 비전을 달성하려면 많은 시간이 걸린다고 판단하여 장기 프로젝트를 염두에 두었다. 이에 따라 그에 맞는 개별적인 단계들을 하나씩 하나씩 계획했는데, 어느 단계는 지금 당장, 또 어느 부문은 몇 년 이내에 실행해야 했다.

이러한 방식은 긍정적 효과를 가져왔다. 우선 비전의 달성 여부와 비전의 달성방법이 명확해져서 비전을 아주 명료하게 인식할 수 있게 되었다. 또한 비전을 추진하는 과정에서 나타나는 문제를 신속하게 알 수 있고, 그에 걸맞게 조기에 대응할 수 있게 되었다. 이처럼 한 단계씩 수립하여 정리해나가는 보라 안경의 핵심 역할에 대해 어떤 이들은 '전략맵(strategy map)' 또는 '변환맵(transformation map)'이라는 말로 표현하기도 한다.

사례 5 보라 안경으로 사업계획을 수립하다

성공적으로 기업을 설립하기 위해서는 매력적인 미래의 기회를 조기에 인식해야 하고, 설립자의 비전이 강력해야 한다. 또한 성공적으로 기업을 확장하기 위해서는 실행을 돕는 사업계획이 필요하다. 이를 수립하기 위해 우리는 보라 안경을 사용한다. 보라 안경으로 수립된 사업계획은 비전이 어떻게 영업활동의 성과를 높이고 조직을 효율적으로 만들어 시장에서 강력한 기업활동의 능력을 이끌어내는지, 더

불어 그 과정에서 어떻게 충분한 이익을 창출해내는지를 보여준다.

　사업계획 내에 있는 미래의 계획은 사업모델을 추출해내는 샘플로서 이용되며, 더 나아가 금융회사, 사업 파트너 그리고 하청업자들과의 협상에서도 중요한 의사소통의 수단이 된다. 이러한 계획을 수립함으로써 비로소 실제 진행되고 있는 성과를 조정하고 감시할 수 있다.

보라 안경의 7가지 역할

　계획과 전략을 위한 보라 안경은 서로 다른 4가지 미래안경이 이끌어낸 결과에 기반을 두고 있다. 푸른 안경과 붉은 안경은 주변 환경에 대한 미래의 가정을 제시하고, 초록 안경은 노란 안경이 전략적 비전을 형성하는 데 필요한 재료를 제공한다. 마지막으로 보라 안경은 이러한 결과들을 계획적인 행동으로 옮길 수 있도록 해준다.

　보라 안경은 당신이 노란 안경으로 소망할 만한 가치가 있다고 규정한 미래로 당신을 이끌어준다. 이러한 방식으로 당신은 붉은 안경을 통해 인식해낸 충격적인 일에 대응해 안정적 조치를 취할 수 있게 된다.

전략경영과 미래연구를 연결하는 고리

　보라 안경은 1부에서 거론한 전략경영을 미래연구로, 또 미래연구를 전략경영으로 연결하는 고리에서 선행되는 왼쪽 다리의 역할을 한다. 특히 그 특성상 보라 안경은 전략경영과 밀접한 관계를 가진다.

비전과 전략을 일상으로 연결한다

보라 안경을 통해 당신은 노란 안경으로 인식한 비전 있는 미래를 이루기 위해 어떻게 행동해야 하는지 더욱 쉽게 개관하는 하부계획을 수립할 수 있게 된다. 하지만 일상적인 기업활동이 이루어지는 가운데, 열정적으로 연구하고 수립한 많은 비전과 전략이 실패의 길을 걷는다.

비전과 전략이 아무리 훌륭하다 할지라도, 일상의 업무가 자주 근로자들의 주의력 및 관심을 집어삼키기 때문에 이들의 의식 속에서 비전과 전략이 사라질 수 있다. 이때 보라 안경은 다른 4가지 안경으로 인식한 미래들이, 일상에서 잘 계획된 활동으로 나타날 수 있도록 정돈된 시스템으로 통합시켜주는 역할을 하는 것이다.

책임감으로 비전을 실현한다

당신은 보라 안경으로 당신 기업의 전략을 완성할 수 있다. 특히 이와 연계된 전략적 목표, 프로젝트, 프로세스 그리고 시스템을 확정해가다보면 당신의 비전은 한 단계씩 실현될 것이다. 또한 각자의 목표를 달성하기 위해 경영자들과 근로자들은 스스로 책임감을 발휘함으로써 전략을 실천해야 하는 의무를 다한다.

성공의 정도와 개연성을 높인다

전략을 개발하고, 발전시키며, 도구화하고, 추진하는 것은 기본적으로 개인과 기업 또는 조직의 성과를 높이는 데 크게 기여한다. 보라 안경으로 개발하고 실현되는 전략이 없으면, 마지막에 나타나는 성과는 우연이라고 할 수밖에 없다.

지금 현재 진행되는 계획적인 활동만이 인정받을 수 있으며, 그런 활동을 통해 성공확률이 높은 전략적 비전을 달성할 수 있다.

조직의 효율성을 높인다

하나의 전략은 돈, 시간 그리고 정신에 초점이 맞춰져 있다. 다시 말하면, 당신이 가진 가장 중요한 본질적 자원들을 성과를 결정지을 수 있는 경영활동과 요소들에 집중시켜야 한다.

또한 이 모든 것의 방향을 전략적 비전에 맞춰야 한다. 그럼으로써 효용성과 효율성이 보장된다. 보라 안경으로 당신은 모든 목표와 프로젝트, 프로세스 및 시스템을 가이드라인을 고려해 실행하며 비전을 실현하려 할 것이다.

전략은 조직에게 추구해야 할 방향을 제시한다. 이 방향은 물론 더욱 효율적인 조직으로 만들어준다. 이 때문에 비전과 전략은 설령 최선이 아닌 차선의 것이라거나 더 나아가 잘못 설정되었다 하더라도, 효율성의 측면에서만 보면 그 나름대로 가치를 갖는다.

목표를 향하고 성과를 점검한다

당신은 당신의 전략적 비전을 달성하기 위하여 여러 단계를 결정하고, 목표를 향해 제대로 가고 있는지, 목표에 얼마만큼 다가가고 있는지 정기적으로 점검할 수 있다. 결과적으로 보라 안경은 당신에게 비전을 실현하는 수단과 방법을 지원하고 수정 보완해줌으로써 목표 달성을 위해 더욱 쉽게 앞으로 나아갈 수 있도록 돕는다.

충격에 대비한 대안적 예비전략을 개발한다

붉은 안경은 당신이 미래에 리스크나 돌발상황으로 인해 어떻게 충격을 받을 수 있는지를 보여준다. 보라 안경은 그중에서도 가장 중요하고 심각한 충격에 대비해 당신의 미래전략은 물론, 경제적 생존까지 안전하게 보호해주는 역할을 한다. 이를 위해 당신은 충격적인 일을 방지하는 예방전략 또는 충격적인 일이 발생했을 때, 곧바로 투입할 수 있는 긴급전략의 역할을 하는 대안적 예비전략을 개발할 필요가 있다.

보라 안경의 사고대상

보라 안경은 전략 그리고 계획과 관련이 있다. 여기서 '전략'이라는 단어는 그리스어에서 군대나 어떤 포괄적인 행위를 의미하는 'stratos'와 '실행하다'라는 의미를 가진 'agein' 또는 'igo'가 합쳐져 만들어진 말이다. 즉 전략은 전쟁기술이나 지휘기술이라고 설명할 수 있다. 이전에는 '전략적'이라는 표현이 '장기적인 모든 것' 또는 '단순히 중요한 모든 것'이라는 개념으로 사용되었다.

보라 안경과 관련된 또 다른 하나인 '계획'이란 개념은 프랑스어에서 유래했으며 18세기에야 비로소 만들어졌다. 만약 보라 안경으로 읽어야 하는 것을 '계획된 미래'라고 표현한다면, 그것은 사고대상에서 제외될 가능성이 높다. 너무나 일반적인 개념이기 때문이다.

'전략과 계획이 정확히 무엇인가'라는 주제는 1950년대 이래로 경

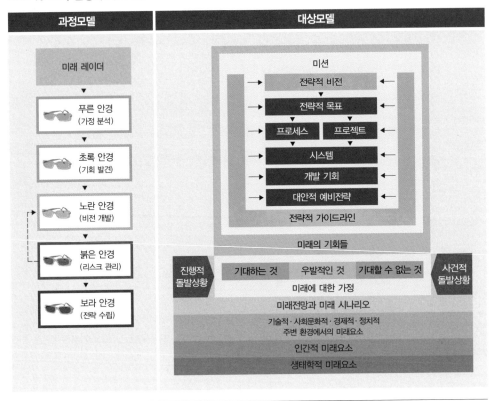

영과 관련된 일을 하는 실무자들과 이론가들이 가장 즐겨 논의하는
것이다. 그러나 전략이란 개념은 매우 복잡하여 그 정의만 해도 수없
이 많다. 전략의 개념을 하나로 정의해 통합하려는 노력을 포기한다
고 하더라도, 많은 이들이 그럴 수 있다고 받아들이는 것은 이러한 이
유에서다. 하지만 실제 현장에서 보라 안경을 효과적으로 사용하려면
전략과 계획에 대해 기본적으로 이해하고 있어야 한다는 사실을 명심
하기 바란다.

전략과 미래전략

다음의 〈도표 19〉는 전략에 대한 개념을 이해할 수 있도록 도와주는 그림 4가지를 보여주고 있다. 이 그림들은 사람들이 전략을 어떻게 다르게 이해할 수 있는지, 이에 따라서 계획을 어떻게 다르게 이해할 수 있는지 아주 명확하게 제시한다.

- 첫 번째 정의 : 전략은 장기적인 목표를 실현시키기 위해 따라가는 행위를 말한다.
- 두 번째 정의 : 전략은 부가적으로 장기적인 목표를 세우는 것을 말한다.
- 세 번째 정의 : 전략은 부가적으로 미션, 비전, 그리고 가이드라인을 세우는 것을 말한다.
- 네 번째 정의 : 전략은 부가적으로 미래를 예측하는 것을 말한다.

도표 19 전략 이해모델

전략의 네 번째 정의			
전략의 세 번째 정의			
전략의 두 번째 정의			
전략의 첫 번째 정의			
장기적 목표 실현	장기적 목표 설정	미션, 비전, 가이드라인 규정	장기적 미래예측

이러한 정의와는 별개로, 필자는 5가지 미래안경과 엘트빌러 모델의 범위 안에서 2개의 정의를 제안해본다.

- 전략은 보라 안경을 사용한 결과이다.
- 전략은 장기적인 목표를 수립하고 달성하기 위해서 실행된 의사결정, 가이드라인, 행위의 통합체다.

이러한 정의를 바탕으로, 미래전략은 '5개의 미래안경으로 획득한 결과물을 모두 취합한 것'이라는 정의가 내려진다. 즉 미래전략은 미래에 대한 예측, 미션과 비전, 가이드라인을 설정하고, 아울러 목표를 수립하고 추진하는 데 필수적인 사고대상의 총체다.

전략에 대한 질문

전략에 대한 질문은, 미션과 비전을 달성할 수 있는 가장 좋은 방법을 찾기 위해 필요한 지식과 의사결정의 요소들을 확정할 수 있도록 한다. 전략에 대한 질문은 보라 안경의 사고대상만큼이나 많으며 다양하다. 몇 가지만 살펴보자면 이렇다.

- 전략적 비전을 실현하기 위해 어떤 전략적 목표를 수립하는가?
- 이 목표를 달성하려면 어떤 프로젝트를 구축하고 실행해야 하나?
- 이 목표를 달성하기 위해 어떤 프로세스를 수립해야 하는가?
- 이 프로젝트와 프로세스를 실현하기 위해 어떤 시스템을 갖춰야 하는가?

- 어떤 기회를 지속적으로 개발해야 하는가?
- 어떤 대안적 예비전략을 실행해야만 하고, 어떤 대안적 예비전략을 준비해야만 하는가?

보라 안경으로 당신은 비전을 달성하는 데 필수적인 전략적 가이드라인에 대한 질문을 던질 수도 있다. 바로 이 부분에서 노란 안경과 보라 안경의 특징들이 서로 상통한다.

전략적 목표

"우리는 내년 말까지 광전자공학분야에서 새로운 사업분야를 확립한다." 경영 팀은 전략적 목표를 이렇게 표현할 수 있다. 전략적 목표는 보라 안경의 관점에서 아주 특별한 역할을 수행한다. 전략적 목표는 비전과 일상의 사업을 연결하는 요소이기 때문이다. 필자는 전략적 목표를 다음과 같이 정의한다.

하나의 전략적 목표는 구축하고자 하는 분야에서의 소망하는 상태를 의미한다. 이때 소망하는 상태에 대한 특성이나 구축하고자 하는 시기가 다음 사항에 주의하여 명확히 서술되어야 한다.

- 목표명 : 관찰한 미래를 바탕으로 원하는 시점에 소망하는 상태를 한 문장으로 서술해야 한다.
- 측정기준 : 목표를 달성했는지 알아볼 수 있는 기준을 명확하게 해야 한다.

- 목표 이미지 : 목표는 하나의 그림으로 시각화되어야 한다.
- 목표 달성방법 : 목표를 달성할 수 있는 근본적인 방법을 결정하는 것도 목표를 서술하는 일에 속한다.
- 자원 : 목표를 달성하려면 자원이 투입되어야 한다.
- 목표 관리자 : 각각의 목표는 경영에 대한 열정과 전문지식이 있고 단호하며 그것을 촉진시킬 수 있는 사람을 필요로 한다.

그 외의 사고대상

미래를 보는 보라 안경의 기타 사고대상은, 최소한 실제 현장에서 사용하는 데 있어 상세한 설명이 필요 없는, 비교적 잘 알려진 개념들이다. 따라서 개별적으로 다루지 않고, 모아서 정리해보았다.

- 프로세스 : 하나의 목표를 달성하기 위해 규칙적이고 정기적으로 실행되는 미션과 활동의 규칙적인 흐름, 또는 가치체계에서의 결과. 질적 경영을 예로 들 수 있다.
- 프로젝트 : 목표 달성을 위해 단 한 번 실행되는 미션과 활동의 흐름.
- 시스템 : 질적 경영 시스템이나 생산설비처럼, 프로세스 또는 프로젝트를 지지하기 위한 장치. 우리는 모든 물질적인, 그리고 비물질적인 자원들과 수단들을 시스템의 개념으로 요약한다.
- 개발 기회 : 매우 높은 가치가 있는 미래의 기회로, 아직까지는 미래전략의 일부분으로 포함될 수 없다. 그 기회의 가치와 실현 가능성이 아직은 불투명하기 때문이다. 예를 들어 자동화된 경쟁

모니터링 시스템을 도입할 수는 있지만, 그러한 시스템이 신빙성이 있는 정보를 공급할 수 있는지 여부에 대해서는 알 수 없다.

- 대안적 예비전략: 예기치 않은 사건으로 인한 충격이나 미래에 대한 가정에서 근본적인 변화가 발생할 경우에 투입할 수 있는 모든 조치. 예를 들면 이런 것이다. "시장에 대체기술이 나타날 경우 우리는 ×라는 기술로 그동안 사용했던 기술을 대체한다."

미래전략을 '예측 가능한 성공'으로 만드는 보라 안경 사용법

보라 안경은 현실적이고 실용적인 동시에 분석적인 사고를 요구한다. 이때 당신의 경험은 매우 중요하다. 경험을 통해 더 직관적으로 판단을 내릴 수 있고, 그로 인해 더 신속하게 결정하고 행동으로 옮길 수 있기 때문이다. 또한 보라 안경은 어떤 부분에서는 진보적 사고도 보여준다.

보라 안경으로 당신은 미시적인 관점에서 당신의 세계를 조망하고, 또한 무엇보다 내면적인 세계에 관심을 집중한다. 당신은 발생한 현실에 대해 포괄적으로 참여하고 능동적으로 영향을 미치는 주체이다. 한마디로 보라 안경은 바로 지금 당신의 현실을 당신이 소망하는 미래의 현실로 바꿔준다. 이때 다음 사항들에 주의하여 보라 안경을 사용해야 한다.

전략과 계획의 수준이 미래의 수준을 결정한다

보라 안경은 노란 안경과 사용방법에서 상당 부분 비슷한 면이 있다. 두 안경 모두 소망하는 미래를 이루기 위해 노력하게 만드는 것이다. 그러나 노란 안경은 공상적이고 규범적인 방향을 결정하는 것이 중요한 반면, 보라 안경은 실용적이고 실무에 바탕을 둔 방법으로 비전을 현실적으로 실현시킬 수 있도록 끊임없이 목표를 추구한다.

당신은 보라 안경으로 향후 당신의 목표를 어디에 둘지 결정한다. 여기서 당신의 목표를 보면 당신의 미래를 알 수 있다. 공상적이고 야망이 담긴 목표는 대단한 미래를 창조한다. 그러나 기하급수적으로 확대되기만 하는 목표는 그저 만족할 만한 수준의 미래를 만든다.

보라 안경으로 개발해낸 목표, 프로젝트, 프로세스 그리고 시스템은 항상 비전에 맞추어야 한다. 전략과 계획의 질적 수준은 미래의 질적 수준을 결정하는 유일한 요소는 아니지만, 당신의 미래와 현재 상황의 질적 수준을 결정하는 가장 중요한 요소 중 하나인 비전 달성을 위해 필요하다.

재정적인 것을 최종 목표로 두지 마라

하버드경영대학원 교수 로버트 캐플란(Robert Kaplan)과 BSC 전략 실행 전문기업인 팔라디움(Palladium)의 창립자 데이비드 노튼(David P. Norton)은 오래전부터 잘 알려진 개념을 이해하기 쉽고 또 전달되기 쉬운 이름으로 바꾸어 널리 알렸다. 균형성과기록표와 전략맵이 바로 그것이다.

목표를 서술한 목록에는 대부분 재정적 전망이 가장 중요한 위치를 차지한다. 주식가치 또는 보상을 통해 획득한 이익은, 목적인(causa finalis · 라틴어에서 유래한 단어로 마지막 원인, 또는 목적을 이루는 원인이라는 개념 – 옮긴이)으로서 마지막에 주어지는 의미로 나타난다. 우리는 이익을 결과로서 이해하지, 목표로 보지는 않는 것이다.

그러므로 당신은 매출 확대나 이익 증대, 좋은 성과를 보여주는 대차대조표로도 사람들을 열광시킬 수 없다.

전략의 결함과 과도함에 주의하라

노란 안경은 미션과 비전 그리고 가이드라인을 가지고 미래에 대한 그림을 제시한다. 그 그림은 당신이 현재 직면한 상황에 대해서 스스로 생각하게 만들 수 있고, 그 과정에서 당신이 꼭 보완해야 하는 전략적 결함이 어디에 있는지, 기필코 제거해야 하는 전략적으로 과도한 부문이 무엇인지 알 수 있게 해준다. 이 결함과 과도함 사이의 '차이 분석'은 우리가 얻고자 하는 결과에 대한 명확한 답을 제시한다.

목표를 구체적이고 명확하게 설정하라

또 다시 괴테의 말을 빌려야겠다. "어느 목표에 정신을 집중하면, 그는 상당히 많은 것을 획득할 수 있다"는 이야기 말이다. 하지만 목표에 집중하기 전에 먼저 필요한 일이 있다. 당신의 목표는 아주 구체적이고 명확하게 서술되어야만 한다. 그래야만 처음부터 목표 달성에 의심이 생기는 일을 막을 수 있다.

안타깝게도 수백만 기업이 불투명한 목표를 세우고 있다. 일례로 "제품의 품질을 개선한다"는 것은 목표가 아니다. 단지 과정일 뿐이다. "시장을 정복하겠다"는 것 역시 목표는 아니다. '정복한다'가 무엇을 의미하는지 정확하지 않기 때문이다.

"완벽한 실행력을 이끌어낸다"는 어떠하냐고? 역시 목표라고 할 수 없다. '완벽함'이 무엇인지 정의되지 않았기 때문이다. 더욱이 만약 완벽함을 잴 수 있는 측정치가 있다면, 그 완벽함이 사실을 그렇게 완벽하지 않다고 판정될 수도 있다.

그렇다면 도대체 무엇이 명확한 목표란 말인가? 그것은 바로 "우리는 다음 사업연도 말까지 1인당 최소 매출액 1,200달러를 확보할 수 있는 2만 5,000명의 신규 고객을 획득한다"처럼, 표현이 구체적인 것이다.

본질적인 목표에 집중하라

미션과 전략적 비전 그리고 전략적 가이드라인을 결정하고 나면, 목표 설정이 수월해진다. 전략적 비전을 실현할 수 있는 방법 역시 그 범위 안에서 수립할 수 있게 된다.

이때 비전을 실현할 수 있도록 이끄는 여러 방안이 각기 다르게 진행될 수도 있다. 그러므로 아주 본질적인 목표에 집중해야 한다. 원대한 목표를 이루기 위해서는 부차적인 것에 눈을 돌리지 말아야 하고, 또 사사로운 일에 흥분하지 말아야 한다.

전략적 경영 목표와 일반적 경영 목표를 구별하라

어떠한 경우에도 유효한 일반적 경영 목표가 있는가 하면, 일정 기간 동안 경영진과 근로자를 비롯한 모든 구성원이 특별히 관심을 기울여야 하는 전략적 경영 목표도 있다. 이를 염두에 두어야 목표를 설정하고 의견을 같이하는 과정에서 오해가 생겨도 신속히 해결할 수 있다는 사실을 명심하라.

핵심 구성원들의 지원을 이끌어내라

전략 자체만으로 미래를 움직일 수는 없다. 미래를 움직이기 위해 당신은 전략을 이해하는 조직 구성원들을 이용해야 한다. 그들의 지위와 영향력이 높으면 높을수록 전략이 성공적으로 실현되는 데 더욱 강력한 효과를 발휘한다. 이 같은 효과는 당연히 양방향에서 일어난다.

전략과 구조 vs. 구조와 전략

"구조는 전략을 따른다." 경영전략의 대가인 앨프리드 챈들러(Alfred Dupont Chandler)가 세운 오래된 규범이다. 챈들러는 1962년 그의 저서 《전략과 구조Strategy and structure》를 통해, "기업의 조직 변화는, 기업이 처한 외부 환경의 변화에 대처하기 위한 기업전략의 변화 때문에 발생한다"고 설명했다.

실제로 당신의 조직이 갖추고 있는 건물, 설비, 기계, 도구 같은 모든 물질적인 것들은 물론이고 조직도, 프로세스모델, 업무에 대한 상세한 설명 같은 시스템에 관련된 모든 것들도 역시 전략에 입각해 수립된 것들이다.

하지만 전략을 고민하고 그다음에 구조를 생각하는 이 순서는 행동이 아니라 머릿속으로 사고할 때 유효한 것이다. 즉 사고함에 있어 전략이 우선순위를 갖고 있는 반면, 행위에 있어서는 구조가 우선순위를 가져야만 한다. 전략을 실현시키는 데 필수적인 구조, 프로세스, 그리고 자원이 없이는 어떠한 전략도 효과를 발휘할 수 없다. 그러므로 구조 변화가 전략에 뚜렷한 영향을 미칠 경우에는, 무엇보다도 구조 변화에 집중해야 한다.

하나의 전략으로 모든 활동을 통합하라

이론적으로 명백하다고 해서 실제 현장에서 기꺼이 받아들여지는 것은 아니다. 현장에는 이미 무수히 많은 전략과 방법이 추진되고 있기 때문이다. 그중 일부는 당신이 구상한 전략과 유사하다고 여겨질 것이다. 목표와 프로젝트, 프로세스 그리고 시스템을 총괄하는 '통합 작품(그렇다. 마스터플랜, 전략맵, 로드맵이라고 불리는 그것 말이다!)'이 필요하다.

도전의 적절한 수준을 결정하라

사람들은 요구 수준이 낮거나 과할 경우, 최고가 아닌 차선의 실천력을 보인다. 게다가 이것은 성과에 대한 만족도에서도 마찬가지로 나타난다.

당신과 조직 구성원들이 가장 좋은 성과를 내고 가장 높은 만족도를 얻을 수 있도록 자극하는 도전의 수준을 끊임없이 찾아라. 이때 도전의 수준은 다음의 2가지 안에서 결정된다. 하나는 '현재의 능력과 미래에 갖고자 하는 능력의 차이'이고, 다른 하나는 '현재의 상황과 미래에 원하는 상황과의 차이'이다.

효율성과 유연성 사이에서 균형을 유지하라

유연성이 미래예측에 얼마나 중요한지는 이미 여러 번 이야기했다. 효율성을 더 중요하게 여긴다면 유연성이 희생될 확률이 높아진다. 만약 당신에게 효율성과 유연성 사이에서 선택할 권한이 있다면, 유연성이 가장 적게 희생되는 길을 선택해야 한다. 더 많은 비용이 요구될지라도 말이다. 유연성을 얻기 위해서는 대가를 치르는 데 익숙해져야 한다.

모든 전략에 대해 가능성을 열어두어라

당신은 개발되고 협의된 전략들이 상세한 부분에서 정말로 제대로 실행되었는지에 대해, 철저히 확인한 적이 있는가?

저명한 경영전략가 헨리 민츠버그(Henry Mintzberg)는 신중하고 명

도표 20 민츠버그의 계획된 전략과 실현된 전략

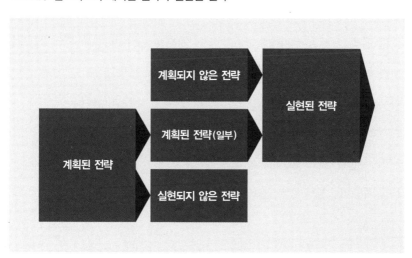

확하게 개관하고, 온갖 지식과 지혜를 동원해 개발한 모든 전략이 '실현된 전략'과 '실현되지 못한 전략'으로 나뉜다고 지적했다. 또한 '실현된 전략'은 '계획된 전략의 일부분', '계획되지 않은 전략', '위급한 전략의 일부분'으로 이루어진다고 설명했다. 당신이 개발해낸 전략 모두 이와 같은 점에서 항상 유효하다고 보는 것이 현실적이고 또한 이성적이다.

오류에서 배워라

비록 계획된 전략이 구상한 그대로 현실화되지 않는다 하더라도, 목표의 계획과 결정은 꼭 해야만 하는 일이다. 이와 더불어 늘 현재 상태를 점검하고 조정해야 한다. 이는 성과를 높이는 피드백 시스템을 만들어낸다. 이를 통해 우리는 우연에서보다 계획을 실행하면서 발생되는 오류에서 더 많은 것을 배우게 된다.

개인의 목표와 공동의 목표를 일치시켜라

보라 안경은 경영진 개인이나 여타 책임자들이 특히 중요하다고 여기는 목표를 수립하는 대단한 도전을 보여준다. 기업의 목표는 기업 활동을 하는 사람들이 개인적으로 가장 중요하다고 여기는 목표들과 가능한 많은 부문에서 일치해야 일관성을 유지할 수 있다. 즉 기업과 개인이 같은 목표를 추구하고 이루어야 하는 것이다. 이러한 목표들은 순수하게 경영상의 필요로 도출되는 일반적인 목표들보다 달성확률이 훨씬 더 높다.

무의식을 고려하라

인간의 무의식은 의식보다 훨씬 더 많은 정보를 인지할 수 있다. 의식과 무의식의 정보량 차이를 길이로 표현해 비교해보면, 5밀리미터대 11킬로미터 정도라고 할 수 있다. 무의식은 우리가 의식을 하기 훨씬 전에 무엇이 중요하고 무엇을 원하는지 결정한다.

그러면 여기에서 의식적이고 의도적인 결정들은 미래의 전략을 실천으로 옮기는 데 어떠한 의미를 가지고 있는가? 현대의 심리학은, 우리의 행동이 단지 부분적으로만 의식적인 결정에 바탕을 두고 있고 대부분은 무의식적 결정들에서 기인한다고 가정한다. 이 말은 5킬로그램을 줄이는 데 14번 시도하고도 성공하지 못한 사람들뿐만 아니라, 공동으로 개발한 전략적 비전을 실현하는 경영진에게도 모두 해당된다.

독일의 뇌 연구자 게르하르트 로트(Gerhard Roth)는 "지식과 통찰은 전달되는 게 아니라 각자의 머릿속에서 창조되는 것"이라고 말한다. 여기서 그의 의견에 동의한다면 당신은 미래에 대한 매우 중요한 결론을 얻게 될 것이다. 반대로 동의하지 않는다면, 인간을 미래의 관리자로 만드는 일은 불가능하다.

그런데 무의식이 활기가 없으니, 어떤 비전을 개발하고 목표를 도출하고 프로젝트를 계획하는 일이 의미가 없는 건 아닌지 질문을 던질 수 있다. 그에 대해 2가지 이유로 '아니다'라고 답할 수 있다.

우선 무의식적인 것들에 모순되는 어떤 비전을 제시하고 목표를 설정하는 일은 문제가 되지 않는 반면, 무의식적인 것들에 상응하는 비전을 발견하는 일은 문제가 된다. 그것은 당연히 합리적이고 분석적인 방법론에 의해 달성할 수 있는 게 아니다. 둘째로, 기업 구성원 모두가 자기의 비전만을 따른다면 그 기업은 많은 것을 이룰 수 없다. 이때 개별 비전들에서 이끌어낸 받아들일 수 있는 타협안, 즉 공동의 비전이 필요하다.

미래전략은 견고하고 안전하게

비전을 달성하기 위해 행하는 목표와 프로젝트에 대한 세밀한 작업은 단지 보라 안경의 기능 중 하나에 불과하다. 다른 한편으로 보라 안경은 미래에 발생할 수 있는 충격에 대해 대비하는 것이다.

이전에 붉은 안경으로 당신은 리스크와 돌발상황이야말로 미래에 대해 알 수 있는 유일하게 확실한 것이라고 여기게 되어 예민해졌다. 그러므로 훌륭한 미래전략은 가장 중요하고 놀라운 리스크와 돌발상황에 대항할 수 있을 만큼 견고해야 한다. 미래전략의 모든 요소, 즉 미션과 비전, 가이드라인에서부터 목표, 프로젝트, 프로세스를 비롯해 시스템과 발전 기회에 이르기까지 이 요구는 유효하다.

만약 중요한 리스크와 돌발상황이 미치는 영향이 실제로 당신을 위험하게 만들지 않는다면, 당신은 견고한 미래전략을 가진 것이다. 이미 그 영향에 대비한 면역성을 갖추었거나 미래에 우려되는 사건으로부터 당신 자신을 어떻게 보호해야 할지 알고 있기 때문이다.

물론 전략이 특별하거나 상대적으로 야심이 적게 담겨 있을 경우, 그 전략은 종종 더 견고해진다. 또한 전략이 견고할수록, 그 전략은 점점 더 보수적인 '표준전략'의 경향을 띠게 된다. 여기서 표준전략이란 같은 형식과 방법으로 다른 시장 참여자들을 뒤따르는 전략을 말한다. 그러므로 기회, 위협 그리고 위험이 서로 균형을 이룬 상태가 좋다. 이때 미래를 위한 전략 내 돌발상황 분석을 보여주는 〈표 22〉를 이용해 전략요소들을 점검해볼 수도 있다.

7가지 대안적 예비전략을 이용하라

미래에 일어날 수 있는 놀라움에 적응하기 위해 당신은 〈표 27〉의 7가지 예비전략을 사용할 수 있다.

표 27 7가지 대안적 예비전략

명칭	설명	유형
경시하라	상세하게 검사한 후 취급할 필요가 없는 것으로 분류한다.	예방전략
방지하라	조건을 제거하여 놀라운 충격을 방지한다.	예방전략
준비하라	이미 현재에 방어적이고 안전한 요소들을 전략에 삽입한다	예방전략
축소하라	잠재적인 손해를 감소시킨다.	긴급전략
대비하라	긴급상황이 실제로 발생하는 경우를 대비해 긴축계획을 준비한다.	긴급전략
변화하라	긴급상황이 실제로 발생하는 경우를 대비해 방어적인 긴축계획을 준비하여 놀라움이 상대적인 장점들을 가져오게 한다.	예방전략
선수를 쳐라	장점을 이끌어내기 위해서 놀라움을 스스로 적극적으로 유발시킨다.	예방전략 긴급전략

이 중에서 경시, 방지, 준비, 축소 등 4가지는 대안적 예비전략에서도 예방전략이라 할 수 있고, 대비와 변화는 긴급전략으로 분류할 수 있다. 또 마지막의 '선수를 쳐라'는 둘 모두에 해당한다. 여기서 예방전략은 목적, 프로젝트, 프로세스 그리고 시스템이 되는 반면, 긴급전략은 미래전략의 일부를 이룬다. 7가지 예비전략을 좀더 살펴보면 다음과 같다.

미래의 놀라움을 경시하라

미래에 일어날 가능성이 있는 놀라움에 대해 눈을 감는 것이 가장 간단한 방법이다. 하지만 이 경우, 놀라움이 발생할 때까지 아픔을 일으키지 않아 붉은 안경의 결함으로 인한 잘못이 눈에 띄지 않는다는 위험이 있다.

사람들은 '올해의 기업가'로 선정된 사람이 완전히 위험을 무릅쓰고 기업의 존재와 동료들의 일자리가 걸린 도박을 한다는 사실을 알아차리지 못한다. 그러나 올해의 기업가로 선정된 사람들 중 많은 이가 몇 년 후 파산 선고를 받거나 감옥에 가기도 할 만큼 그 영향은 치명적일 수 있다.

기업전략에서 발생할 수 있는 심각한 단절을 고려하면 시간과 돈이라는 비용을 지불하게 된다. 이를 고려하지 않으면 비용을 절약할 수는 있지만, 명백히 높은 리스크라는 대가를 치르게 된다. 규모가 큰 수많은 기업들에서는 사업이 조금만 다르게 전개되어도 결과가 완전히 다르게 나타날 수 있다.

한편 모든 리스크를 배제하고자 하는 경우 가장 심각한 위험에 직면하게 된다. 너무 많은 돈과 시간 그리고 노력을, 안전을 위해 투자한 나머지, 경쟁에서 중요한 가치가 있는 유연성과 시간을 잃게 되기 때문이다.

이러한 이유로 당신은 생각할 수 있는 모든 놀라움을 경시해야 한다. 그러면 어떤 놀라운 일이 발생하더라도 기업의 생존을 위협하는 손실 없이 극복할 수 있을 것이다.

예방전략으로 놀라운 일의 발생을 방지하라

당신은 당신이 참여하는 시장의 영역에서 생각할 수 있는 놀라움의 대부분을 방지할 수 없다. 재교육 캠페인에 돈을 많이 들이더라도 고객이 자신의 가치를 새로이 분류하는 것을 저지하지 못할 것이다. 당신이 후원하는 축구장에서 테러가 발생한다고 해도 마찬가지로 당신은 이를 방지할 수 없다. 다만 '방지'라는 대안적 예비전략은 당신이 직접 영향력을 미칠 수 있는, 예를 들어 다른 사업 파트너를 선택하는 것과 같은 경우들에만 적용할 수 있다.

예방전략으로 준비하라

대안적 예비전략을 사용하여 당신은 놀라움으로부터 당신을 보호할 수 있는 예방적 요소들로 미래전략을 풍부하게 만들 수 있다. 만일 당신이 어떤 사업분야를 발전시키기 위해 너무 많은 비용을 투자하여 그 사업에 계속 얽매이게 된다면, 대안이 될 만한 사업분야에 소규모로 투자하는 예방전략을 선택할 수도 있을 것이다.

2003년 초, 질레트는 미용 의료기기 메이커 팔로마와 함께, 이후에 특허를 받은 레이저를 이용한 가정용 면도기를 개발할 것이라고 발표했다. 이 프로젝트는 의심할 여지없이 예방의 관점에서 나온 것이다. 그렇지 않았다면 매일 면도하는 것에 대한 대안으로 등장한 레이저 면도가 확대됨에 따라 질레트의 핵심사업이 크게 위협을 받았을 수도 있었을 것이다.

잠재적 손실을 축소하라

보험사는 놀라운 사건들이 발생하고 발전함으로써 생기는 재정적 손해를 막기 위해 다양한 해결책을 제공한다. 무장강도로 인한 경제적 손실, 운송 중 제품의 손상, 제품 도입 실패로 야기된 손해도 보험에 들 수 있다.

그러나 시장에서 경쟁상대가 되는 신기술이 갑작스럽게 실현되는 미래에 대해 안전을 보장받으려는 상황에서는 보험이라는 도구가 작동하지 않을 것이다. 어떠한 보험사도 파산에 대한 보험상품을 제공하지 않을 것이기 때문이다. 따라서 이러한 경우에는 준비금을 설정하는 방식의 자가보험까지 고려해야 한다.

긴급전략으로 비상사태에 대비하라

긴급전략은 비상시 또는 긴급상황에서 활용되는 전략이다. 어떠한 행동을 선험적으로 요구하는 예방전략과는 달리 긴급전략은 긴급상황에 상응하는 계획을 요구한다. 어떤 손해가 실제로 발생할 경우, 피해가 확산되는 것을 막는 데 유용한 것이다. 예컨대 식료품 생산자가 다량의 유해물질이 식료품에 첨가되었다는 고객들의 강력한 항의에 직면하게 된다면, 미리 잘 준비된 위기 시의 대화방법과 위기 대응조치들을 동원해, 기업 이미지 손실을 최소화할 수 있는 모든 일을 다 해야 한다.

또한 만일 경쟁자가 갑자기 가격을 극도로 낮춘다면, 당신은 미리 준비된 급진적인 비용절감 프로그램을 통해 가격인하를 단행하거나, 사전에 계획된 캠페인으로 경쟁업체의 전략에 의구심이 든다는 점을 고객에게 명확히 알릴 수 있다. 만약 기업의 본사가 화재로 완전히 소실되는 경우라면, 사전에 준비된 부가적 예비시설을 사용하고, 계약을 체결하며, 대량으로 신속히 활용할 수 있는 '홈 오피스 프로그램'을 준비할 수 있다.

여기서 "만약 … 라면, 우리는 무엇을 해야 하는가"라는 질문은 긴급전략에서 이용되는 전형적인 질문이다.

긴급전략 또는 예방전략으로 변화하라

바로 앞에서 이야기한 긴급전략으로서의 급진적인 비용절감 프로그램과 특히 홈 오피스 프로그램의 사례는, 가끔이지만 일반적인 경우에도 붉은 안경을 활용하여 대비하는 것이 의미가 있을 수 있다는 생각에 이르게 한다. 예방전략을 통해 목적을 갖고 변화하는 것 역시 의식적으로 잠재적인 상대적 장점들을 찾는 데 주의를 집중한다는 점에서, 긴급전략으로 대비하는 것과 거의 유사한 것이다. 앞에서 거론한 질레트의 사례는 '준비'뿐만 아니라 '변화'에 의해서도 해결할 수 있었다.

예방전략과 긴급전략으로 선수를 쳐라

공격적인 대안적 예비전략은 잠재적 놀라움을 스스로 유발하는 데 그 존재가치가 있다. 앞에서 제시한 질레트의 경우나 음향기기를 생산하는 수많은 업체들처럼, 현재 자신이 생산하는 제품이 새로운 기술로 대체될 수 있음을 알아차리는 기업은, 근본적으로 새로운 시대를 잘 준비한 첫 번째 기업으로서 시장에서 우위를 점할 수 있도록 대체상품을 스스로 제시할 수 있다. 하지만 실제 현장에서 이러한 일은 매우 드물게 나타난다. 기업들이 가지고 있는 타성은 대체로 기존의 개념을 더 따르기 때문이다.

실전을 위한 체크리스트

만약 당신이 이미 목표경영, 시간경영, 그리고 프로젝트 경영을 하고 있다면, 보라 안경은 당신에게 방법론적으로 매우 익숙할 것이다. 방법론에 기초한 미래경영에 대한 책에 관심을 갖고 있는 대부분의 독자들에게 이 말은 경험에 비추어 봤을 때 맞을 것이다.

로버트 캐플란과 데이비드 노튼은 자신들의 책 《균형성과기록표 *Balanced Scorecard*》와 《전략맵 *Strategy Maps*》에서 현장에 적합한 가장 근본적인 방법을 요약 정리하여 제시했다.

당신은 다음에 제시되는 내용을 통해 당신의 회사업무를 위해 필요한 체크리스트뿐만 아니라 그것을 기반으로 삶을 경영하려는 당신을 위해 유용한 체크리스트를 얻을 수 있다.

- 미래를 위한 팀을 모집하라.

- 앞의 '전략에 대한 질문' 부분의 설명과 예를 참고하여 전략적 질문을 정하라.

- 시간의 한도를 확정하라. 당신의 전략적 비전은, 푸른 안경과 노란 안경의 체크리스트에서 권고한 기간의 한도에 맞춰 설정해야 한다. 만약 당신의 비전이 10년 또는 그 이상의 기간에 맞춰져 있다면, 당신은 초기 3년과 추가적으로 그다음 연도 말까지를 대비한 전략적 목표를 설정해야 할 것이다. 따라서 당신은 2가지 차원의 목표를 가진다. 당신의 비전을 5년 또는 8년 이내에 달성할 수 있다면, 한 해 한 해의 목적을 갖고 있는 전략 차원에 집중할 수 있을 것이다.

- 비전과 현재의 차이를 확인하라. 부족한 것과 과도한 것을 당신 전략의 대상으로 만들어라.

- 필요한 대안적 예비전략을 개발하라. 초록 안경은 이를 위해 시도할 수 있는 여러 기반을 제공한다. 대안적 예비전략들은 미래 전략에 여러 형태로, 즉 비전요소나 미션요소 또는 다음 단계에서 서술되는 여타 다른 전략요소의 형태로 녹아들 수 있다.

- 목표 후보들을 개발하라. 당신은 당신의 비전과 가이드라인을 여러 방법으로 달성할 수 있다. 초록 안경으로 획득한 미래의 기회들을 활용해서, 대안적인 전략적 목표들을 개발하라. 최종적으로 가장 적합한 전략적 목표들을 정하기 위해, 당신은 이러한 목표 후보들을 효과성(유효성)과 효율성(경제성)의 기준에 따라 지속적으로 평가하고 우선순위를 정할 수 있다.

- 전략적 비전과 미션에서부터 전략적 목표들을 도출하라. 전략적 목표는 전략적 비전을 달성하는 길 위에 있는 거리 표시석과 같다. 전략적 비전의 요소들을, 필요할 경우에는 미션 역시, 작은 단위로 나누어 한 단계 아래로 끌어내려라. 그렇게 원하던 기술적 변화가 나타나면, 우선은 3년 내 또는 더 나아가 1년 내에 실현할 수 있는 부문의 기술로 발전시켜라.

  이러한 과정을 '연상하는 것' 또는 '백캐스팅(backcasting)'이라고 하며, 이는 당신의 전략적 비전에서 출발해 현재 당신이 직면하고 있는 현실로 다시 돌아오는 과정을 나타낸다.

- 개발 기회를 조사하라. 기회의 가치와 기회의 실현 가능성에 대해 평가하라. 평가하는 과정에서 더 발전시켜야 하는 기회가 발견된다. 이 기회들에도 어느 정도 자원이 투입되어야 한다.

- 전략적 목표들을 달성하기 위한 프로젝트와 프로세스를 정하라. 프로젝트와 프로세스는 당신이 회사에서 일을 하면서 항상 같이 해야 하는 것들이다. 목표를 달성하기 위해 프로젝트를 실천하고 프로세스를 진행해야 한다.

- 요구 수준이 높은 가이드라인을 실현하기 위해 프로젝트와 프로세스에 대해 정의하라. 전략적 가이드라인은 내외부적으로 수행되는 당신의 전략적 행위에 대한 규정이다. 이때 현재 상황에 유의해야 한다. 그러나 가이드라인 중 많은 것들은 요구 수준이 매우 높아서, 짧은 시간 안에 완벽히 지키려면 특별한 행위가 필요하다. 특히 문화적 가이드라인은 짧은 시간 안에 지키기가 좀처럼 쉽지 않다.

- 프로젝트와 프로세스를 지원할 수 있는 시스템을 정하라. 프로젝트를 실현하고 프로세스를 운영하여 목표를 달성하기 위해 당신은 무엇을 필요로 하는가? 우리는 필요한 모든 물질적, 비물질적 자원들을 시스템이라는 개념으로 통합해 이해할 것이다.

- 당신이 수립한 가정에 따라 전략을 조정하라. 당신은 이미 당신의 미래전략에 규범이 되는 요소들, 즉 미션, 비전 그리고 가이드라인이 당신이 수립한 미래에 대한 가정에 적합한지 검토했다. 같은 방법으로 당신의 목표와 미래전략의 추가적 요소들이 당신이 수립한 미래에 대한 가정과 일치하는지, 그 가정에 의해 지지될 수 있는지 확실히 하라.

 전략요소와 미래에 대한 가정을 매트릭스를 통해 연계하라. 이 매트릭스는 전체를 보고 조정할 수 있도록 도와준다. 충돌이 발생하는 데가 있다면, 당신은 미래전략의 요소 중 이와 관련된 것을 바꿔야 한다.

- 모든 것을 하나의 전략맵에 통합하라. 모든 목표, 프로젝트, 프로세스 그리고 시스템을 전략적 행위들을 꿰뚫어볼 수 있는 개관표로 통합하라. 우리는 여기서 전략맵, 변환맵 그리고 로드맵이라는 표현을 동등한 의미로 사용한다. 이때 당신은 주주의 가치와 이익이 아니라, 전략적 비전을 아주 매력적인 미래상으로 만들어 전략맵의 가장 중요한 곳에 위치시켜야 할 것이다.

- 목표 관리자를 정하라. 모든 목표, 프로젝트, 프로세스 그리고 시스템은 각각 관리하는 사람이 있어야 한다. 우리의 경험에 따르면, 목표 관리자를 두는 일은 매우 가치 있다. 그들은 목표를 지

향하는 것과 책임을 일치시키기 때문이다. 이렇게 함으로써 당신의 목표는 경영회의에서 거의 항상 논의될 것이다.

- 미래 레이더를 설치하라. 미래를 위한 당신의 팀 구성원들이 미래에 대한 가정과 충격적인 일들, 미래의 기회에 대해 당신의 측정이 완전한지 옳은지 매우 주의 깊게 감시할 수 있음을 명확히 하라.

- 의사소통에 대한 계획을 협의하라. 정기적으로 충분한 시간과 여유를 가지고 당신의 미래전략에 대해 숙고하고 이야기할 수 있음을 명확히 하라.

개인적인 삶을 경영하기 위해 당신은 보라 안경으로 몇 가지 중요한 단계에 집중할 수 있다. 그 결과는 반드시 문서화해야 한다.

- 비전을 달성하는 과정에서 매년 목표를 설정하라.
- 노란색 안경으로 수립한 가이드라인을 점검하라. 앞으로 당신은 이 가이드라인에 따라 일하고 삶을 영위하기도 할 것이다.
- 모든 목표와 특히 요구 수준이 높은 모든 가이드라인을 위해 개별적인 프로젝트를 확정하라.
- 모든 프로젝트를 과제로 나누고, 이 과제를 당신이 처리할 수 있을 만큼 캘린더에 나누어 배분하라.
- 비전이나 가이드라인, 프로젝트로 인해 지나치게 어려움을 겪는 일이 생기지 않도록 주의하라. 야망이 큰 사람들은 일반적으로 자신들이 성공할 수 있는 가능성이 일반인들보다 2배 이상 높다

고 생각하는 경향이 있다.

- 정기적으로 심사숙고하는 시간을 갖도록 계획하라. 한 달 중 오후 반나절이나 1분기 중 하루라도 말이다.
- 당신의 미래전략을 실현하는 일을 즐겨라.

핵심정리 – 보라 안경

목표 미션의 범위 안에서 전략적 가이드라인을 고려하면서, 전략적 비전의 실현을 이끌어내는 미래전략을 결정한다.

작업 단계와 핵심질문

- 전략 수립
- 우리는 우리의 비전을 달성하기 위한 수단으로서 미래전략을 어떻게 만들 것인가?

의미와 목적

- 전략경영과 미래연구를 연결하는 고리가 된다.
- 비전과 전략을 일상으로 연결한다.
- 책임감으로 비전을 실현한다.
- 일상적 사업활동에서의 방향을 제시한다.
- 성공의 정도와 개연성을 높인다.
- 조직의 효율성을 높인다.
- 목표를 향하고 성과를 점검한다.
- 충격에 대비한 대안적 예비전략을 개발한다.

사고수칙과 원칙

- 전략과 계획의 수준이 미래의 수준을 결정한다.
- 재정적인 것을 최종 목표로 두지 마라.
- 전략의 결함과 과도함에 주의하라.
- 목표를 구체적이고 명확하게 설정하라.
- 본질적인 목표에 집중하라.
- 전략적 경영 목표와 일반적 경영 목표를 구별하라.
- 핵심 구성원들의 지원을 이끌어내라.
- 하나의 전략으로 모든 활동을 통합하라.

- 도전의 적절한 수준을 결정하라.
- 효율성과 유연성 사이에서 균형을 유지하라.
- 모든 전략에 대해 가능성을 열어두어라.
- 오류에서 배워라.
- 개인의 목표와 공동의 목표를 일치시켜라.
- 무의식을 고려하라.
- 7가지 대안적 예비전략을 이용하라.

사고대상
- 전략과 미래전략
- 전략적 목표
- 전략에 대한 질문
- 프로세스, 프로젝트, 시스템, 개발 기회 등

전통적 방법
- 계획
- 프로젝트 경영
- 로드맵 작성
- 시간경영

행동양식
- 전략적인 질문을 확정하라.
- 당신의 미래전략의 첫 부분에서 전략적 목표를 이끌어내라.
- 발전 기회를 결정하라.
- 프로젝트, 과정 그리고 시스템을 만들어라.
- 대안적 예비전략을 통합하라.
- 당신이 설정한 미래에 대한 가정에 근거하여 미래전략을 점검하라.
- 당신의 미래전략을 한 문장이나 개념으로 요약하라.
- 당신의 전략적 비전의 실현 가능성을 시험하라.
- 프로젝트와 프로섹스를 지원할 수 있는 시스템을 정하라.
- 모든 것을 하나의 전략맵에 통합하라.
- 목표 관리자를 정하라.

결과 측정할 수 있는 목표, 프로젝트, 과정, 발전 기회, 그리고 대안적 예비전략과 함께 효율적인 방법으로, 전략적 비전을 달성하는 중요하고 논리적으로 일관성이 있는 미래전략이 생성된다.

더 나은
미래를 확신하라

이 장에서는 성공적인 미래경영을 위한 최종 단계로 엘트빌러 모델을 제시할 것이다. 엘트빌러 모델은 앞서 살펴본 5가지 미래안경을 통합한 사고모델로, 당신이 미래를 구조적이고 체계적으로 생각할 수 있도록 도울 것이다. 엘트빌러 모델을 이용하면, 당신은 늘 미래를 자각하고 조망할 수 있을 것이다!

3

PRISM

5가지 미래안경을 완성하는 엘트빌러 모델

이제, 드디어 당신은 성공적인 미래경영을 위한 마지막 단계에 도달했다. 엘트빌러 모델은 앞서 살펴본 5가지 미래안경을 통합한 사고모델로, 당신이 미래를 구조적이고 체계적으로 생각할 수 있도록 도울 것이다. 엘트빌러 모델을 이용하면, 당신은 늘 미래를 자각하고 조망할 수 있을 것이다!

과정모델과 대상모델

엘트빌러 모델은 과정모델과 대상모델이라는 2개의 부분으로 이루어진다.

먼저 과정모델은 7개의 방법론으로 구성되어 있다. '5개의 미래안경'과 미래정보를 획득하기 위한 도입 단계인 '미래 레이더', 마지막 단계로서의 '제도화'가 그것이다. 이 중 제도화 단계를 통해, 미래경영은 규칙적으로 추진되는 과정으로 나타난다.

이 7가지 방법론적 단계는 하나의 총체적인 사고 프로세스를 이룬다. 그것들은 모든 기업, 모든 조직, 모든 사람이 질문하고 답해야 하는 미래경영에서의 핵심질문에 대해 답을 제시하고 있다. 당신이 이들

단계를 충실히 수행할 경우, 대상모델에서 서술되어야 하는 결과들을 모두 얻게 된다.

대상모델은 5가지 미래안경을 사용하여 도출된 사고대상들을 포괄한다. 이때 사고대상들은 대상들 간의 상호연계된 관계로 인해 '의미론적인 네트워크'를 구축한다. 즉 각각의 대상은 하나의 개념으로서만이 아니라, 다른 사고대상과의 관계를 통해서도 명백히 서술될 수 있는 것이다.

〈도표 21〉은 이 의미론적인 네트워크를 아주 간략하게 보여준다. 각각의 사고대상에 색깔을 입힘으로써, 그 사고대상이 어디에 속하는지를 명확하게 했다. 회색으로 표시된 시그널과 미래요소들은 미래 레이더에 속한다. 검정색으로 표시된 미래에 대한 질문은 각 안경에서 행해지는 질문들을 총칭한 표현이다.

335페이지에 정리된 〈표 28〉을 통해, 각각의 사고대상에 대해 좀 더 명확히 이해할 수 있을 것이다.

미래경영의 프로세스와 사고대상

2부에서 각각의 미래안경에 해당하는 사고대상을 상세히 기술했다. 그 사고대상과 함께 5가지 미래안경의 시스템은, 250여 회가 넘는 지도층 인사들과의 인터뷰, 여러 분야에서 크고 작은 기관을 이끌어가는 리더들과의 무려 800회에 이르는 워크숍 및 세미나, 그리고 전문 서적들에 근거해 연구되고 구상된 것이다.

필자는 연속적 분석이라는 방법으로 사고대상들의 의미와 그것들 간의 상호관계의 본질을 철저히 조사 연구했고, 그로써 일종의 인식

도표 21 의미론적 네트워크로서의 사고대상

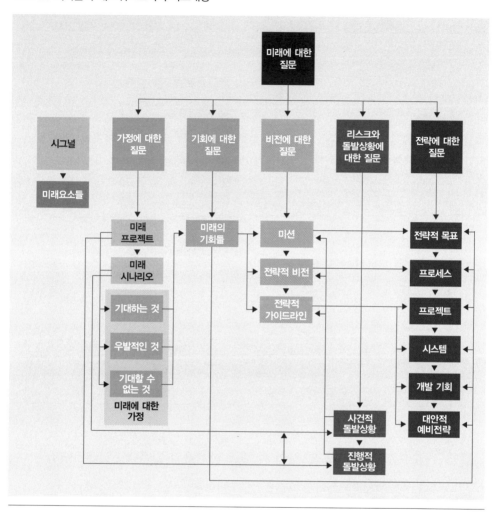

적인 지도인 '인지맵(cognitive Map)'을 도출해냈다. 다음에 살펴볼 〈도
표 22〉는 과정모델과 대상모델을 인지맵에 결합시켜 보여주고 있는
것이다.

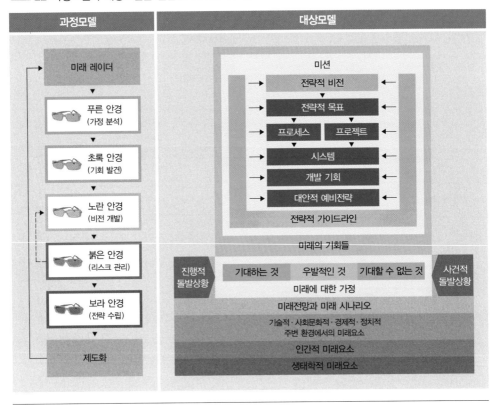

〈도표 22〉에서 과정모델의 각 단계는 다음과 같은 질문으로 시작
한다.

- 미래 레이더 : 실현성이 있는 정보와 미래에 가능한 발전으로는
  어떤 것들이 있는가?
- 푸른 안경(가정 분석) : 우리에게 나타나는 변화 중 어떤 것이 개연
  성이 있는가?

- 초록 안경(기회 발견) : 우리는 미래의 어떤 기회와 활동의 옵션을 가지고 있는가?
- 노란 안경(비전 개발) : 우리는 어떤 매력적인 미래를 장기적으로 실현하고자 하는가?
- 붉은 안경(리스크 관리) : 미래는 우리에게 어떤 (부정적이든 긍정적이든 상관없이) 놀라움을 야기할 수 있고, 우리는 이에 대해 어떤 준비를 할 수 있는가?
- 보라 안경(전략 수립) : 우리는 비전을 달성하기 위한 우리의 미래 전략을 어떻게 구축해야 하는가?

엘트빌러 모델은 실제 현장에서 사고하고 행동하는 데 필요한, 간단하면서도 완전한 틀을 제공한다. 한편으로 이 모델은 복잡한 면도 있다. 미래경영의 프로세스와 결과를 완전하게 묘사하고, 개별적인 방법과 기술, 수단 등에 대해 중립적이기 때문이다.

미래안경으로 현장을 보며

1부에서 미래안경을 이해하고 사용하면 많은 것을 얻을 수 있다고 약속했었다. 그러한 의미에서 5가지 미래안경과 엘트빌러 모델을 기업현장에, 또는 일상에서 어떻게 이해하고 활용해야 좋은지 몇 가지 방안을 다시 정리하며 마무리하고자 한다.

미래에 대한 생각을 정리하라

1부에서 당신은 쉽게 저지를 수 있는 미래에 대한 중요한 오류에 대해서 배웠다. 미래에 대해 고민하면서, 오류를 범하지 않는 사람은 누구인가?

'어떤 미래가 개연성이 있을까?', '나는 어떤 미래를 만들고 싶어 하는가?', '도대체 무엇이 가능한 미래인가?', '만약 미래가 생각과 다르게 나타나면 어떻게 하지?', '나의 미래를 어떻게 구체화할 수 있을까?'

사람들은 미래에 대해 고민하면서 이러한 질문들을 던진다. 답은 손바닥에 놓여 있는 것처럼 간단해 보인다. 미래에 대해 충고하는 이들에게 조언을 구하거나 미래학자들의 책을 읽어보는 것이다. 하지만 책을 읽거나 강연을 듣고 컨설팅을 받을 경우, 자기의 미래를 스스로 고민하고 답을 구한 것이 아니기 때문에 대부분은 이전보다 더 혼란스러워질 것이다.

5가지 미래안경은 사고 프로세스에 대한 명확하고 순리에 맞는 정의, 이와 더불어 사고대상에 대한 명확한 정의까지 제공함으로써 당신의 문제 해결을 돕는다. 또한 이를 통해 당신은 각기 다른 미래를 구분하고, 그 미래를 노련하게 다룰 수 있게 될 것이다. 즉 미래에 대해 고민하면서 오류를 범하지 않는 사람은, 바로 미래안경을 사용하는 사람이다!

미래를 명확하게 표현하고 효과적으로 설득하라

미래에 대해 스스로 정리하면 미래에 대해 훨씬 더 정확하게 설명할 수 있다. 미래에 대한 프로세스, 개념, 의미를 얼마나 뛰어나게 잘 다룰 수 있는지 경험하고 즐겨라. 이때 미래에 대한 전체적인 모습을 보여주는 엘트빌러 모델을 이용하면 당신이 무엇을 알고 있고, 무엇을 모르는지 개관할 수 있다.

통합적이고 명료하게 당신의 생각과 견해를 밝혀 대화상대에게 깊은 인상을 주어라. 특히 미래에 대해 프레젠테이션하거나 강연을 할때, 5가지 미래안경을 이용하면 매우 효과적으로 전달할 수 있다. 그보다 더 정확하게 해야 할 필요가 있다면 엘트빌러 모델을 활용하라.

오해를 풀고 논쟁을 끝내라

다른 사람들과 대화를 하거나 토론을 할 때 명확하고도 탁월한 사고와 정보 전달력을 최대한 활용하라. 5가지 미래안경을 이해하는 당신은 조직 내의 운영자로 아주 적합하다. 최소한의 단어와 예를 사용하여 오해를 풀고 논쟁을 끝내라.

논쟁을 길게 끌어왔다면, 몇 가지 관련 원칙을 제시하여 단기간 내에 끝내라. 그러면 당신은 엄청난 비용이 발생하고 생존을 위협하는 잘못된 미래로 진행될 수 있는 대부분의 일반적인 오해들을 없앨 수 있다. 이때 5가지 미래안경이 포함된 엘트빌러 모델은, 당신의 기업이 미래를 사고하고 미래에 관련된 작업을 하는 데 필요한 통일된 언어를 제공해줄 것이다.

미래에 대한 더 많은 정보를 확보하라

5가지 미래안경의 특성과 원칙을 인식하고 있는 당신은 미래에 대한 텍스트, 통계, 문학, 영화 등을 좀더 확실히 이해할 수 있을 것이다. 뿐만 아니라 이 방법론으로 미래연구자들의 엄청난 아이디어의 핵심을 더 쉽고 더 빨리 찾아내고 효과적으로 이용할 수 있을 것이다. 동시에 그렇지 않은 것을 곧바로 확인하고 무시할 수도 있을 것이다.

엘트빌러 모델로 미래 프로젝트를 디자인하라

엘트빌러 모델은 미래 프로젝트를 설계하는 데 매우 이상적인 본보기다. 이를 이용하여 미래에 대한 사고모델이나 의사소통모델을 개발하는 시간과 노력을 아껴라. 수백 번 이상 사용하고 검증하여 구축한 이 모델을 이용해 이익을 얻어라.

연구 보고서를 작성하거나 강의를 하거나 세미나를 열거나 워크숍을 진행하거나 기업을 위해 전체적인 전략 프로젝트를 구성하고 계획하고자 할 때, 엘트빌러 모델의 7가지 프로세스와 사고대상은 훌륭한 본보기가 된다. 각각의 미래안경으로는 사전 준비와 사후 준비가 필요한 하루 일정의 워크숍을 계획할 수 있으며, 미래 레이더는 탐구를 위한 사전 단계로 이용할 수 있다. 목표 설정의 중심을 어떻게 두느냐에 따라, 당신은 미래안경 각각에 대해 적거나 많거나 또는 상당한 시간을 투자할 수 있을 것이다.

마래안경의 사고대상은 당신에게 미래 프로젝트의 결과를 보여주는 구조적인 본보기를 제공한다. 그래서 프로젝트를 시작함과 동시에 프로젝트 참여자들에게 당신의 목표는 무엇이고 마지막에 어떤 결과를 기대할 수 있는지 이야기해줄 수 있다.

각각의 미래안경에서 제시된 체크리스트는 당신에게 가치 있고 중요한 결과를 이끌어낼 수 있는 각각의 작업 단계를 미리 보여준다.

미래전략을 구조화하라

미래경영의 목표모델은 미래전략을 위한 현실적이고 체계적인 분류를 제시하고, 이를 기반으로 의미들을 상호연계시켜준다. 의미에 대한 정확한 정의와 의미들 간의 연관관계를 구축함으로써 불필요한 해석을 줄일 수 있다.

미래를 위한 자신만의 도구상자를 만들라

엘트빌러 모델은 방법론적으로는 중립적이다. 당신은 다른 여러 방법들과 함께 프로세스 단계뿐만 아니라 사고대상을 깊이 연구할 수 있을 것이다. 우리가 미래경영을 하는 전문가를 위해 가장 먼저 제시했던 방법론과 기술에 대한 체크리스트는 처음에는 미래안경의 순서에 따라 정리했고, 그다음으로는 각각의 미래안경의 부문별 하위 단계에 따라 정리했다. 이 방법은 미래를 위한 작업의 도구상자로서 가장 이상적인 구조가 될 것이다.

각각의 단계, 각각의 부문별 하위 단계 그리고 모든 사고대상은 당신의 도구상자에서 하나의 '부문 분야'가 될 것이다. 또한 당신은 유사한 다른 전문서적들에 담긴 구조화되지 못한 방법들을 당신의 기준으로 평가할 수 있고, 또 이를 당신의 장점으로 활용할 수 있을 것이다.

경쟁이 아니라 미래를 보라

미래를 보는 관점에서 명확한 구조와 방법론이 중요한 문제가 될 경우, 전문적인 경영 팀이라도 아무런 도움이 되지 못함을 우리는 이미 수없이 경험했다. 그만큼 미래를 제대로 보기 위한 구조와 방법론이 중요한 것이다.

오늘날 기업이나 기구들 더 나아가 국가 차원에서 예측에 대한 경쟁이 치열해지고 있다. 미래를 어떻게 다루어야 하는지 남들보다 더 잘 이해하는 사람은, 미래에 어떤 위협이 있는지 인식하고, 특히 미래의 기회를 조기에 알아차린다. 그 결과 미래의 위협과 기회를 자신의 장점으로 좀더 잘 활용할 수 있다

지금까지 5가지 미래안경과 엘트빌러 모델을 활용하는 거의 모든 방법을 살펴보았다. 이를 통해 당신은 당신의 일이나 삶에서 더 많은 것을 이룰 수 있는 능력을 갖게 되었다. 이 기회를 유용하게 활용하여 밝은 미래를 만들기 바란다.

2부에서 살펴본 5가지 미래안경은 각각의 단계에서 별도로 여러 대상을 관찰하고 분석하는 방식이다. 하지만 이 방식은 각각의 관점에서 끝나는 것이 아니다. 궁극적으로 엘트빌러 모델을 통해 서로 다른 견해를 일관성 있고 실현 가능한 결과로 도출해내는 것이다. 즉 엘트빌러 모델은, 5가지 미래안경을 바탕으로 한 통합적이고 총체적인 사고모델이다.

이를 토대로 보자면 엘트빌러 모델에 대한 개관은, 이 책의 전체 내용에 대한 개관이라고도 할 수 있다. 다음의 〈표 28〉을 숙지함으로써, 당신은 지금까지 익힌 내용들을 일목요연하게 정리할 수 있을 것이다. 이 표는 5가지 미래안경의 사고대상을 포함해 엘트빌러 모델의 사고대상을 정리한 것이다.

표 28 엘트빌러 모델의 사고대상

사고대상	정의	사례
가정에 대한 질문	• 가정에 대한 질문으로 주변 환경의 개연성 있는 발전에 대해 본질적으로 필요한 지식이 무엇인지를 정한다.	• 점점 더 발전하는 비디오폰 기술과 화상회의 기술이 출장을 어느 정도 제한할 것인가?
미래요소: 트렌드, 기술, 테마	• 트렌드, 기술, 테마 등의 미래요소는 미래의 변화를 이끌어내는 힘으로 작용한다.	• 트렌드 : 개별화 • 기술 : 나노 기술 • 테마 : 지구 온난화
	• 트렌드는 주변 환경 내의 하나 또는 여러 개의 변수가 뚜렷한 방향으로 변화를 보여주는 것이다.	• 개인별 여행 거리가 매년 증가한다.
	• 기술은 인간의 능력을 확대하는 도구이다.	• 나노 기술 • 의사소통 능력을 효율적으로 만드는 정보통신 기기, 자동화 시스템 등
	• 테마는 미래의 변화를 하나 또는 여러 가지 방향으로 이끄는 현상을 의미한다.	• 종교 분쟁 • 군사적 갈등
시그널	• 시그널은 미래에 발생할 수 있는 일과 사건에 대한 정보이다.	• 젊은 외국인의 20퍼센트, 젊은 내국인의 10퍼센트가 학교를 마치지 못하고 중도에 그만둔다.
미래전망	• 미래전망은 미래의 특정 시점에서, 주변 환경의 관찰대상이 어떻게 될 것이라는 가능한 상태에 대한 진술이다.	• 2015년에 ×시 주민의 60퍼센트는 1인 가구일 것이다.
미래 시나리오	• 미래 시나리오는, 가능한 미래에 대한 복잡한 그림과 이에 도달하기 위한 방안을 서술한 전망을 체계화한 시스템이다.	• 2부에서 제시된 도킹 전투의 예를 보라. 이는 미래에 발생할 수 있는 가상 전쟁에 대한 복잡한 이야기이다.
미래에 대한 가정	• 미래에 대한 가정은 전망이나 시나리오에서 측정한 기대확률이 높은 설득력이 있는 가설이다.	• 우리는 2020년에 ×시 주민 60퍼센트가 1인 가구일 것이라고 80퍼센트의 확률로 가정한다.
	• 기대는 기대확률이 매우 높은 미래에 대한 가정을 말한다.	• 우리는 2020년 ×시 주민 60퍼센트가 1인 가구일 것이라고 80퍼센트의 확률로 가정한다.

	• 우연성은 기대확률이 중간 단계인 미래에 대한 가정을 말한다.	• 우리는 2020년에 ×시 주민의 60퍼센트가 1인 가구일 것이라고 50퍼센트의 확률로 가정한다.
	• 비기대는 기대확률이 매우 낮은 미래에 대한 가정을 말한다.	• 우리는 2020년에 ×시 주민의 60퍼센트가 1인 가구일 것이라고 10퍼센트의 확률로 가정한다.
기회에 대한 질문	• 미래에 대한 질문으로 당신은 당신 기업이 구축하고 실현하고자 하는 가장 중요한 사업분야에서, 가장 유리한 실현 가능성이 어디에 있는지 결정한다.	• 우리는 어떤 신상품과 해결방안을 개발하고 제공할 수 있는가?
미래의 기회	• 기회는 구축하고 실현하는 데 유리한 가능성이다.	• 우리는 중국시장에 진입한다. • 우리는 물류회사를 설립한다.
비전에 대한 질문	• 비전에 대한 질문으로 당신은 당신이 추구하는 미래에 대한 본질적인 의사결정의 방향을 결정한다.	• 비전 : 우리 기업은 20××년에 어떤 모습을 보여야 하는가? • 미션 : 우리 기업은 미래에 왜 그곳에 있어야만 하는가? • 가이드라인 : 우리는 향후 어떻게 의사결정을 하고 행동하기를 원하는가?
전략적 비전	• 전략적 비전은 매력적이고, 공동으로 추구하며, 실현할 수 있는 미래에 대한 구체적 그림이다. 또한 복잡하고 야망이 있는 장기적 목표인 비전요소들은 비전으로 통합된다. 비전은 비전요소들의 통합체다.	• 우리는 2018년에 유럽에서 가장 먼저 맞춤화장품을 개발하는 회사가 될 것이다.
미션	• 전략적 가이드라인은 전략적 가치와 행동양식을 위한 규칙과 원칙들이다. 이 가이드라인은 비전 그리고 미션과 동등한 규범적이고 전략적 차원 그리고 문화적이고 전략적 차원, 목적과 프로젝트, 프로세스, 시스템과 동등한 실천적이고 전략적 차원에서 확정할 수 있다.	• 우리는 사고로 인한 재정적 손실을 줄인다(보험회사).
전략적 가이드라인	• 미션은 당신의 고객을 만족시키는 일반적인 장기적 목표이며, 미션요소들의 통합체이다.	• 우리는 매출액의 5퍼센트를 연구 개발비로 투자한다.

리스크와 돌발상황에 대한 질문	• 이 질문으로 당신은 당신 주변 환경에서 일어날 가능성 있고 영향력이 큰 돌발상황을 결정할 수 있다.	• 만약 우리 서비스에 대한 고객의 수요가 급격히 감소한다면 어떻게 될 것인가?
리스크와 돌발상황	• 이는 우리 주변에서 일어날 가능성이 낮지만 엄청난 영향력을 미칠 수 있는 사건이나 발전에 대한 전망 또는 시나리오이다.	• 프로세스 상에서 발생하는 돌발상황 : 기기가 없는 음악시장 출현. • 일이 크게 터지는 돌발상황 : 2004년 12월 26일의 쓰나미
전략에 대한 질문	• 전략에 대한 질문으로 당신은 가이드라인의 범위 안에서 미션과 비전을 달성하기 위한 가장 좋은 방안을 결정한다.	• 전략적 비전을 달성하기 위해 우리는 어떤 전략적 목표를 세워야 하는가? • 목표를 달성하기 위해 우리는 어떤 프로젝트를 실천해야 하는가?
전략	• 전략은 장기적인 목표를 수립하고 추진하기 위한 의사결정과 가이드라인 그리고 행위가 통합된 것이다. 또한 미래전략은 미래에 대해 예측하고 미션과 비전, 가이드라인을 수립하고 또한 목표를 세우고 추진하기 위해 필요한 사고대상의 통합체이다.	• 부문 분야를 참조하라.
전략적 목표	• 전략적 목표는 미래에 있어 특성과 시점이 정확히 정의되어 있는 구축하고 실현하고자 하는 분야의 소망하는 상태다.	• 우리는 내년 말까지 광전자사업 분야의 새로운 지점을 세운다.
프로세스	• 목표를 달성하거나 가치체계에서 결과를 얻기 위해 추진하는 과제와 행위들의 규칙적인 순서이다.	• 품질경영 운영
프로젝트	• 목표를 달성하기 위해 추진되는 일회성의 과제와 행위이다.	• 품질경영 도입
과제	• 프로세스나 프로젝트 내에서 목표를 달성하기 위한 행위이다.	• 품질경영 시스템에 대한 개념 확립
시스템	• 프로세스나 프로젝트를 지원하기 위한 설비나 제도를 가리키며, 여기서는 모든 물질적, 비물질적인 자원과 도구를 시스템으로 통합한다.	• 품질경영 시스템 • 생산설비

개발 기회	• 아주 높게 평가된 미래의 기회이지만 그 가치나 실현 가능성이 불투명해서 미래전략의 한 부문으로 속하지 못한 기회를 말한다.	• 우리는 경쟁상황을 자동적으로 관찰해주는 시스템을 도입할 수는 있지만, 이 시스템이 어느 정도 신뢰할 만한 정보를 제공하는지는 아직 알지 못한다.
대안적 예비전략	• 예상치 못한 사건이나 발전 같은 충격적인 일이 발생한 경우 또는 미래에 대한 가정에서 근본적인 변화가 발생될 경우 투입할 수 있는 가능한 대비책이다.	• 대체기술이 시장에 진입할 경우 우리는 ×기술로 갈아탄다.

- Ansoff, Igor (1975), Managing Strategic Surprise by Response to Weak Signals, California Management Review, Winter 1975, Vol. 18, No 2, p.21-33.
- AP (2006), Boeing Shares Drop After Downgrade, http : //biz.yahoo.com /ap/070122/boeing…mover.html, Veröffentlicht, 22.01.2007.
- Armstrong, J. S. (2001), Principles of Forecasting : A Handbook for Researchers and Practitioners, Boston et al.
- Aunger, Robert (2002), The Electric Meme : A New Theory of How We Think, New York.
- Barber, Marcus (2003), Wildcards – Signals from a future near you.
- Bell, Wendell (1997), The Purposes of Futures Studies, The Futurist, Nov-Dec 1997, p.42-45.
- Berlyne, Daniel E. (1974), Konflikt, Erregung, Neugier, Stuttgart.
- Berth, Rolf (1996), Marktmacht : Mind-Profit-Management wagt den visionären Quantensprung, Düsseldorf.
- Bezold, Clement (2000), Knowledge Base of Futures Studies Volumes 1-4, Futures Studies Centre Resource Pages, The Visioning Method, Indooroopilly (Australia).
- Bishop, Peter (2002), Course in Social Change at the University of Houston Clear Lake, Summer 2002.
- Bishop, Peter (2003), Interviews mit Prof. Dr. Peter Bishop 23.-26. September 2003.
- Bleicher, Knut (1994), Das Konzept intergriertes Management, Visionen-Missionen-Programme, 5. Auflage, Frankfurt, New York.
- Bradford, Robert W. ; Duncan, J. Peter ; Tarcy, Brian (2000), Simplified Strategic Planning, Worcester.
- Breiing, A. ; Knosala, R. (1997), Bewerten technischer Systeme, Springer-Verlag, Berlin.

- Campbell, Andrew ; Park, Robert (2004), Stop kissing Frogs, Harvard Business Review Juli/Aug 2004, p.27-28.
- Caplan, Gerald (1964), Principles of preventive psychiatry, New York.
- Chandler, Alfred Dupont (1966), Strategy and structure : Chapter in the history of the industrial enterprise, 3rd Edition, New York.
- Collins, James C. ; Porras, Jerry I. (1996), Building your company's vision, Harvard Business Review Sep/Oct 1996, p.65-77.
- Cormican, Kathryn ; O'Sullivan, David (2004), Auditing best practice for effective product innovation management, Technovation 24, 2004, p.819-829.
- Cunha, Miguel Pina, E. (2004), Time Traveling : Organizational Foresight as Temporal Reflexivity, Tsoukas, Haridimos ; Shepherd, Jill (eds.), Managing the Future, Foresight in the Knowledge Economy, Blackwell.
- Dator, Jim (2000), Knowledge Base of Futures Studies, Volumes 1-4, Futures Studies Centre Resource Pages, Future Workshops to Envisioning Alternative Futures, Indooroopilly (Australia).
- Davis, Stanley, M. (1988), Vorgriff auf die Zukunft (Future Perfect), Freiburg.
- Dawkins, Richard (1976), The Selfish Gene, Oxford.
- Just, Tobias (2004), Studie Nr. 294 von DB-Research : Demografische Entwicklung verschont öffentliche Infrastruktur nicht, Frankfurt.
- de Bono, Edward (1985), Six Thinking Hats, Boston.
- de Bono, Edward (1991), Chancen : Das Trainingsmedell für erfolgreiche Ideensuche, Düsseldorf, Wien.
- de Jouvenel, Bertrand (1976), The art of conjecture, New York.
- Dewar, James (2002), The essence of assumption-based planning, New York.
- Drucker, Peter F. (2002), The Discipline of Innovation, Harvard Business Review, Aug 2002, p.95-103.
- Dunnigan, James F. (2000), Wargames Handbook, How to Play and Design Commercial and Professional Wargames, 3rd Edition, Lincoln.
- Eisenstat, Russell ; Foote, Nathaniel ; Galbraith, Jay ; Miller, Danny (2001), Beyond the business unit, Mc Kinsey Quarterly 2001, No.1, p.54-63.
- Fathey, L. ; Randall, R. (1998), Learning from the Future : Competitive foresight scenarios, John Wiley & Sons, USA.

- Friedman, Yona (1977), Machbare Utopien : Absage an geläufige Zukunfits-modelle, Frnkfurt/M., S. IV- X IV.
- Gälweiler, Aloys (1987), Strategische Unternehmensführung, Frankfurt/New York.
- Gerrett, Martha J. (2000), Knowledge Base of Futures Studies, Volumes 1-4, Futures Studies Centre Resource Pages, Planning and Implementing Futures Studies, Indooroopilly (Australia).
- Gausemeier, Jürgen ; Fink, Alexander ; Schlacke, Oliver (1996), Szenario-Management, Planen und Führen mit Szenarien, 2. bearb. Auflage, München, Wien.
- Gell-Mann, Murray (1994), The Quark and the Jaguar : Adventures in the Simple and Complex, New York.
- Georgantzas, Nicholas C. ; Acar, William (1995), Scenario-Driven Planning, Westport.
- Geschka, H. ; Hammer, R. (1992), Die Szenario-Technik in der strategischen Unternehmensplanung, Hahn, D. ; Taylor, B. (Hrsg.), Strategische Unternehmungsplanung-Strategische Unternehmensführung, 6. Auflage, Heidelberg.
- Gleick, James (1987), Chaos : Making a New Science, New York, Penguin, S. 11-31.
- Godet, Michel (1994), From Anticipation to Action, A Handbook of Strategic Prospective, Paris.
- Godet, Michel (1997), Scenarios and Strategies : A Toolbox for Scenario Planning, Conservatoire National des Arts et Métiers (CNAM) ; www.cnam.fr/lips/toolbox on 11 July 2001.
- Godet, Michel (2006), Creating futures : scenario planning as a strategic management tool, London, Paris, Genf.
- Hamel, Gary ; Prahalad, C. K. (1992), So spüren Unternehmen neue Märkte auf, Harvard Business Manager 2/1992, S. 44-55.
- Hamel, Gary ; Prahalad, C. K. (1995), Wettlauf um die Zukunft, Wien.
- Hammer, Richard M. (1998), Strategische Planung und Frühaufklärung, München, Wien.

- Hancock, Trevor ; Bezold, Clement (1994), Possible Futures - Preferable Futures, in : Healthcare Forum Journal, March/April 1994, p.23-29.
- Heidegger, Martin (1993), Sein und Zeit, Tübingen, Erstausgabe 1927.
- Heisenberg, Werner (1959), Physik und Philosophie, Stuttgart.
- Helmer, Olaf (1983), Looking Forward, Beverly Hills.
- Henderson, Hazel (2000), Knowledge Base of Futures Studies, Volumes 1-4, Futures Studies Centre Resource Pages, Transforming Economics, Indooroopilly (Australia).
- Inayatullah, Sohail (2003), Ageing : Alternative futures and policy choices, in : Foresight 5, 6 2003, p.8-17.
- Janis, I. (1972), Victims of Groupthink : A Psychological Study of Foreign-Policy Decisions and Fiascoes, Boston.
- Kelly, Tom (2001), The Art of Innovation, New York.
- Kessler, Eric H. (2004), Organizational Innovation : A Multi-Level Decision-Theoretic Perspective, International Journal of Innovation Management, Vol. 8, No. 3, Sep 2004, p.275-295.
- Kierkegaard, Sören (1844), Der Begriff Angst.
- Kim, Chan W. ; Mauborgne, Renee (2004b), Blue Ocean Strategy, Harvard Business Review, Oct 2004, p.76-84.
- Lindgren, Mats ; Bandhold, Hans (2003), Scenario Planning : Thin Link between future and strategy, New York.
- Lorenz, Edward Norton (1963), Deterministic nonperiodic flow, Journal of Atmospheric Sciences, Vol. 20, 1963, p.130-141.
- Loye, David (1998), The knowable future : A psychology of forecasting and prophecy, New York.
- Malaska, Pentti ; Holstius, Karin (1999), Visionary Management, Foresight, Vol. 01, No. 04, Aug 1999, p.353-361.
- Mary, Michael (2005), Die Glückslüge, Vom Glauben an die Machbarkeit des Lebens, Bergisch-Gladbach.
- Maslow, Abraham (1971), Farther Reaches of Human Nature, New York.
- Mason, Richard ; Mitroff, Ian (1979), Assumptions of Majestic Metals : Strategy through dialectics, California Management Review, Vol. 22, No. 2, 1979,

p.80-88.

- May, Graham (1966), The Future Is Ours : Foreseeing, Managing and Creating the Future, Westport.
- Mendonca, Sandro ; Cunha, Miguel et al. (2004), Wild Cards : Weak signals and organizational improvisation, Futures, 36, 2004, p.201-218.
- Mewes, Wolfgang (1991), Die kybernetische Managementlehre : EKS, Frankfurt.
- Mićić, Pero (2007), Morphology of Future Management in Top Management Teams, Leeds.
- Mićić, Pero (2006), Das ZukunftsRader ; Die wichtigsten Trends, Technologien und Themen der Zukunft, Offenbach.
- Miersch, Michael (2006), Das Debakel von Delphi, Die Weltwoche, Ausgabe 50/06, http : //www.weltwoche.ch/artikel/?AssetID=15549& CategoryID=91.
- Mintzberg, Henry (1994), The Rise and Fall of Strategic Planning : Reconceiving Roles of Planning, Plans, Planners, New York, Toronto.
- Mintzberg, Henry ; Ahlstrand, Bruce ; Lampel, Joseph (1999), Strategy Safari : Eine Reise durch die Wildnis des strategischen Managements, Wien.
- Murray, Henry A. (1943), Analysis of The Personality of Adolph Hitler, with Predictions of His Future Behavior and Suggestions of Dealing With Him Now and After Germany's Surrender, http : //library.lawschool.cornell.edu/ donovan/hitler/ (Abrufdatum : 12.01.2007).
- Nanus, Burt (1990), Futures-Creative Leadership, The Futurist, May-Jun 1990, p.13-17.
- Neuhaus, Christian (2006), Zukunft im Management, Orientierungen für das Management von Ungewissheit in strategischen Prozessen, Heidelberg.
- Kaplan, Robert S. ; Norton, David P. (1996), The Balanced Scorecard. Translating Strategy Into Action, Harvard Business School Press.
- Kaplan, Robert S. ; Norton, David P. (2004), Strategy Maps. Converting Intangible Assets Into Tangible Outcomes, Harvard Business School Press.
- Petersen, John L. (1999), Out of the Blue : How to anticipate Big Future Surprises, Lanham.
- Polak, Fred (1973) : The Image of the Future. Translated and abridged by

Elise Boulding. Elsevier Publishers, Amsterdam.

- Razak, Victoria M. (2000), Knowledge Base of Futures Studies, Volumes 1-4, Futures Studies Centre Resource Pages, Crafting in a Reflective Circle, Indooroopilly (Australia).
- Roth, Gerhard (2004), Fühlen, Denken, Handeln. Wie das Gehirn unser Verhalten steuert, Frankfurt.
- Ruthen, Russel (1993), Trends in nonlinear dynamics : Adapting to Complexity, Scientific Amrican, 268, 1993, p.130-135.
- Saaty, Thomas L. (1996), Seven pillars of the Analytic Hierarchy Process, ISAHP Proceedings, New York.
- Sardemann, Gerhard (2004), Klimawandel - eine Frage der nationalen Sicherheit?, Technikfolgenabschätzung - Theorie und Praxix Nr. 2, 13. Jg., S. 120.
- Sandi, Ana Maria (2000), Knowledge Base of Futures Studies, Volumes 1-4, Futures Studies Centre Resource Pages, Visioning a Tender Revolution, Indooroopilly (Australia).
- Saul, Peter (2005), Strategic Opportunism : Planning for Tough and Turbulent Times, at http : //www.petersaul.com.au/strategic-opportunism.pdf, am31.01.05.
- Schnaars, Steve P. (1994), Managing Imitation, New York.
- Schwarts, Peter (1996), The Art of the Long View : Paths to Strategic Insight for Yourself and Your Company, New York.
- Schwarts, Peter ; Randall, Doug (2003), An Abrupt Climate Change Scenario and Its Implications for United States National Security.
- Selby, David (1993), Futurescapes : Teaching and Learning about the Future, in : Connections (the newsletter of the Global, Enviromental, and Outdoor Education Council (GEOEC)), May 1993.
- Slaughter, Richard (2000), Knowledge Base if Futures Studies, Indooroopilly (Australia).
- Spicer, David P. (1998), Linking mental models and cognitive maps as an aid to organizational learning, Career Development International, 1998, Vol 3, Iss. 3 ; p.125.
- Sprenger, Reinhard (2004), Prinzip Selbstverantwortung. Wage zur Motivation,

Frankfurt, New York.

- Steinmüller, Karlheinz (2003), The Future as Wild Card. A Short introduction to a new concept, München.
- Stieler, Wolfgang (2006), MP3 für die Buchbranche, Technology Review 04/2006, S. 19-20.
- Technology Review, Ist die Telekom noch zu retten? Titelthema 04/2006.
- Thom, René (1975), Structural Stability and Morphogenesis, Reading.
- Tschirky, Hugo ; Müller, Roland (Hrsg.) (1996), Visionen realisieren. Erfolgsstrategien, Unternegmenskultur und weniger Bürokratie, Zürich.
- United States Air Force Academy (2006), Air Force America wins NSA cyber defense exercise, http : //www.usafa.af.mil/scripts/aweb/newsPopUp.cfm? newsid=786 ; Veröffentlicht : 21.04.2006, Abruf : 18.03.2007.
- Van der Heijden, K. ; Schutte, P. (2000), Look before you leap : Key questions for designing scenario applications, Scenario & Strategy Planning, 1 : 6, 2000.
- von Oetinger, Bolko (2003), Das Boston Consulting Group Strategy-Buch, München.
- von Reibnitz, Ute (1992), Szenario-Technik : Instrumework für die unternehmerische und persönliche Erfolgsplanung, 2 Auflage, Wiesbaden.
- Voros, Joseph (2003), A generic Foresight Process Framework, Foresight 5, 3 2003, S. 10-21.
- Wack, P. (1985), Scenarios : Uncharted waters ahead, Havard Business Review 9-10 1985, p.73-89.
- Weick, Karl E. (2003), Managing the Unexpected. Assuring High Performance in an Age of Complexity, New Jersey.
- Wells, Stuart (1998), Choosing the Future : The Power of Strategic Thinking. Butterworth-Heinemann, Boston.
- Wolpert, John D. (2002), Breaking out of the innovation box, Havard Business Review, The innovative enterprise, Aug 2002, p.77-83.

지은이

페로 미킥Pero Mićić

미래경영 분야에서 국제적으로 인정받고 있는 탁월한 전문가. 퓨처매니지먼트그룹
(FutureManagementGroup)의 이사로 재직 중이며, 대기업과 유망한 중견기업의 경
영진, 정치·행정분야의 리더들에게 성공적인 미래경영의 길을 제시하고 있다. 미국
의 '미래전문가협의회(Association of Professional Futurists)'의 창설멤버이며, '유럽
미래학자 컨퍼런스(European Futurists Conference)' 자문위원회와 '세계 트렌드 및
미래경영' 컨퍼런스의 의장을 겸하고 있다. 지은 책으로는 《미래경영*Der Zukunfts-*
Manager》, 《미래 레이더*Das ZukunftsRadar*》 등이 있다.

• 이 책에 대한 웹사이트 : www.Zukunftsbrillen.com

옮긴이

오승구

서강대학교 독어독문학과를 졸업하고, 독일 괴팅겐대학교에서 경제학 박사학위를
취득했다. 괴팅겐대학교, 카셀대학교에서 연구원으로 활동했으며, 이후 삼성경제
연구소 글로벌경제실 수석연구원으로 18년간 재직하면서 금융 및 재정정책, 거시
경제, 지역연구 등 세계경제의 흐름을 연구했다. 현재는 CJ경영연구소 상무로 재
직하면서, 미래에 대한 비전과 미션을 제시하고 전략을 수립하는 업무를 지속하
고 있다.
지은 책으로는 《독일 경제위기를 어떻게 볼 것인가》, 《한미동맹의 미래와 한국의
선택》, 《BRICs의 기회와 위협》(공저), 《인도 경제를 해부한다》(공저), 《황금시장
러시아를 잡아라》(공저) 등이 있으며, 옮긴 책으로는 《정글 세미나》, 《사기꾼의 경
제》, 《한 권으로 읽는 경제위기의 패턴》 등이 있다.

◉리더의눈 1

'전략'을 가진 자가 세상을 지배한다!

이제껏 '전략'이라는 단어가 들어간 책에 실망했다면, 이 책을 집어라!

전략의 탄생

애비너시 딕시트·배리 네일버프 지음 | 이건식 옮김 | 값 25,000원

단연코 타의 추종을
불허하는 최고의 '전략이론서'!

사회와 기업과 국가를 구성하는 숱한 현상과 사건 이면에 놓여 있는 강력한 신호들을 제대로 읽어낼 수 있는 예리한 눈[目]! 진정한 전략의 세계가 당신을 찾아간다! 이 책에는 동서고금의 모든 '전략'의 정수들이 수많은 실전사례와 함께 흥미진진하게 펼쳐진다. 전략에 관한 한 가장 탁월한 명저로 손꼽히는 이 책을 당신의 전략코치로 삼으라. 이 책을 당신의 경쟁자보다 먼저 읽으라! 그러나 조금 더 나아가 그들과 공정한 경쟁을 하고 싶다면, 적(敵)에게도 권하기 바란다.

- 이제부터 '전략'이라는 주제를 떠올릴 때마다, 이 책 외에는 아무것도 생각나지 않을 듯하다. 바야흐로 당신의 비즈니스 판도를 확 뒤바꿔놓을 책이다. — 스티븐 레빗(Steven David Levitt), 《괴짜경제학》 저자

- Brilliant! 단말마 같은 탄성을 자아내게 하는 책! 이 책을 다 읽고나면, '전략적 의사결정'에 이르는 완전히 새롭고 세련되고 탁월한 시각을 배우게 된다. — 실비아 네이서(Sylvia Nasar), 《뷰티풀 마인드》 저자

- 지금껏 '전략'에 관한 한 이토록 탁월한 책은 없었다! 독창적이고 새로운 세계를 열어낸 저자들에게 경의를 표한다. — 토머스 셸링(Thomas Crombie Schelling), 노벨경제학상 수상자

마케팅은 죽었다!
이제 비즈니스 향방은 어떻게 달라져야 하는가?

허드
시장을 움직이는 거대한 힘

마크 얼스 지음 | 강유리 옮김 | 값 29,000원

이제, 누구도 알지 못했던
시장과 비즈니스의 진실이 파헤쳐진다!

광고와 PR, 그 무엇으로도 고객은 쉽게 설득되지 않는다. 지금까지 알고 있던 마케팅은 버려라! 우리에게는 시장을 읽는 전혀 다른 눈[目]이 필요하다. 도대체 무엇이 사람들을 움직이며, 우리는 어떻게 그들에게 팔아야 하는가?

이 책 《허드》는 세상의 판도를 뒤집는 거대한 대중행동의 메커니즘과, 사람들을 움직이는 가장 단순하고 강력한 전략을 당신 앞에 그려 보인다. 그 키워드는 '허드(herd).'

이제, 누구도 알지 못했던 시장과 비즈니스의 진실이 파헤쳐진다!

- 기존 마케팅 전략을 철저히 깨버리는, 위험할 정도로 도발적인 책! — 매일경제
- 단순한 마케팅 전술서를 뛰어넘어 인간과 사회, 시장의 본질을 파헤치는 '통섭의 인문교양서.' — 한국경제
- 필독서! 이 책을 읽으면 당신은 왜 마크 얼스가 마케팅 구루(guru)인지 알게 될 것이다. — 더 타임스
- 시장을 움직이는 실질적인 힘은 제품이나 브랜드가 아닌 '떼거리 문화.' — 조선일보
- 시장과 비즈니스 전체를 되짚으려는 독자에게 '숲을 조감하는 안목'을 길러준다. — 중앙일보
- 대중을 움직이는 핵심원칙을 찾아내고 대중을 끌어들이기 위한 전략이 무엇인지 말한다. — 동아일보

혼·창·통 : 당신은 이 셋을 가졌는가?
이지훈 지음 | 14,000원

세계 최고의 경영대가, CEO들이 말하는 성공의 3가지 道, '혼(魂), 창(創), 통(通)'! 조선일보 위클리비즈 편집장이자 경제학 박사인 저자가 3년간의 심층 취재를 토대로, 대가들의 황금 같은 메시지, 살아 펄떡이는 사례를 본인의 식견과 통찰력으로 풀어냈다. (추천 : 삶과 조직 경영에 있어 근원적인 해법을 찾는 모든 사람)

하이퍼포머 리더
류랑도 지음 | 15,000원

탄탄한 팀워크를 바탕으로 성과를 높이고자 하는 대한민국 중간경영자들에게 '하이퍼포머 리더'들의 성과경영 전략을 알려준다. 그 핵심은 '목표에 의한 자율책임경영'. 저자는 '잔소리' 대신 '성과목표'를 통해 팀을 움직이는 구체적인 프로세스를 보여준다. (추천 : 경쟁력 넘치는 기업경영을 이끄는 든든한 '허리'들을 위한 책)

일본전산 이야기
김성호 지음 | 13,000원

장기 불황 속 10배 성장, 손대는 분야마다 세계 1위에 오른 '일본전산'의 성공비결. 기본기부터 생각, 실행패턴까지 모조리 바꾼 위기극복 노하우와 교토식 경영, 배와 절반의 법칙 등 '일본전산'의 생생한 현장 스토리가 우리들 가슴에 다시금 불을 지핀다. (추천 : 감동적인 일화로 '사람경영'과 '일경영'을 배운다)

일을 했으면 성과를 내라
류랑도 지음 | 14,000원

성과의 핵심은 오로지 자신의 역량뿐! 이 책은 누구도 세세히 일러주지 않은 일의 전략과 방법론을 알려줌으로써, 어디서든 '일 잘하는 사람, 성과를 기대해도 좋은 사람'이란 평가를 받게끔 이끌어준다. (추천 : 일에 익숙하지 않은 사회초년생과 그들을 코칭하는 리더, 그리고 현재의 역량을 배가하고자 하는 모든 직장인들을 위한 책)

이기는 습관
1편 동사형 조직으로 거듭나라 | 전옥표 지음 | 12,000원
2편 평균의 함정을 뛰어넘어라 | 김진동 지음 | 12,000원

'총알 같은 실행력과 귀신 같은 전략'으로 뭉친 1등 조직의 비결과 실천적인 지침을 담았다. 1편에서 고객 중심의 실행력과 조직력을 설명했다면, 2편에서는 원칙과 기본기에 충실히 임하여 이기는 기업으로 우뚝 설 수 있는 방법을 제시한다.

트렌드 인 비즈니스
글로벌 아이디어스 뱅크 지음 | 고은옥 옮김 | 12,800원

트렌드 속 성공 비즈니스 156가지를 알차게 추렸다! 향후 10년을 지배할 7대 트렌드, 그리고 그 트렌드를 실체화한 비즈니스 아이템과 서비스, 수익모델, 공공정책 등을 소개한다. (추천 : 트렌드에 부합하는 상품과 서비스를 개발해야 하는 비즈니스맨, 신사업을 찾는 CEO, 세상의 흐름을 알고자 하는 모든 사람을 위한 책)

애스킹 : 성공하는 리더의 질문기술
테리 J. 파뎀 지음 | 김재명 옮김 | 14,000원

위대한 리더는 모두 '질문의 대가'들이다! '애스킹'은 상황을 정확하게 꿰뚫고 거짓말을 간파하며, 대화 속의 오류를 바로잡고, 올바른 의사결정으로 이끄는 탁월한 커뮤니케이션 솔루션이다. 구성원들의 창의성과 실행능력까지 끌어올리는 리더십과 조직경영의 핵심기법을 공개한다. (추천 : 프로젝트 매니저부터 기업 CEO까지 모든 리더를 위한 책)

지적 생산술
카츠마 카즈요 지음 | 나지윤 옮김 | 13,000원

최소한의 노력으로 최대한의 성과를 거두는 일의 원칙! 일본 최고의 지식 전달자 카츠마 카즈요가 효과적으로 정보를 활용하고 다루는 기술을 바탕으로, 일의 본질을 단번에 꿰뚫어 결과를 만드는 34가지 방법을 제시한다. (추천 : 일에 익숙하지 않은 사회초년생과 업무 역량을 배가하고자 하는 2~3년차 직장인을 위한 책)

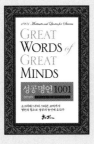

성공명언 1001
토머스 J. 빌로드 엮음 | 안진환 옮김 | 18,000원

평생 읽어야 할 동서고금의 명저 1001권을 요약한 듯, 정수만 뽑아 음미한다! 공자, 노자, 소크라테스, 스티븐 코비, 피터 드러커… 인류 역사상 가장 위대한 성취자들이 평생에 걸쳐 얻은 인생의 지혜가 담긴 명문장 1001가지를 영한대역으로 모았다. (추천 : 작가, 강사, 카피라이터 등 글쓰기, 영어논술, 영어토론 준비에 좋은 책)

기적의 비전 워크숍
자크 호로비츠 외 지음 | 김시경 옮김 | 17,000원

세계 위대한 기업 뒤에 숨겨진 성공비법, '단 한 줄의 비전'. 이미 세계적인 기업에서 사용하고 있는 '하우스모델'이라는 프레임을 통해 기업의 미래를 명확하게 제시해줄 한 줄의 비전을 수립하게 도와준다. 성공사례뿐 아니라 1박2일 워크숍 과정에 필요한 모든 시트 제공. (추천 : 조직의 변화를 꾀하는 모든 리더들의 필독서)

PRISM